袁世凯与晚清三十年

汤伏祥◎著

当代中国出版社
Contemporary China Publishing House

图书在版编目(CIP)数据

袁世凯与晚清三十年 / 汤伏祥著 . -- 北京 : 当代中国出版社 , 2021.11
ISBN 978-7-5154-1139-2

Ⅰ . ①袁…　Ⅱ . ①汤…　Ⅲ . ①袁世凯 (1859-1916) —生平事迹—通俗读物②中国历史—清后期—通俗读物
Ⅳ . ① K827=52 ② K252.09

中国版本图书馆 CIP 数据核字(2021)第 179144 号

出 版 人　冀祥德
责任编辑　隋　丹
责任校对　康　莹
印刷监制　刘艳平
封面设计　胡椒设计
出版发行　当代中国出版社
地　　址　北京市地安门西大街旌勇里 8 号
网　　址　http://www.ddzg.net　邮箱：ddzgcbs@sina.com
邮政编码　100009
编 辑 部　(010)66572264　66572154　66572132　66572180
市 场 部　(010)66572281　66572161　66572157　83221785
印　　刷　北京润田金辉印刷有限公司
开　　本　720 毫米 × 1020 毫米　1/16
印　　张　19 印张　1 插页　268 千字
版　　次　2021 年 11 月第 1 版
印　　次　2021 年 11 月第 1 次印刷
定　　价　66.00 元

推荐序一

《袁世凯与晚清三十年》是青年编辑汤伏祥先生写的关于袁世凯其人其事的第二本书。这个题目与其第一本书《外国人眼中的袁世凯》都是十分有意义的选题。大处着眼，力图捕捉观察袁世凯现象的本质。

清王朝最后三十年，从败落到灭亡，同袁世凯的升腾并达到其不可企及的顶峰，恰成一对对称得十分完美的曲线：清王朝由同光中兴，一败于甲午，再败于庚子；一摧折于戊戌维新，再困于立宪逼迫，最后宣布于事无补的十九信条；袁世凯则由布衣从军，而洋务新秀，而新政中坚，而成就其非袁莫属。它们的交汇点就是清皇室发布经过袁世凯改定的逊位诏书、袁世凯发布共和为最佳国体的通电。袁世凯见证了清王朝垂死挣扎的全过程，导演了它的寿终正寝。

然而，清王朝迅速终结的根本原因并不是袁世凯权术的高超、权力的膨胀，而是举国上下、朝野内外对清廷的信任危机，即所谓“气数尽了”。最具说明意义的历史现象是，革命军兴，东南、西南乃至西北各省的光复，几乎是兵不血刃，各省督抚疆吏，将军提镇，新练陆军的镇、协统，率皆望风迎降，没有婴城固守者，亦鲜有奋起率师“勤王”者，南北各省士绅更无一人团练自卫者。其形与势都与六十年前镇压发捻，形成巨大反差。清王朝丧失了当年的底气。朝野内外，都把挽狂澜于既倒的重任寄托在袁世凯一人身上。其成功之无望是不言而喻的。

数月之间，袁世凯不仅未能让清王朝起死回生，而且还堂而皇之地亲自取代了它。于是乎神话其能量的想象，与鬼化其行事作为的描述便相伴而生。坊间小说，严肃史籍，乃至教科书都不能免俗。

史籍说，革命党武昌起义，清廷下诏起复袁世凯任湖广总督，对付革命军。袁的盟兄徐世昌从北京来到洹上，二人密谋，以清廷委以全国水陆各军指挥编制全权，拨付巨额军饷，召开国会，实行责任内阁等为条件，提出要挟，倘不得满足，则拒不出山。其实，史实并非如此。武昌起义第四天，清廷下诏起复袁世凯，并派阮忠枢前来洹上劝驾。当晚，洹上经过激烈辩论，袁世凯最后决定应诏出山，次日拜折谢恩。其时，徐世昌是清朝内阁协理大臣，即副总理。他没有密来洹上，更没有二人伙同密谋提出攘夺中央军政大权的出山条件。袁拜折出山，确实是提出了条件的，其内容是，征调北洋续备兵、预备兵组建一支自己指挥的军队，调集一批非现役的将弁任统领，请拨军饷，陆军部、军咨府对其军事行动不为遥制，等等。袁世凯作为逐臣起复，出任一方统帅，兵无一卒，将无一员，饷无一文，这些条件是自然合理的。不为遥制亦为时局所必需，且并无以攘夺中央军政大权为筹码之意。相反，就在袁致电内阁通报确定南下督师启程日期之前，还特地一连两天两次长电内阁，建议恢复设立军机处之类的机构，以加强中央统一指挥的权力，并无任何觊觎中央权力之意。至于坐看荫昌调动指挥不灵而拒绝出山，要求清军缓攻武昌之说，则更是无据之臆断。荫昌南下武汉已在袁拜折出山之后。缓攻武昌，那是荫昌到达前线之后主动电告袁世凯的，袁只是以会办军务同意而已。

袁世凯出山之后，在公私场合都一再表示，打一两场胜仗不难，难在全国消灭革命力量。因而他清楚明白，不能以当年对发捻之策对付革命军，只能弃“剿”为“抚”，以自己的声望为前提，临以军事威慑，同革命军进行和谈，以君主立宪作为双方共同接受的底线。在他应诏出山伊始，就在进行这种试探，就任内阁总理后，便正式开始南北议和。历史拐点的这一节史实，应当重建。

汤伏祥博采诸家之说，参以自己的解读，通俗地阐释了袁世凯于晚清三十年间的各个方面，对于文史爱好者认知十九、二十世纪之交的中国历史，当会裨益良多。在袁世凯与近代中国的研究命题下，又一本新的成果产生，也是可喜可贺的。

骆宝善

2011 年 1 月

推荐序二

父亲袁克坚系先祖世凯第十子，母亲陆毓秀是清末陕西督军陆建章之女。本人自幼喜读中国历史文学书籍，而且对中国历代的英雄忠臣万分敬佩，并因与其同属中华民族而感到骄傲与自豪。

史书——本身就是对已逝岁月里的一些重要人物的生平和他们所从事的社会活动的真实记载，决不允许有半点的虚构和歪曲，否则将不能称其为历史。所谓“在齐太史简，在晋董狐笔”，直书历史，映现的是史官的公道，还原的是历史的真相。如此，才能在记录之时，为包括被记录人在内的世人所景仰；在书成之后，成为后人修身治世的借鉴。近则督导为官之道，远则弘扬家国正气。

随着大量历史文献的解密，越来越多的作家和史学家，对于并不遥远的清末民初这一段历史，本着还历史和历史人物本来面目的求实态度，发表和出版了数以百计的论文和著作，作出了许多符合历史实际、有价值、有意义的评论，厘清了那些道听途说的不实传闻、想当然的臆断，以及无意的附会或有意的伪造。

2009 年我曾读过汤伏祥先生撰写的《外国人眼中的袁世凯》一书。该书汇集了七位与先祖有关系以及有密切交往的不同身份的外国要人对先祖的评价，把这一段真实史料介绍给读者，使人们从另外一个观察角度丰富了对袁世凯的认识。

汤伏祥先生撰写的这本著作，同样以实事求是的态度，以真实的史料为依据，对被书者所处的时代背景、所受教育以及思维方式作出了历史的、设身处地的考察和理解，对由此而引发的历史事件和人物举止作出了合乎历史的真实叙述和评价。

对于汤先生的写作态度我再一次表示深切的感谢和崇敬。愿史学界涌现更多的“太史简”“董狐笔”。

袁家诚（袁杰）

2011 年 3 月于天津

目　录

维新运动是近代中国比较完全意义上的改革运动，在中国历史上有着非常重要的地位。长期以来，人们把戊戌变法的失败归结为袁世凯的告密所致。但后来的史实证实袁世凯告密是在慈禧发动政变之后，客观地讲，袁世凯的告密行为不是引发政变的直接原因，但加剧和扩大了慈禧的镇压行动。鲜为人知的是，袁世凯与维新运动是有着千丝万缕的联系的。

晚清新政是近代中国的系统改革，也是一段值得国人永远铭记的政改历史。晚清新政是全面、系统的。在短短十年时间里，几乎同时进行了教育制度、军事制度、财政制度、法律制度、政治体制等各方面的改革。袁世凯作为晚清重臣，在晚清新政中，较一般大臣更为积极。改革的“有形成果”和“无形成果”，相当一部分是在袁世凯的推动下完成的。

虽属被逼无奈，但清廷并没有完全被敌手击败，京城也未曾被攻破，甚至在还有能力控制战火的情况下，清朝却谢了幕。不是你死我活的战火，把清朝葬送火海的；而是历史的潮流、民意的力量，要让这个王朝随之东去，要让整个帝国制度随之东去。这是中国历史上第一次不是完全依靠武力解决一个王朝的归宿，而且是至今为止唯一的一次。袁世凯对这个帝国制度的谢幕起到了相当大的作用。

引　子

有人说袁世凯恰似三国时的曹操，于治世则为能臣，遇乱世则可为奸雄。而他人生的结局、选择，实则与曹操、刘裕、杨坚等人差相仿佛，按理说他也有拨乱反正、一统中华之功，应该稳居一朝太祖的牌位。然而却遭来谩骂，非议颇多。或许这正是历史的无情，一旦在关键的步骤上走错了，那就很难翻身了。袁世凯从一个淮军中低级官吏到大清帝国的内阁总理，进而到中华民国的大总统，这一过程的完成，绝非简单一两句话就能说得清楚的，他所产生的影响，至今还留在我们的现实生活中。

袁世凯这个名字对于现在的中国人来说，开始被渐渐地遗忘了，偶尔能从教科书上看到，也无外乎是这么几条：窃国大盗，窃取辛亥革命果实；卖国贼，与日本签订“二十一条”；独裁者，杀害革命党人宋教仁；逆历史潮流称帝。这些教科书上的成说、定论，反映了袁世凯其人的一个侧面，但不是全貌，因而是不能真正还原历史的本来面目的。

袁世凯作为晚清重臣，作为中华民国首任正式大总统，在近代历史上扮演了重要的角色，也深深地影响了中国的历史进程。有人说袁世凯恰似三国时的曹操，于治世则为能臣，遇乱世则可为奸雄。而他人生的结局、选择，实则与曹操、刘裕、杨坚等人差相仿佛，按理说他也有拨乱反正、一统中华之功，应该稳居一朝太祖的牌位。然而却遭来谩骂，非议颇多。或许这正是历史的无情，一旦在关键的步骤上走错了，那就很难翻身了。

人民是历史的创造者，这是毋庸置疑的。但个人对历史的影响却是巨大的。假如晚清不是专横的慈禧统治了半个世纪，会以什么样的结局收场呢？假如光绪帝能顺利推行戊戌变法，那又会是怎样的一番景象呢？假如晚清新政能持续推进，君主立宪得以顺利进行，那又会是怎样的局面呢？假如袁世凯没有称帝，能长寿些，跨过 58 岁这道坎，那会不会有后来的军阀混战呢？当然，历史是不能假设的，但个人在其中所扮演的角色，或正面或负

图 0-1　意气风发的袁世凯

面，都影响了历史的进程。邓小平不是说过吗，如果没有毛泽东，或许我们现在还在黑暗中摸索。袁世凯当然不能与毛泽东相比，但袁世凯在晚清所扮演的角色，在他所处时代所产生的影响，也是不可忽视的。袁世凯从一个淮军中低级官吏到清帝国的内阁总理大臣，进而到中华民国的大总统，这一过程的完成，绝非简单一两句话就能说得清楚的，他所产生的影响，至今还留在我们的现实生活中——只是我们不大愿意承认罢了。

1881 年，袁世凯在两次科举失败之后，转身投向军界，从此开始了他跌宕起伏的一生。从 1881 年到 1911 年辛亥革命爆发，随后清王朝退出历史舞台，历时三十余年。袁世凯的这三十年，是他个人的发迹史，更是晚清的缩影。这三十年，是中国近代历史上最为生动的三十年，近代化已经开启，有识之士图强变革，各种思想激荡碰击，清王朝企图在改革中求生存，最终却走向覆灭。

|第一章|

袁世凯与甲午之战

甲午之战是近代中国最为耻辱的战争之一。有人说，是袁世凯引来了这场战争。然而，他是否在实际上促成了那场战争，至今仍是莫衷一是的问题，这至少说明袁世凯与那场战争的爆发有某种关系。

甲午之战是近代中国最为耻辱的战争之一。腐朽的清王朝，虽然经过洋务运动和自强运动的发展，表面上看似还比较强大，但制度已腐烂，远落后于已经迈入近代化的日本。甲午之战是日本野心的集中爆发。日本明治维新后，势力强大起来，逐步走上军国主义的道路，不断向外扩展，窥视台湾及大清朝贡国琉球、朝鲜。1871 年至 1874 年，日本虽然侵占台湾没有成功，但随后侵占了琉球。接着，又借助事端，挑拨朝鲜独立，想进而侵占朝鲜。其时大清已经丢了琉球，自然不愿再失去朝鲜，遂与日本不断角逐、较量。袁世凯从 1882 年壬午之变时去朝鲜，到 1894 年回国，前后在朝鲜十二年。袁世凯在朝鲜的十二年，正是中日关系最为复杂，也是斗争最为激烈的时期，中日都把朝鲜作为争斗的战场。年轻气盛的袁世凯极力维护大清与朝鲜的宗藩关系，为巩固中国在朝鲜的利益，为抵制日本对朝鲜的不断吞噬，可谓尽心尽力。有人形容当时的情形是：一人敌一国；也有人说，“袁世凯在朝鲜十二年是爱国志士之行”[①]。虽有夸张，但大抵反映了当时的真实情况。也正因为如此，袁世凯的手腕不免专横、霸道，有些也为朝鲜所不满。而日本侵占朝鲜，进而侵扰中国，尤其是侵占中国台湾的战略已定，所以不断充实军力，鼓动军国情绪，借机制

① 郭廷以语，转引自李刚：《大清帝国最后十年：清末新政始末》，当代中国出版社 2008 年版，第 77 页。

造事端，挑起战争。甲午之战就是在这样的背景下爆发的。

有人说，是袁世凯引来这场战争，“他是否在实际上促成了那场战争，至今仍是个莫衷一是的问题”[①]。虽然这说法并无实据，因为中日之间必有一战，只是时间早晚问题，只是以什么作为导火线而已，但这也至少说明袁世凯与这场战争的爆发有某种关系。

厕身军界，崭露头角

第一次鸦片战争失败后，国门被打开，但不少人认为这只是一桩偶然的历史事件，天朝之国的心态还牢牢占据统治主流。随后的第二次鸦片战争以及接踵而来的一系列不平等条约，又猛敲了几下这个“中央之国”，于是乎就有了“同治中兴”和自强运动。自强运动先从培养人才、推行军事近代化和工业化开始，建立翻译馆、新式学堂及派遣留学生等来吸纳西洋的火器、机器、科学知识等。接着，又开始把眼光投向实业，诸如轮船、铁路、开矿、电报等，以发展企业，增强财富，提升国力。自强运动，是近代中国有识之士的挣扎，应该为我们现代人所尊重，但此时的世界，是帝国主义强化的时代，它们不会坐视中国自强而不理，纷纷前来破坏，特别是自强运动的中后期。1874年，日本人侵略台湾及1879年吞并琉球群岛；1875年，英国试图打开云南大门；1871—1881年间俄国强占新疆伊犁、法国攫取安南。就是在这样的背景下，意气风发的袁世凯无意于科举，投身军界，效命疆场，安内攘外。

光绪七年（1881年）四月，袁世凯带着他的家仆王成和乡邻赵国贤前来投奔吴长庆。袁世凯厕身军界，既是无奈之举，也是兴趣所向。袁氏家族本是书香门第，曾祖袁耀东中秀才，实现了科举入仕的真正起步。叔祖袁甲

① ［英］帕特南·威尔：《帝国梦魇——乱世袁世凯》，秦传安译，中央编译出版社2006年版，第19页。

三 28 岁中举人，29 岁连捷进士。祖父袁树三、叔祖凤三、重三也都中秀才，成了廪生、贡生。到了袁世凯的父辈，有袁保恒中举人、中进士、点翰林，保龄、保庆（袁世凯嗣父）中举人，保中（袁世凯生父）取副贡。袁世凯的父辈们，当然也非常希望袁氏家族的第四代子孙们能继续走科举考试取功名这条正道，于是他们更加重视家学。袁世凯的叔父袁保恒、袁保龄在北京设立了专门的私塾学校，供自己的子女们上学。袁世凯、袁世廉等也被从河南项城带到北京学习。因为他们希望袁氏子孙们，能通过科举之路，跻身正道，光宗耀祖，形成大望族。要想博得功名，成就一番事业，科举在当时无疑是正道，甚至是唯一的道路。可袁世凯两次科举，均以名落孙山而告终。虽然，对于一个才 20 出头的年轻人来说，科举之路还漫长，两次失败，也并不能完全说明什么问题，许多学人是考了大半辈子都没中。但两次科举的失败，显然打击了袁世凯的信心，使袁世凯对科举有了怯意和无奈之感，自觉无窍于科举。这也是为什么，当他接到吴长庆之信后，就抛下妻儿，远走他乡，前来投奔了。另外，袁世凯对军务也多有热衷，他原本就不是一个安于本分的人。早年跟随嗣父在南京的时候就十分淘气顽皮，整日结伙习武斗殴，骑马闲逛于南京各名胜闹市，甚至结伴冶游青楼。一个平日喜欢走马试剑的人，成天困在笔砚之间，其感受是可想而知的。

人是有天赋的，有人善于科举应试，有人善于挥刀弄枪。袁世凯投身吴长庆后，吴出于爱护，希望他安心攻读，再次应试，并让幕僚张謇、周家禄辅导他。袁世凯本想谋个差事干干，但吴长庆的一番好意，又不能不领，于是就在军中跟张謇、周家禄学文章。因为科举在当时毕竟是正途，也是袁世凯

图 1-1　袁世凯出生地——袁张营袁府旧址

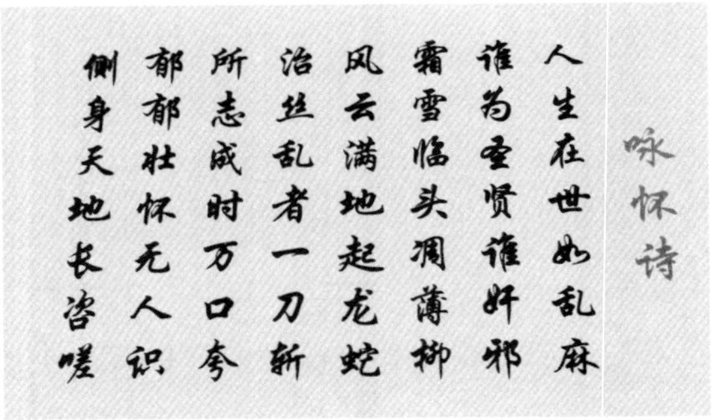

图 1-2　科考落第后做的诗文

的最大愿望。袁世凯确实也努力了，他也想中举，给自己争些脸面。但他的天赋似乎不在科举应试，而在谋事。侯宜杰的《袁世凯三部曲·第一部逞威属邦》中有这么个细节很能说明问题：袁世凯谋得庆军营务处差事后，就想有一番作为。军中那些枯燥无味的教条，他都认真研读。他对庆军中将骄兵惰的风气感到不满，决心整治整治。当时，有两帮人马因为赌博打了起来，为首的是一位叫梁大海的人。梁大海平日里就经常聚赌打架，他所在部队的营官也以有功自居，军纪散漫，对部下多放任自流。两帮人马赌博打架，正好给袁世凯以整饬的借口，当好好把握。袁世凯假借吴长庆之命全权处理。他了解了事件的来龙去脉后，就下令把梁大海给砍了。本来有不少人还不拿袁世凯当回事，结果梁大海人头落地，大家都被镇住了，知道军纪的厉害了。

对于整饬军纪，袁世凯还有他更刚毅、果敢的一面。1882 年，朝鲜发生壬午之变，袁世凯随庆军入朝。庆军入朝后，纪律很不好，不但任意抢劫朝鲜居民的衣服食物，而且强奸民女事件也有发生。袁世凯知道这样下去，必将引起朝鲜人民的反抗，也有失“上国”之体面，因此就力主整军。袁向吴长庆说明利害，同时自愿担负这个责任。在吴长庆的支持下，袁世凯首先从各营抽调了一批比较优秀的官兵，组成一支执法稽查队。袁亲自率领，日夜巡查，遇到那些扰害人民的士兵，立刻就地正法，枭首示众。下面举两个例子很能说明问题：一是，一次七个勇丁抢了朝鲜老百姓的东西，结果正被袁世凯撞见，袁世凯就拿出大帅吴长庆的令箭，把这七个勇丁给咔嚓了。所有在场的人都惊呆了，这七个勇丁确实应该受惩罚，但罪不致死，袁世凯在没有征得吴长庆同意的情况下，一下子就杀了七个勇丁，确实让大家都震惊了。二是，黎大德、冯小武两兵无视军纪，居然把一个朝鲜女人奸杀了。袁世凯知道了，找这两人审讯，两人先是不招供。袁世凯把两人分开，先是许诺冯小武只要他说出真相，可保一命，冯就把奸杀之事一五一十地说出来了；然后再找黎大德说，冯小武都招供了，并让他们对质。他们彼此揭露后，真相自然大白。这下他们才缓过神儿来，明白上了袁世凯的当。当时袁世凯才20出头，就有如此手段，确实令人佩服，相比如今的年轻人，20出头还懵懵懂懂，而袁世凯已成熟有加了。庆军经袁世凯整顿，“纪律一振，即袁爪牙辈亦大悚惧，韩境稍安，吴大奖袁能办事云云”。[①]

图1-3　吴长庆

袁世凯厕身军界，办事果敢妥当，很快就崭露了头角。一个才20出头的年轻人，不仅血气方刚、果敢、耐吃苦，而且办事周密、善用心计。当年他初到庆军营务处时，就善于利用关系，找了郭春芳等人练习射击技术，还利用到各营监督训练、考核和稽查的机会，认真观察学习，掌握了各种营规以及射击、刺杀等技术。这也为他后来直接指挥作战，奠定了基础。所以，壬午之变后，袁世凯放弃了科举（虽然他也非常想从科举中博得功名），追随吴长庆到朝鲜。吴长庆仓促出发，军务繁杂，一切筹划都依赖张謇及其助手袁世凯。袁世凯当时的职务是“前敌营务处”，负责军需供应、勘定行军路线等。当大军从登州进发时，袁世凯就跟朝鲜官员金允植说，他想提劲旅数百，直接入京城（金允植虽说到仁川后再观机酌行为好，但对袁的魄力颇为敬佩，后两人交往甚为密切）。船抵朝鲜马山浦，一营官说多数士兵晕船，请稍缓登陆，吴长庆立即将此人撤职，命袁世凯代理，袁马上部署，两小时内完成了登陆行动，吴当众大加夸奖。登陆朝鲜后，袁世凯因为赶路快速行军，脚底板都裂开了口，直流血。但他依然不敢有丝毫懈怠，顽强地坚持

① ［日］佐藤铁治郎：《一个日本记者笔下的袁世凯》，孔祥吉、村田雄二郎整理，天津古籍出版社2005年版，第10页。

图 1-4 大院君李昰应

着。同时行军的丁汝昌就说："纨绔少年，也能这样，真不容易呀！"[①] 年少纨绔并不可怕，可怕的是一辈子都自以为是富家子弟，只懂炫耀自己。袁世凯厕身军界以来，就一改纨绔形象，吃苦耐劳、勤快勇敢，这也是袁世凯别于一般纨绔子弟之所在。

后来，大家在合议如何处理大院君李昰应时，袁世凯所处地位虽然低微，但贡献不小。"诱擒大院君之议虽出于薛福成，但临机决策，张謇的贡献为大，袁则在实际的行动方面出力颇多。"[②] 吴长庆先拜访李昰应，"好言诱之"，李去戒备之心，次日驾临黄仕林营中答拜。吴长庆等先诱其入帐慢谈，袁世凯则以计阻止大院君之护从人员。随后，吴长庆擒拿下大院君，并由丁汝昌连夜送到南阳府，再由兵船押往天津。为了免于滋生更多事端，袁世凯等带上亲兵，雨夜巡视各主要街道和王宫周围，未发现异常后，才回营休息。在接下来的惩治"乱党"中，袁世凯也出力颇多。他先是与马建忠商量如何铲除"乱党"，甚至还主动请命亲任枉寻里之战的总指挥。枉寻里之战结束后，壬午之变才算平定。

壬午之变平定后，朝鲜国王设宴款待，礼遇袁世凯，甚至为其设立生祠。清政府也对平定"壬午兵变"有功人员进行奖赏，袁世凯因"治军严肃，调度有方，争先攻剿，尤为奋勇"晋官同知发分省补用，赏戴花翎。九月，朝鲜国王派使者向清政府致谢，并要求清政府派出教习，帮助朝鲜训练新式军队。李鸿章命吴长庆筹划。吴长庆派袁世凯、朱先民、何增珠等办理编练朝鲜新军。"草创章制，编选壮丁"，选 1000 人，分左右营，按淮军操法训练，武器装备由中国供给。朝鲜国王检阅后，极为满意，称赞袁世凯训练有方。决定在江华沁

① 侯宜杰：《袁世凯三部曲·第一部逞威属邦》，线装书局 2008 年版，第 39 页。
② 林明德：《袁世凯与朝鲜》，台湾"中央研究院近代史研究所"1984 年版，第 20 页。

军营中再选500人编为“镇抚营”，仍由袁世凯训练。“袁世凯编练韩军的重要性虽不及他日后的小站练兵，却也具有特殊的意义。这次练军可说是壬午事变后中国在韩势力急剧发展的象征，同时也显示袁世凯在庆军中的地位。”[①]

袁世凯厕身军界，本属无奈之举，但确实是天赋所在，在吴长庆的提携之下，短短几年，已锋芒显露，崭露头角。

机智果敢，可谓能矣

古代中国确有中央之国、天朝在上之象，属国众多，进贡纷纷。到了明清时期，安南（今越南）和朝鲜成了两个最主要的朝贡国。当资本主义国家完成工业革命后，不断向外扩张，越南与朝鲜都成了它们侵略的目标。越南被法国盯上，而朝鲜更是先有荷兰传教士的基督教传播，尔后有法国的入侵以及美国的通商要求和入侵。而日本，则想把朝鲜紧紧地抓在自己手上，独吞它。日本明治维新以后，侵朝政策日益明朗，随后有1876年的日朝《江华条约》，日本承认朝鲜为独立之邦，享有与日本平等之权，并互派使节等。日本想通过先承认朝鲜独立，把中国对朝鲜的宗主权废除，进而谋取它在亚洲的霸主地位。对于《江华条约》的签订，中国没有提出抗议，实际上已经失去了对朝鲜的唯一宗主权。后来，清廷自觉不甘，遂命李鸿章主管朝鲜事务，代替在传统上负责朝贡关系的礼部。李鸿章的外交策略长期以来是“以夷制夷”，在夷与夷之间走钢丝绳。在李鸿章的推动下，美、英、法、德等国先后与朝鲜签订条约，承认朝鲜独立。但朝鲜另外发表单独声明，自称为中国属邦。中国当然也愿意继续充当朝鲜的保护国、宗主国。所以壬午之变后，清政府就在第一时间出兵朝鲜，继续对朝鲜行使宗主国的权力。也正是因为如此，庆军在朝鲜才有所作为，擒拿大院君，平定乱党，训练新军等，也正是这样，才有袁世凯的一番作为。

---

① 林明德：《袁世凯与朝鲜》，台湾“中央研究院近代史研究所”1984年版，第28页。

图 1-5 朝鲜国王李熙

壬午之变平定后，吴长庆奉命回国，带回一半军队，剩下三营由吴兆有统领。袁世凯总理营务处，会办朝鲜防务，兼带庆字副营，并办理转运和一切留防事宜。张光前仍任后营营官。吴兆有、张光前并非袁世凯的对手。吴兆有虽然名义上统领三军，但斗不过袁世凯，能力也在袁之下，“中国在汉城有驻防军朝三营，名义上是统带吴兆有管辖，实际上则由袁世凯所节制”①；张光前虽然位居正二品，是个总兵，但只有五品的袁世凯却不把他放在眼里。有一次朝鲜国王李熙接见张光前和袁世凯，袁世凯居然抢在前头，坐上客位的首座，俨然不把张光前当回事。当然，这也反映了袁世凯年轻气盛，少年得志，狂妄跋扈的一面。但袁世凯确有独当一面之能事。

壬午之变平定后，朝鲜看似平静，其实已经被推到了国际的激浪中。中国虽然平定了叛乱，擒拿走了大院君，但日本亦有收获，1882 年 8 月，日朝签订《济物浦条约》。《济物浦条约》是《江华条约》的延伸，日本不断强化了对朝鲜经济、政治的控制，而且强化了军事的影响力，日本使馆取得在朝的驻兵权。在朝鲜朝廷内部，斗争也是越来越激烈，特别是事大派与开化派之间的斗争。事大派亲华，以闵泳翊为首领；开化派亲日，以金玉均、朴永孝等为首。两派自分畛域，相互倾轧。光绪十年（1884 年），开化派的活动日益猖獗起来，与日人大肆活动。金玉均等人认为中法战争爆发，中国自顾不暇，便想寻机刺杀事大派首领。袁世凯知道事情的严重性，就命各营严加戒备，同时与朝鲜军队将领不断研商防范之策，此外还电请李鸿章指示机宜。

① 林明德：《袁世凯与朝鲜》，台湾“中央研究院近代史研究所”1984 年版，第 52 页。

1884 年 10 月，金玉均、朴永孝等人与日本驻朝公使竹添串通好，决定利用庆祝朝鲜邮政总局新厦落成的晚宴举事。随后，政变集团挟持国王到景佑宫，同时迫使国王召请日使进宫保卫。日本公使率日军一百余人支持开化派，冲入朝鲜王宫，捕杀事大派闵泳翊、闵台镐、赵宁夏等大臣。国王被挟，事大派大臣被杀，政府全由开化派主导，并公布了亲日的政府名单。袁世凯知道后，非常着急，深知这将关系中朝属藩关系，关系中国在朝的根本利益，遂连续几日与吴兆有、张光前商量对策。在国王生死不明、政变已经大体明了的情况下，袁世凯慷慨激昂，主张应该举清兵入宫，营救出国王。而吴兆有、张光前显然怕担当责任，以没有北洋的命令，决不能擅自行动为由，不同意出兵。无奈，袁世凯一面做举兵的准备，一面致函旅顺的保龄，托他禀请"即派兵轮来东"，接着又上书李鸿章，请求派兵支援，以防不测。随后，袁世凯再次强调事态危急，不能再等，主张应先出兵营救国王，而后电告北洋说明原委。吴兆有、张光前显然还是拿不定主意，袁世凯遂云："驻防的对外交涉，是我的专责，如果因为肇衅获罪，由我袁某一人承当，决不累及二位。"[①] 于是袁世凯自担最危险的进攻敦化门任务。袁世凯为了能顺利进攻敦化门，先设法与守护王宫的朝鲜左右两营取得联系。这两营人马多是袁世凯当年训练的，虽然政变发生后，这两营的主帅被杀，换了开化党的人指挥，但袁世凯找来左营的金钟吕、右营的申泰熙，

图 1-6　朝鲜王宫

① 侯宜杰：《袁世凯三部曲·第一部逞威属邦》，线装书局 2008 年版，第 114 页。

晓以利弊，做通他们的工作，请他们给予支援。

进攻敦化门当日，袁世凯致书日本公使竹添，谓："敝军与贵部驻此，同系保护国王。日昨朝鲜内乱，杀害大臣八九人。现在城内外军民不服，举有入宫环攻贵部之说。弟等既恐国王复惊，又恐贵部受困，用敢率队进宫，一以保护国王，一以援护贵部，别无他意，务请放心。"[①]袁世凯发函后，不见竹添答复，遂于当日下午，断然发动攻击。袁世凯自率一队进向敦化门，吴兆有率队由宣仁门向昌德宫进军，张光前所部为预备队，在后策应。当年日本记者佐藤铁治郎在记录这一历史事件时，多有气愤，称：甲申之变，韩京大乱，韩王恐怖，照会我竹添公使保护。袁世凯闻变，遂率兵往袭王宫，以我公使在宫中，乃致书我公使。"书甫入，我公使未暇拆阅而袁军已先鸣枪。时韩兵守宫门，我兵驻内院，清兵入门，先击毙韩兵数十人，继与我军相接。清众我寡，势不敌。我公使势甚危。"[②]袁世凯的果敢、勇于担当，给日军以重大打击，竹添知道大势已去，逃出王宫，回到公馆。翌日，该馆受到朝鲜人民的袭击，竹添见势不妙，最后逃往仁川。袁世凯带兵入宫的目的，原在保护国王，但入宫后，并未发现李熙的下落，办事急躁的袁世凯有另立国王的建议，但遭吴兆有驳斥。袁世凯也自觉不妥，没有坚持。随后，有人来报，国王在关帝庙。吴兆有、袁世凯立即带兵到关帝庙营救出国王。李熙先入吴营，下诏重组政府，随后移驻袁营，再后袁世凯等护送李熙重回王宫，甲申政变结束。"在此次变乱中，从出兵的决定，到军事的部署与攻击行动，甚至事后局势的收拾（把持韩政，操纵与日方交涉等），实际上全系袁一人独断专行。统带吴兆有、总兵张光前虽也联衔参与其事，然与陈树棠同样只不过具名而已，可说一切都出之于袁。"[③]

甲申之变，是中日士兵在朝鲜的第一次正面交火。袁世凯深知，中日

---

① 转引自林明德：《袁世凯与朝鲜》，台湾"中央研究院近代史研究所"1984年版，第59页。

② ［日］佐藤铁治郎：《一个日本记者笔下的袁世凯》，孔祥吉、村田雄二郎整理，天津古籍出版社2005年版，第12页。

③ 林明德：《袁世凯与朝鲜》，台湾"中央研究院近代史研究所"1984年版，第73页。

交兵，必然牵涉外交问题，遂安排朝鲜国王在营内引见各国公使，说明事乱原委，并请共同调处。后又请陈树棠与各国公使晤商调处，但调处效果甚微，竹添态度尤为强硬。后竹添返日禀告，对事件添油加醋，日本军部之内的萨摩派系主张对中国采取强硬措施，而井上公使力排众议，主张与中国进行谈判，但中日摩擦已日益加深。而袁世凯在这次行动中所表现出来的智慧和果敢既受到了朝鲜王室的尊重，也受到朝鲜百姓的拥戴，更给一直试图侵害我在朝利益的日本以警示和打击。此后，日本也格外担心起袁世凯来。“袁世凯当日之谋，实有令人可惊可畏者，使清政府与李鸿章能明断敏速，出师图韩，一跃而登，真令我日军无从措手。……袁之外交，诚有剽悍之手腕哉。”[①]

图 1–7　日本明治维新是由萨摩、长州、土佐、肥前等东南雄藩的武士推动的，故维新后即由他们掌握新政府的实权。当时当权派的岩仓贝视、木户孝允、大久保利通等出使外国，而成为所谓的“留守政府”（外出不在称为留守），于是西乡隆盛和板垣退助等参议，即纷纷起来主张征服朝鲜或远征台湾地区，争论的结果，经朝廷决议先行征韩。图为板垣退助。

一个人的成功绝非偶然，他必须在某些关键的时候展示出杰出的才干，然后加上领导赏识。袁世凯的这次果决行动，不仅让日本畏惧三分，也使他自己获得了李鸿章的赏识。时年 25 岁的袁世凯，“竟能号召中国驻防各营，并策动朝鲜左右两营勤王，在军事上，甚至外交上作详尽周密的部署，发号施令，统驭中韩联军，击溃日军，摧毁政变集团的势力，拯救韩王，恢复李熙政权，同时维持汉城的治安，实为难能可贵”。[②] 所以日本派伊藤博文到北京与李鸿章会谈，要求李鸿章惩办袁世凯时，李鸿章却多加袒护，并称赞袁世凯乃军政奇才。

---

① ［日］佐藤铁治郎：《一个日本记者笔下的袁世凯》，孔祥吉、村田雄二郎整理，天津古籍出版社 2005 年版，第 15 页。

② 林明德：《袁世凯与朝鲜》，台湾“中央研究院近代史研究所”1984 年版，第 63 页。

驻朝总理，正名身份

弱国无外交，这是近代中国与西方列强交往的生动概括。虽然洋务及自强运动后，中国获得一定的发展，国力强盛了些，海军制度也渐变，模仿西洋之式，雇洋师，购洋舰，士大夫们的眼界也开阔了许多。但对外交之事，多是盲目、无知应对。中法战争，虽然战场上中国略占上风，但清廷依然害怕战争事态扩大，遂请英人赫德及手下金登干与法国协商，草拟《中法和约》十条，最后才请李鸿章画押签字。这样的外交局面在近代比比皆是。作为支撑晚清危局的重臣李鸿章从1870年登上外交舞台以来，主导大清外交三十余年，虽展示了超凡的个人智慧和手段，但他也是“一生秋风糊裱匠”。李鸿章对朝鲜政策，早先也是采取“以夷制夷”的策略，让列强相互牵制。但牵制是一厢情愿的，谁愿意看到中国在朝的势力独大呢？尤其是日本，早就把朝鲜列入它的“大陆政策”，想夺取朝鲜，进而侵略满洲。清廷和李鸿章都知道日本的野心，但又不能与日本发生正面冲突。甲申之变后，虽有袁世凯的迅敏反应，巩固了中朝属邦关系。但李鸿章不想把事件扩大，遂与日本签订《天津条约》，约定中日两国陆续撤出在朝之兵，朝鲜实际上成了中日的共同保护国。但此时的日本，由于朝鲜人民的仇日情绪高涨，加上甲申事变亲日势力受挫，对朝策略不得已转为“退婴政策”，默认中国在朝鲜的宗主权地位。李鸿章抓住这机会，并利用国际形势的演变，积极强化中国在朝鲜的宗主权，遂有赦免大院君回朝鲜等举动。袁世凯也因护送大院君再次与朝鲜结缘。

甲申之变，袁世凯自感立了大功，确实高傲自满起来。年轻气盛，求功心切，可以理解。现在政坛上不少年轻人不也这样吗？得意忘形，是至理名言。袁世凯一面给李鸿章去信，大谈平定政变之细节，吹嘘自己的功劳，并大胆献计：“莫如趁此人心尚知感服天朝，即特派大员，设立监国，统率重兵，内治外交，均为代理，则此机不可失也。”[①] 一面以保护国王之名义，驻军王宫，与李熙居住的昌德宫仅一墙之隔。袁世凯的急切行动，自然招来不满。吴兆有、张光前就告了袁世凯“跋扈专断，藐视长官，擅自开衅，挪用军饷，蓄养官妓，贩卖烟土，干涉朝鲜内政”[②] 一状。加上日本认为“袁久驻韩终必为患”，有“除去袁世凯为快”之激烈论调，袁世凯陷身漩涡之中，成为“众矢之的”，不仅日人将擅启兵端的责任归罪于袁，清廷对袁也不表信任。后有钦李鸿章差大臣吴大澂、续昌前往朝鲜查办。吴大澂对袁世凯非常赏识，也多有袒护，袁总算躲过一劫。随后袁世凯解职回国，回陈州老家“隐居”。

袁世凯这次被解职回家，可谓郁闷，在朝果敢的行动，不仅没及时得到朝廷的嘉奖，反倒遭到指责。还好，袁保龄从中斡旋，颇费口舌，在李鸿章面前多有溢美之词。加上李鸿章对袁本颇为欣赏，最后采用折中办法，以私人行文戒饬袁世凯了事。袁保龄致信袁世凯，一定要检点行事，不可再阔气了。一面又写信给李鸿章的幕僚晴笙，说袁世凯受到李鸿章的大力庇护，使他刻骨铭心。但袁世凯其实不甘寂寞，虽隐居陈州，但心仍系朝鲜之事。

图 1-8 李鸿章

甲申之变的成功解决，朝鲜王室虽对袁世凯心怀感激，但国王李熙软弱无能，凡事多仗闵妃。闵妃重用亲信，独断专行，肆意妄为，并与俄国暗中往来，企图变朝鲜为俄“保护国”。袁世凯为了遏制闵妃，想让前两三年被擒拿至天津的大院君李昰应回国，利用李昰应的影响和声势，钳制闵妃，遂向李

① 周溯源：《北洋军阀鼻祖袁世凯》，黑龙江人民出版社 1997 年版，第 26 页。
② 侯宜杰：《袁世凯三部曲·第一部逞威属邦》，线装书局 2008 年版，第 131 页。

鸿章提出大胆建议，谓："大院君智谋才略，实胜其子数倍，颇为其国人所尊敬，且深明大义，光绪八年不得已而掳归，兹宜晓以大义，赦其回归，使其父子同心协力，于其国计颇有裨益。"[①]这建议与李的想法基本一致。在甲申之变前，李鸿章就有释放大院君回国的想法，只因闵妃（诸闵）、赵太妃等对大院君回朝多加阻拦；李也担心大院君回国后，过多干预朝政，使朝鲜陷入内乱。但甲申政变爆发后，李鸿章深感朝鲜朝廷软弱无能，摇摆不定，如有大院君坐镇，情况当大不一样，遂更加赞同袁世凯提出的"以父临子"的主张。《天津条约》后，袁世凯深感"韩王昏聩糊涂，最易受人煽惑，又复见异思迁……久必为日俄所愚，叛我独立"[②]，遂上书李鸿章，赦大院君回国，以收拾人心，抑制闵妃，父子同心，共为国家计。李鸿章经袁世凯不断陈情，遂坚定赦大院君回国之决心。加上，本来犹豫不决的清廷也因俄人侵朝愈演愈烈，一改态度，毅然命李鸿章酌情办理。李鸿章随后派袁世凯护送李昰应回国，并致书朝鲜国王，曰：袁世凯两次带兵贵邦，扶危定倾，人民信重。

赦免大院君回国，实乃李鸿章的失策之举，主要原因是大院君与闵妃积怨太深。大院君一回国，诸闵就采取了极端手段，以剪大院君残存的党羽，搜捕金春永、李永植，并处以极刑。大院君的随从十余人，也都人人自危。后虽经袁世凯从中斡旋、交涉，迫害事件得以停止，但诸闵遂对袁世凯及清廷不满，这对中国巩固在朝鲜的宗主权地位产生诸多不利影响。对于这些，袁世凯在护送大院君之前，也是欠考虑的；护送途中，袁世凯对朝鲜王室没有派员前来迎接大院君的怠慢行为多为气愤；护送回国后，袁世凯才深切体会到大院君与诸闵矛盾一时难以化解。后来，袁世凯虽有意冷落大院君，以平诸闵之气或拉拢诸闵，但闵妃权贵猜忌丛生，对袁世凯也萌生了敌

---

① 转引自［日］佐藤铁治郎：《一个日本记者笔下的袁世凯》，孔祥吉、村田雄二郎整理，天津古籍出版社 2005 年版，第 16 页。

② 转引自［日］佐藤铁治郎：《一个日本记者笔下的袁世凯》，孔祥吉、村田雄二郎整理，天津古籍出版社 2005 年版，第 16 页。

意。"无论袁的本意或其表面的做法仅是在维护大院君本人，而诸闵则始终不能消除一种本能的疑惧，认定袁阴助大院君复掌政权。"[①]这些都是袁世凯所未能料及也是考虑不周的。

图 1-9　朝鲜皇室

光绪十一年（1885 年）九月，李鸿章在听取袁世凯护送之事汇报后，颇为满意，遂向朝廷发了奏折，谓："查有分省补用同知袁世凯，胆略兼优，能知大体。前随吴长庆带兵东渡，久驻王京，壬午、甲申两次定乱，情形最为熟悉，朝鲜新旧党人咸相敬重。此次派命伴送李昰应归国，该国君臣殷殷慰留。昨接朝王来函，亦敦请该员在彼襄助。若令前往接办，当能措置裕如。"[②]随后朝廷准奏，正式任命袁世凯为"驻扎朝鲜总理交涉通商事宜大臣"，俟补缺后以道台升用，加三品衔。此前，大清驻朝鲜的代表是陈树棠。陈树棠"忠厚有余，才智不足"，陈的职位是"总办商务委员"，顾名思义，只是专办商务而已，与领事不能"同品"。而此次改任袁世凯，称袁为"驻扎朝鲜总理交涉通商事宜大臣"，冠以"交涉"两字，端在"优其事权……略示与外交之意"[③]。十月初，袁世凯在天津拜别李鸿章后，赴朝履新。李鸿章还致朝鲜国王书一封，曰袁世凯"奉旨令驻扎汉城，襄助一切。以后贵国内治外交紧要事宜，望随时开诚布公，与以商榷，必于大局有裨"[④]。尔后袁世凯对朝鲜内政外交事宜，多

① 林明德：《袁世凯与朝鲜》，台湾"中央研究院近代史研究所"1984 年版，第 154 页。
② 林明德：《袁世凯与朝鲜》，台湾"中央研究院近代史研究所"1984 年版，第 125—126 页。
③ 林明德：《袁世凯与朝鲜》，台湾"中央研究院近代史研究所"1984 年版，第 126—127 页。
④ 林明德：《袁世凯与朝鲜》，台湾"中央研究院近代史研究所"1984 年版，第 127—128 页。

有干预，权限越来越大，中国在朝鲜的宗主权也得以强化。

专横跋扈，引来不满

越南从属藩离去之后，朝鲜成为大清最为重要的“外藩”。此时的大清，自己已伤痕累累，内忧外患，尤其是与法国短暂及灾难性的对抗后失去了越南，这标志着有二十多年历史的自强运动基本失败。外交、军事和技术上有限的现代化，并没能让大清强盛到足以抵制外国列强。李鸿章虽有自己的一套外交策略，但他显然怕再次被弹劾，知道维护大清威严的重要性。所以，当朝鲜被推到国际舞台上时，李鸿章再也不能把它弄成“第二个安南”了。李鸿章抓住壬午之变、赦免大院君回国、派袁世凯驻扎朝鲜总理交涉事宜等，强化对朝鲜的控制，以显大清的宗主地位，也给国人长长脸面。年轻气盛的袁世凯，从厕身军界以来，就一直以敢作敢为著称，加上一路上来，仕途多为平坦，赞美之辞不断，有飘飘然之感。这些都助长了他高傲自满的情绪，遂对朝鲜内外事务多加干涉，专横跋扈，俨然以监国自居。

李鸿章派袁世凯驻扎朝鲜，总理交涉朝鲜事宜。袁世凯自知李鸿章心思，对李政策多有揣摩。此时，列强在远东的角逐日益尖锐，英、俄在中东的对立也波及朝鲜。俄想从朝鲜获得利益，在甲申年冬，就有“俄韩密约”的酝酿，有穆麟德私约俄国派人教练朝鲜军队，请求俄国保护朝鲜，接着又有英国占据巨文岛事件。日本对英、俄的行动很是担心，尤其是对俄国，恐俄先于日本夺取朝鲜。日本自觉无奈，遂想联合中国，以求制衡俄国。英国也不愿看到俄国窃取朝鲜，就默许甚至怂恿中国对朝鲜加强控制。李鸿章看到国际形势有利的一面，遂对朝鲜采取更为积极的政策。但此时的朝鲜，已经成为列强在远东角逐的战场，列强不愿看到中国在朝鲜独大的局面，遂有列强“共同保护朝鲜”“朝鲜中立”等主张。而此时的国内舆论，特别是甲申之变成功平定后，多主张在朝鲜设立“监国”或改朝鲜为县郡，张謇、张佩纶等人甚为积极，中国人好大的心态再次作祟。袁世凯最初也很积极，曾直接向李鸿章建议过。但李鸿章既不愿让朝鲜中立，各国共同保护朝鲜；也不愿因“监国”招惹事端，“朝鲜监国之举，局外每持是论，钧意未肯率为附和，深识远虑”[①]。于是，李鸿章采取了内外呼应的折中办法（即李在国内，袁在外），派干练的袁世凯驻扎朝鲜，名义上是总理交涉商务事宜，但同时又“内外紧要事宜”“与以商榷”，有如监国之权。

袁世凯获得此命后，异常高兴，虽然李鸿章告诫他：你的身份并不能与朝鲜国王并肩谈判，更不能发号施令。袁保龄也告诫他：临事要忠诚，勿任权术，接物要谦和，勿露高兴，庶几可寡尤侮。但轻躁妄动、年少得志的袁世凯，显然还没历练够，不免气盛专横，自认为只要政策严厉，执行到位，自然就能控制好朝鲜，年轻人总是这样自命不凡。“慰亭任事非不勇，治事非不勤，而时时难以世故客气之习，故举动辄不胜有识之求，而其材，固公家谢幼度也，方成敌国，幸属慎之。”[②]（张謇一面对袁世凯身上的世故习气颇为担心和不屑，但又把袁世凯比作东晋名将谢玄，字里行间流露出他对袁世凯这个年轻人的敬佩之情。）袁世凯也自云：“朝鲜自君其国，自子其民，与各国立约互称己为自主，不过受辖于中国耳！如以不臣于人为人主，是图取文字之体面，而不顾宗社之沦亡，贾虚名，受实祸，朝始称帝，夕已破灭。……方今上下解体，国弱民贫，欲求一至近、至大、至公之国庇荫之，舍中国其谁与归？谨依中国以图自存犹有他虑，况背中国乎？”[③]

袁世凯以监国自居，“世凯自命其权力地位，亦在各国驻韩公使之上。遇有各国公使会议筹商事务，则派翻译唐绍仪充代，车马服从亦极丽，至韩宫府行为，外交动作，事无大小悉加干涉，韩无一事能自主”，“甚至韩王

① 林明德：《袁世凯与朝鲜》，台湾“中央研究院近代史研究所”1984年版，第96页。

② 张謇致袁保龄语，转引自李刚：《大清帝国最后十年：清末新政始末》，当代中国出版社2008年版，第77页。

③ 《上清廷“朝鲜大局论”后》（光绪十四年九月初十日），中国第一历史档案馆所藏《袁世凯驻节朝鲜期间函牍选辑》，《历史档案》1992年第3期。

欲换一宫内小臣，不令袁知，辄曰任用小人，必去之而后已”。[①] 在交往仪式上，袁世凯与朝鲜官员交往，均用平行照会；朝鲜政府遇有“公会”，袁世凯为“宾中之王”，其席位应在朝鲜官主位之上。另外，在“入贺”“赐奠”等礼节上，朝鲜虽有不甘之心，但在袁世凯的督促下，依然延续。光绪十六年（1890 年）四月，朝鲜赵太妃病逝。朝鲜即向袁世凯及清廷北洋大臣禀告。按照礼节，藩属国的国王、王妃等去世，还需派遣“讣告使”到北京，向礼部告讣。然后清廷亦派使前往赐祭，并赐谥号。这次赵太妃病逝，朝鲜欲取消“大丧礼”，遂迟迟没有派“讣告使”前往北京。袁世凯则不断催促朝鲜王室，最后朝鲜只好派使前往。清廷也随即任命户部左侍郎续昌、右侍郎崇礼为赐祭朝鲜国母妃正副使。

袁世凯在朝的“宗主监国”身份自然引来其他国家的嫉妒和不满，日本对袁世凯多有气愤，日本本以为朝鲜可成为自己的囊中之物，但袁世凯却成了它侵吞朝鲜的绊脚石。日本始终有“袁久驻韩终必为患”的思想，一直设法让袁世凯离开朝鲜，以除心患。日本“热心国事者谓：袁此等举动，势将并吞三韩，不可坐视。宜忠告袁世凯，如不听则戎衣相见”。[②] 尔后，日本政府又致书驻日公使徐承祖，嘱清政府命袁世凯前往东京，与日本执政诸臣面商一切。日本向袁世凯提出十二条忠告，告诫袁世凯勿损害朝鲜之自主权，宜劝其变法，以图自强，且中日两国应协力图谋。袁世凯则告诉日本政府，朝鲜乃清之属国，非他国所能干预。日本政府遂越发气愤，“我国当时亦无知之何。而我君臣，见清于韩种种虐待，实代不平”。[③]

美国对袁世凯的专横跋扈，也有不满的情绪，美国曾直接致电清廷诘问：“嘱询中国派驻朝鲜袁姓，官系何等职任。闻在该国，无论各国驻高大臣

---

① ［日］佐藤铁治郎：《一个日本记者笔下的袁世凯》，孔祥吉、村田雄二郎整理，天津古籍出版社 2005 年版，第 21 页。

② ［日］佐藤铁治郎：《一个日本记者笔下的袁世凯》，孔祥吉、村田雄二郎整理，天津古籍出版社 2005 年版，第 21 页。

③ ［日］佐藤铁治郎：《一个日本记者笔下的袁世凯》，孔祥吉、村田雄二郎整理，天津古籍出版社 2005 年版，第 22 页。

有何公事会议，彼均弗肯与议，惟派所用之通使前往，屡有事件，自以为与高廷相近，与他国大臣不同。……故嘱转询中国所派驻高之员，是否即系办事大臣，抑系二三等钦差……”[①]在美国眼中，袁世凯的“交涉通商事务大臣”就是“三等公使”，不能与美公使平起平坐。但遗憾的是，袁世凯不但没有因为“三等公使”而委居美公使之下，反而居上，公使会议常派唐绍仪代充。美多任驻朝公使对袁世凯多有非议，指责袁世凯地位特殊且过多干涉朝鲜内政。

图 1-10　伊藤博文

袁世凯的傲慢、专横、跋扈，引来了诸多的非议、不满，甚至责难。这是由袁世凯个人“自大妄为”“盛气凌人”的性情所致，也是因列强的“嫉妒”而生。处于浪尖的袁世凯，要办好事情，确有不易之处。还好这点李鸿章看在眼里。李鸿章虽然知道袁世凯在朝鲜的确有傲慢之举动，行为也不乏暴躁，但他也知道袁世凯还是在竭力维护清朝在朝鲜的“上国”地位的，遂默许袁世凯大胆“作为”。

阻朝联俄，操纵外交

俄国与大清的关系向为特殊，早在西欧人经海路到达中国的时候，俄国人就穿过西伯利亚向中国推进。当大清还处于鼎盛的时候，与俄国就有一战，遂有1689年的《尼布楚条约》。《尼布楚条约》是中国与西方国家之间的第一项协议。尔后还有《恰克图条约》等。在清之初

① ［日］佐藤铁治郎：《一个日本记者笔下的袁世凯》，孔祥吉、村田雄二郎整理，天津古籍出版社2005年版，第30页。

期、中期，清与俄国一直保持特殊的外交关系。“清代初期的中俄关系同中国与其他西欧海权国家的关系迥然相异。事实上，俄国在中国占据了一个非常特殊的地位。它是中国唯一与之保持外交关系的国家；唯一派遣外交使团的‘西方’国家；也是唯一一个获得在北京拥有宗教、贸易和教育特权的国家。”[①] 当时的人们还习惯把西方国家列为清之藩属时，康熙已经视俄国为独立之邦。在相当长的一段时间里，中俄两国一直平等往来，虽有摩擦，但谈不上谁侵略谁。鸦片战争后，国力虽然一般的俄国也不甘示弱，迫使清政府签订了《瑷珲条约》《中俄北京条约》等，割让了乌苏里江以东的大面积土地。李鸿章主导的自强运动兴起后，沉睡的大熊俄国国力也在剧增，不断侵扰中国的边疆，尤其是对新疆伊犁的侵扰不断加剧。对大清的属藩朝鲜，俄国也想能从中捞到一点好处，以此扩张它在远东的势力。甲申事变前，俄就对朝鲜局势颇为关注，企图在远东谋得利益。有些朝鲜官员也想撇开中国，寻求俄的保护，亲俄势力逐渐形成。甲申事变，日本既是针对大清，也是针对俄国。事变失败后，开化派受挫，亲俄势力遂乘机诱导国王寻求联俄，以谋俄之保护。已然监国的袁世凯自然不愿看到此等情形出现，对朝俄暗中来往颇为气愤，并竭力制止。

朝鲜求俄保护先后有两次，一次是在光绪十年底（1885年初），一次是在光绪十二年（1886年）夏。第一次的策动者为穆麟德。穆乃朝鲜海关总税务司兼外署协办，是朝鲜的改革派人物，深得朝鲜朝廷信任。穆有对朝军事、经济、交通等之改革计划，曾寻求李鸿章支持穆麟德。李鸿章表示同情，但未予有力支持。穆麟德遂寻求俄国支持，并促使俄朝订立《韩俄通商章程》，极得俄人好感。甲申之变，中日交火，朝鲜甚为担心，遂在穆麟德的促使下，寻求俄之保护，并与俄定下密约，俄派舰保护朝鲜沿海，派员教练朝鲜士兵等。

---

① ［美］徐中约：《中国近代史：1600—2000，中国的奋斗》（第6版），计秋枫、朱庆葆译，世界图书出版公司2008年版，第92页。

图 1-11　穆麟德

朝俄密约立刻引起了国际社会的关注，宗主国中国自然不能答应；日本深恐朝鲜落入俄人之手，甚至危及日本本土，也不甘愿；英国也恐俄势力南下，侵占自己利益。在国际社会的压力下，朝鲜不得不撤了穆麟德，朝俄密约遂成空文。袁世凯也多方压迫，迫使穆麟德离开朝鲜。朝鲜第二次与俄亲近则事出多因。光绪十二年（1886 年）春夏，英国占据巨文岛，亲日派威胁甚紧，加之袁世凯对朝鲜确为专横，朝鲜遂再萌生与俄亲近的想法。朝鲜国王密召前年因海参崴密约一案而被流放的金光勋返回汉城，并命其与俄驻朝公使韦贝交往。朝、俄之间再度密商保护之事。

袁世凯对于朝俄的密商非常重视，一面继续密探朝俄之动向，一面向李鸿章上书禀报，甚至直接向李鸿章建议："废此昏君，另立李氏之贤者。"[①] 废君事关重大，李鸿章没有马上采纳袁世凯的建议。袁世凯甚为急切，当他获知朝鲜领议政大臣沈舜泽致电俄公使韦贝请求保护的密函后，大为气愤。沈在密电中称："敝邦偏在一隅，难独立自主，而终未免受辖他国，我大院君深为耻闷。今欲力加振兴，悉改前制，永不受他国辖制，惟不免有所忧忌。敝邦与贵国睦谊尤笃，有唇齿之势，与他国自别，深望贵大臣禀告贵政府协力默允，竭力保护，永远勿违。我大院君与天下各国一律平行，或他国

图 1-12　李鸿章，其对袁世凯关爱、袒护有加。

① 林明德：《袁世凯与朝鲜》，台湾"中央研究院近代史研究所"1984 年版，第 262 页。

有所未叶，望贵国派兵舰相助，期以妥当，深所景仰于贵国也。”[①]

袁得此密电，做出了快速反应，他一面封锁密电，设法阻止俄公使拍电报去莫斯科；一面商请英国舰队巡弋朝鲜海岸；再者，致电李鸿章，请求李派兵来朝。李鸿章则因北洋兵船不足，加上军饷艰困，没有及时派兵。袁世凯不断去电催促，李鸿章遂召集周馥、盛宣怀、陈允颐等商议，并决定命陈允颐赴朝与袁密商对策，后又命袁保龄负责调拨张文宣所部设营两哨，使之改装易服，作为随陈前往巡查电路之丁役，乘“利连号”由大沽转往仁川，再往汉城，以防不测。此外，南北水师亦大部出动，以壮声势。清廷还命李鸿章“将调兵事宜赶紧预筹”，清廷水师整装待发，有即将交战的情势。

一面，在袁世凯的请求下，清廷已做好出师朝鲜之准备。一面，袁世凯在朝恐吓朝鲜文武官员，称“天兵”即将来朝，请朝国王“除奸臣，谢天朝”。朝鲜国王则遣沈舜泽、金宏集等官员，向袁世凯解释，否认有求俄保设之事，谓此电函乃小人伪造，并将此案有关之金嘉镇、赵存斗等四人下狱治罪，后又由议政府和外署照请袁世凯，将事情原委禀告予袁，并禀请北洋大臣核办，且俄也否认有接朝鲜请求保设之密函。密函事件遂成一出闹剧。袁世凯知道事情原委后，连拍数电给李鸿章，向李禀报。因当时电信故障，李迟迟没有接到袁世凯的电函，还在继续准备他的“调兵事宜”。李接袁世凯电函后，整装待发的军事行动也立刻叫停。随即，朝鲜派丞相徐相雨携国书赴清廷辩诬谢罪。徐相雨对袁世凯多有不满，遂称此事端为袁凭空结撰，又讽袁平日种种暴躁。清廷大臣也因徐陈述，多认为袁世凯无事生端，因速撤袁世凯。李鸿章为袁辩白，方使袁世凯留守朝鲜，但致袁书一封，批评袁举动暴躁，当严申训诫。对于此事，当时有日本记者云：“平心论之，以韩廷谬安，虽无袁世凯之逼迫，而簧鼓满朝，势必有附俄之谋，不过袁促之使速耳。但袁能造端，即能结果，使其不能实行，

---

① 林明德：《袁世凯与朝鲜》，台湾“中央研究院近代史研究所”1984年版，第262页。

不得不称之曰能。”[①] 一个“能”字或许就是袁世凯在这次事件中的最好概括。袁世凯虽被清廷指责为无事生端，遇事张皇，但袁处事之敏捷、果敢，还是展示了其“能”的一面。

阻朝联俄，是袁世凯操纵朝鲜外交的一部分。朝鲜国王李熙软弱无能，刚好给了袁世凯更大的机会。袁世凯借助制止俄国侵朝、英国与俄国关系对立的机会，加强与英国的密切关系。英国也转而支持袁世凯，积极支持中国在朝鲜的宗主国地位。为了尊重中国在朝鲜的宗主权，英国仅派总领事驻扎朝鲜，直接受驻北京公使的管辖。驻朝鲜的多任总领事，与袁世凯关系都很密切，来往频繁，对袁世凯支持也颇多。袁世凯刚刚以“监国”身份自居，并遭众多公使非议时，英国驻朝总领事贝德禄就怂恿说：“中国不能节制属国，使缅王多杀无罪。……我（英国）擒而拘之，置之总督。……中国近睹缅属邦与人失和，将来为朝鲜，又必失和倭、俄。……中国与属邦实兄弟国，只能保护，不能管制。”[②]

英国之所以愿意承认中国对朝鲜的宗主权，主要是不愿意看到俄国在远东势力的强大。所以当袁世凯竭力阻止朝俄密约的时候，英国公使对袁世凯也多有帮助，提供了不少信息。袁世凯对英国也心怀感激之情。所以当英国 1886 年 4 月占领朝鲜南端的巨文岛时，袁世凯给予了默许。袁世凯知道，英国并非永久占领巨文岛，反倒可以以此牵制俄、日。后来，俄国不甘心，提出了抗议，迫使英军撤出朝鲜，同时俄国也做出了不得占领朝鲜领土的保证。“此一保证虽为口头，亦弥足珍贵，无形中获得英、俄承认朝鲜为中国之属邦。故中国在此次交涉上，可谓相当成功。”而“袁折冲尊俎，在英韩交涉中居于调停地位，或指导外署与英方商议，或亲英领事谈判，相当活跃”。[③]

袁世凯操纵朝鲜外事的结果，就是中国在朝鲜的宗主权地位得到了强

---

① ［日］佐藤铁治郎：《一个日本记者笔下的袁世凯》，孔祥吉、村田雄二郎整理，天津古籍出版社 2005 年版，第 29 页。

② 林明德：《袁世凯与朝鲜》，台湾“中央研究院近代史研究所”1984 年版，第 293 页。

③ 林明德：《袁世凯与朝鲜》，台湾“中央研究院近代史研究所”1984 年版，第 297 页。

化。俄国虽然有侵占朝鲜之野心，但朝俄密结失败后，俄国自觉无力，淡出在朝鲜的利益角逐。日本，也因为担心朝鲜被俄国侵吞，对中国加强在朝鲜的宗主权采取了默许的做法。狡猾的日本，在甲申之变后，自觉大清还有几分威力，不愿多惹是生非，转而发展国力，扩充军备，以谋有朝一日决战于大清。英国，也因为与俄国抗衡，退出了朝鲜。法国、德国等，虽然也乘机与朝鲜订立了相关条约，但多是在袁世凯的掌控下进行的，朝鲜自主之外交几乎是谈不上的。袁世凯还曾借机向李熙提出了他的“朝鲜大局论”，分析了朝鲜的实际，论证了朝鲜依附中国的六大好处和背弃中国的四大害处。告诫朝鲜国王：朝鲜本属中国，“今欲去而之他，是惟孺子自离其父母，而求他人之顾复也”。袁世凯对李熙一面晓之以理，一面加以恐吓，遂“使朝鲜逐渐中止了除中国以外的任何外交往来，局势渐趋稳定”。[①] 当然，中止与他国交往是不可能的，朝鲜从来就未“中止”过与各国的交往。

培植事大，与朝不睦

大清对属藩朝鲜的传统态度，是一种善意的淡漠态度。大清看重的礼节，就是朝鲜必须信守册封和纳贡，它强调的是“事大之礼”，是“情感上的承认”。但近代以来，随着朝鲜局势的变化，大清先是默许朝鲜“内政外交自主”，特别是在朝鲜壬午之变前，已经允许朝鲜与美、法、日等订立条约。但壬午之变后，朝鲜局势更加复杂，特别是甲申事变后，大清对朝鲜的影响力增强，加上国际形势有利，遂得以真正掌控朝鲜。此后一段时间，直到甲午战争之前，是自元朝以来中国对朝鲜最为积极、最为明显的干涉时期。主导朝鲜事务的李鸿章对此乐观其成，他充分利用英俄对抗和日本暂时等待的机会，并通过袁世凯强力贯彻实施，加强了对朝鲜的控制。有控制，就有不满；有压制，就有反抗。对

① 周溯源：《北洋军阀鼻祖袁世凯》，黑龙江人民出版社 1997 年版，第 31 页。

朝鲜来说，此时思想变革已经悄然开始，改革运动和自主意识不断发展，如果一味压制，必然产生摩擦与隔阂、不满与反抗。而这些，坐镇天津的李鸿章感受未必深刻。李鸿章对朝鲜的政策着眼于大局，远离朝鲜一线，宏观面对；而袁世凯身在朝鲜前线，置身其中，事务繁琐，这就非一般人所能驾驭的了。

阻朝联俄虽然取得成功，朝鲜也因此获得了一段相对稳定的发展时期，但袁世凯的活动不可避免地引起了朝鲜政府的不满与忧惧。年轻气盛的袁世凯，未曾想到自己在朝鲜会拥有这么高贵的权势，专横跋扈自然就不可避免了。他感激李鸿章的提携与知遇之恩，所以当李鸿章想加强对朝鲜控制的时候，他比李鸿章还积极，执行力非常强。李鸿章想百分百控制，到袁世凯手上就变成了百分之一百二。李鸿章对朝鲜的考虑主要还是着眼于大局，甚至默许朝鲜独立自主，甲申事变前就不用说了，李鸿章已经默许美、法、日等与朝鲜订立条约。即使甲申事变后，李鸿章对朝鲜政策，虽逐渐加紧，但仍留有弹性空间，善于迁就。比如光绪十二年（1886年）朝鲜独立与法国签订议约等。但年轻的袁世凯，显然没有李鸿章的风度、成熟、圆润，外交手段多激烈、简单。袁世凯常以“属邦之礼”“分内应行之事”谴责朝鲜国王和政府。李熙及朝鲜一些大臣，虽嘴巴上感谢上国之恩，但内心却多有不满。

图1–13　高宗李熙及其子末代皇帝纯宗李坧

袁世凯为了在朝鲜能获得更多支持，为了确实维护好大清的利益，遂对倾向于中国的朝鲜人士多加拉拢，重点加以培植。金允植不用说，袁世凯当年随庆

图 1-14 闵妃，有如当时的清朝慈禧，在朝中拥有实际的权力。

军入朝的时候，就与金允植结下了深厚的友谊，成为莫逆之交。金允植是朝鲜有名的汉学家，精通中文，善于外交。在袁世凯入朝前，他就奉使中国，考察学习，与李鸿章幕僚相处甚为融洽。壬午之变后，作为庆军的向导回国，后任外署督办。金允植“事大”思想浓厚，对中国感情深厚，任内也采取一边倒的亲华政策。光绪十二年（1886 年），金允植因牵涉曾埋葬甲申之变乱臣朴泳孝的父亲，遭督办。袁世凯知道后异常气愤，曰：“允植仅存硕果，一人之去留，系乎韩邦之安危，关乎中朝之政令，在他人或可不争，在允植断不可不力争。”[①] 后经袁世凯不断干涉、斡旋，朝鲜不但取消了对金允植的定罪，而且恢复了他的职位。

李熙软弱无能，事事依仗闵妃，而闵妃狡猾、多疑，对袁世凯，对中国常有背信弃义的举动。袁世凯对此深感痛恨，早在甲申事变后，袁世凯极力游说赦免大院君回国，就是想借助大院君的影响力，钳制诸闵，壮大亲华势力。大院君一回国，就遭诸闵反对，闵妃与袁世凯关系遂愈加紧张。后来，秘密联合俄国保护事件发生后，袁世凯更有了废李熙、另立国王的想法。袁世凯另立国王的想法，没有得到李鸿章的支持，后来的史学家也多批评袁世凯另立新君的想法狂妄，不合实际。但另立新君的主张，倒也可以看出袁世凯确实想朝鲜有个能君，真正有番作为。一个能干、想有一番作为的人，碰上一个阿斗；一个有胆有识的人，碰到一个庸君，而且这个人还有监国的身

① 林明德：《袁世凯与朝鲜》，台湾“中央研究院近代史研究所”1984 年版，第 147 页。

份，那种难受状，可想而知，还不如把这阿斗、庸君给端了，自己干，或者叫别人干。袁世凯对李熙可能就有这心态。袁世凯另立新君的主张落空后，只好对李熙多加开导，告诫李熙要远小人，近能臣。当然，袁世凯所称的能臣，皆为倾向中国的事大派能臣，例如闵应植、闵泳涣、郑洛熔等。袁世凯还主动上门拜访相国沈舜泽、金炳始和金宏集，以及拉拢韩圭契、李钟健等人，亲华的势力大大增强。

图 1-15　朝鲜王妃居住的景福宫

李熙及闵妃虽经袁世凯不断“开导”，但他们对袁世凯的做法是心怀不满的，特别是知道袁世凯曾有另立新君的想法后，要求自主的愿望及行动陡增。袁世凯越是想以传统藩属关系束缚朝鲜，朝鲜则越想摆脱这种关系。1887 年朝鲜向美、英、法、德、意等国派遣使臣的举动，可视为李熙及朝鲜政府对属藩地位不满的具体体现。在美国人德尼（朝鲜外署协办）、俄使韦贝等人鼓动、挑拨下，1887 年朝鲜欲向各国派驻大使，谋求“永不受他国管辖”“与天下各国一律平等”的地位。[①] 派遣全权大使，是外交的大事，作为属邦的朝鲜居然不向上国大清禀报此事，而是先行派遣，待袁世凯知道后，再照会“商请”。袁世凯自然觉得有碍事大礼节，不将上国放在眼里，异常气愤，连电请示李鸿章。李鸿章也责备朝鲜未先商请，就自行主张，有悖礼节。但李熙和朝鲜政府就是不听，依旧做好派遣准备。袁世凯多次照会，朝鲜要么拖延不予答复，要么一直辩说出使他国乃朝鲜正常之举，在与各国签订的条约中也已有商定，只是现在履行派遣程序而已。

① 《袁道来电》，载《李文忠公全集》第 2 卷，海军函稿，台湾文海出版社，第 7 页。

图 1-16 李熙戎装像

袁世凯知道，此乃朝鲜政府之伎俩，意在摆脱上国控制，谋求自主，遂不断照会垂问，不断干预，后在袁世凯的努力下，达成三项协议：一是朝鲜使臣初到各国，应先赴中国使馆报到，请中国钦差带着同赴该国外务部，以后不再拘定；二是遇有朝会、公宴、交际，朝鲜使臣应跟随在中国钦差之后；三是交涉大事关系紧要的，朝鲜使臣应先密商中国钦差核示。

袁世凯本以为，既有此三项协议，朝鲜派出使臣当会自觉遵循。可没想到，出使美国的朴定阳到美国后，不但故意托病不到中国使馆报到，而且自行前去会见美国国务卿。朴定阳能如此不顾朝中已有协议，定受国王李熙暗中支持。对于此事，袁世凯非常来气，觉得朝鲜政府言而无信，得寸进尺，出尔反尔，要朝鲜政府严惩朴定阳。而此时的李熙及朝鲜政府显然不愿就此罢手，他们不但没有严惩朴定阳，而且待朴定阳回国后，反倒升朴定阳为都承旨兼副提学。袁世凯越发气愤，不断照会诘责，而李熙就是迟迟不肯惩治朴定阳，而且还说要删去此前约定的三项协议。袁世凯知道此事关系重大，非动真格不可，不断电请李鸿章，想以李鸿章之威望，让李熙就范，甚至扬言要进宫代李中堂当面质问李熙。李熙无奈，知道如果再僵持下去，必将迁怒中国，迁怒李鸿章，遂让朴定阳暂时去职。

朴定阳的去职，看似袁世凯取得胜利，朝鲜政府对袁世凯的不满达到了极点，李熙及闵妃想借袁世凯三年届满之际，致书清政府，以袁世凯“驻东既久，终难相济”为由，请求派人接换，另选一“公正明识者”。实际上，李熙是想借机把袁世凯赶走。但李鸿章知道此时的朝鲜，如果没有袁世凯从中斡旋、震慑，必将迅速离经叛道，遂李鸿章向朝鲜上书，称赞袁世凯：“该员素有血性，驻韩三载，能任劳怨，惟少年气锐，初到时间有涉于疏略及过常之处。鸿章一再告诫，近来历练较深，尚能慎重自持。往年两次遣兵定乱，该员身在行间，为彼中士民所信服，旋经派往专驻，遂觉久而愈亲……”[①] 光绪十五年（1889 年），清廷准李鸿章之奏，称袁世凯驻朝三年，办事得宜，“血性忠诚，才识英敏，力持大局，独为其难”，仍留朝鲜为钦差大臣，即驻朝鲜公使，并赏以道员升用，加二品衔。

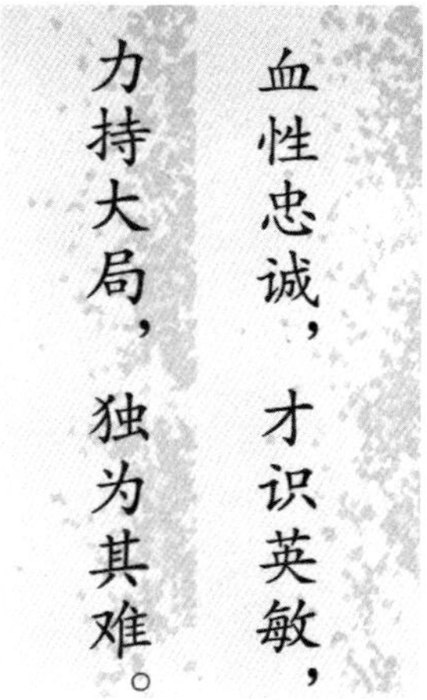

图 1-17　1890 年考评时，李鸿章为袁世凯写的评语。

发展商务，维护华商

近代以来，虽然多数士大夫平庸无能，以天朝心态沾沾自喜，愚昧无知，但也有一些有识之士富有非常清晰的、开放的、进步的价值观。其中对于商业的认识，李鸿章等人就放眼世界，积极进取，绝非碌碌无为。随着自强运动的崛起，随着求富强国、富强救国思想的发展，“商战”这个词被提了出来。有识之士们认为，西方列强侵略中国的目的是要把中国变成列强的原料产地和产品销售市场。武力侵略只是手段，而商战比兵战的手法更为隐蔽，危害性也更大。因此，中国要富强，不仅需要抵制外来武力侵略，而且应该在商场上战胜敌人，大力发展商业，发展自己的民族企业，同时也学会与外国人做生意，从外国人口袋中赚银子。李鸿章可以说是晚清身体力行、改革拓荒、大力发展经济的第一

① 转引自［日］佐藤铁治郎：《一个日本记者笔下的袁世凯》，孔祥吉、村田雄二郎整理，天津古籍出版社 2005 年版，第 33 页。

人，他鼓励经济变革，主张国家工业化；李鸿章之后的张之洞，是近代开办企业最多最持久的洋务人物，是近代重工业的创始人，有“洋务殿军”之称；而盛宣怀等商人，则承担起了民族的重任，大力发展商业经济，实业救国，谋求国强民富。袁世凯虽然长期身处朝鲜，对商业活动参与较少，但也耳闻目睹了李鸿章、张之洞、盛宣怀等人的努力，多少有些感同身受，也多少理解了国人对于求富救国的渴望。在朝鲜期间，目空一切的他，虽然处处以维护、加强宗主权为重，许多做法多出于政治目的考虑，但在发展两国贸易，发展商务上，特别是在维护华商利益上还是做了许多具体且富有成效的工作。

中朝两国商务的往来较早，早在1882年，清朝就与朝鲜缔结了《中朝商民水陆贸易通商章程》。章程中规定：“嗣后由北洋大臣札派商务委员前往驻朝鲜已开口岸，专为照料本国商民”，“两国商船听其驶入彼此口岸交易”，“两国商民前往彼此已开口岸贸易，如安分守法，准其租地、赁房、建屋。”[①] 章程签订后，华商陆续到朝鲜的元山、仁川、釜山、汉城等地进行贸易。随后李鸿章任命陈树棠为朝鲜总办商务。为支援华商，清朝于1883年与朝鲜又签订了《轮船往来上海朝鲜公道合约章程》，1884年与朝鲜签订《招商局轮船往来合约章程续约》《仁川口华商地界章程》等。这些章程直接促进了近代中朝乃至中日朝国际航线的开通，以及华商在朝鲜的大发展，也对中朝近代通商贸易起到了积极作用。

袁世凯接替陈树棠后，也是积极发展清朝在朝鲜的商务，特别是朝鲜口岸渐增，贸易日盛，各国争相倾轧时，袁世凯更是不遗余力。他一面广做宣传，鼓励华商东渡；一面设立帮会馆，建立董事；设置巡警，保护华商，竭力经营。这些直接于华商有利的政策、措施，导致大量华商东渡朝鲜发展。“商

---

① 王铁崖编：《中外旧约章汇编（1）》，生活·读书·新知三联书店1957年版，第405—406页。

人水陆辐辏，逾年骤增数倍，三年乃陵驾日商之上”，[1]华商超过日商，成为朝鲜经济发展的一支劲旅。据统计，在袁世凯离朝之前，仅汉城一地，华商就达八十多家，人数在千人以上；仁川、元山、釜山、京仁等地，也都布满了华商。

华商在朝鲜的商务活动，主要借助轮船来完成。1883年，清招商局首先开辟了一条海上航线：上海—仁川，每月航行一次。后来又将航线扩大为：上海—烟台—长崎—釜山—仁川，延伸向了日本。但随后因中法战争爆发，轮船被征用，航线中断。航线中断后，中国商人主要靠搭怡和洋行轮船“南升号”来往。随后，“南升号”也因亏本经营停止了航线。尔后有德国的世昌洋行开辟了上海—仁川的定期航线，但仅维持六个月后也停止了。此后，中国商人不得不搭日本三菱公司的轮船。日本商人再度垄断了朝鲜口岸贸易。随后，日本政府将三菱公司和共同运输公司合并，成立日本邮船株式公司。日本邮船株式公司对中国商人态度恶劣，船费也高，华商利益受损，相当不满。华商也渴望有自己国家的轮船，于是向袁世凯请求派遣。清政府以维持定期航线费用太高为由拒绝给予派遣。尔后，有中国商人在日本邮船株式公司的轮船丢失丝绸，而日本公司却不予赔偿事件发生。袁世凯和中国商人都很气愤，遂再次向李鸿章强烈要求派遣中国轮船。袁世凯认为朝日贸易振兴的后盾主要是日本政府支援维持定期航线。中国派遣轮船，不仅能维持

图1-18　中朝商务来往密切，图为清朝时在北京的朝鲜官员、商人。

① 李晓光、赵伟：《略论袁世凯驻朝期间清朝在朝鲜商务的发展及影响》，《长春师范学院学报》（人文社会科学版）2008年第6期。

宗主国的体面，而且是在朝鲜掌握各种商业利权时不可缺少的手段。在袁世凯的积极努力下，1888 年 3 月，招商局“广济号”轮船开始派遣上海—烟台—仁川的定期航线。在这条航线的推动下，中国与朝鲜的贸易全面展开，贸易开始稳步提升，日本独大朝鲜贸易的局面被打破。

日本政府对于日商势力衰退，华商日渐上风，深感忧虑，遂开始不断寻求挽回的途径，拟订了《有关朝鲜贸易书》，驻元山副领事渡边修提出了《恢复朝鲜贸易方案》等。但尽管这样，华商在朝鲜商务的拓展似未因日本采取对抗的措施而受阻。日本失去了原有地域贸易的优势，于是转向劝说平壤港的开放。袁世凯为了防止日人扩展商务至朝鲜西北部，从中加以阻挠，开港又关港，但中日在朝鲜的贸易追逐并没有结束，而且更为激烈。

光绪十六年（1890 年），袁世凯奏请在龙山、仁川、釜山、元山四处设立了中国在朝商务理事，以管理华商在朝商务。光绪十八年（1892 年），袁世凯鼓励同泰顺商行集资购买了浅水轮船两只，每年接运朝鲜漕粮十万担和所有的中国货物，大大发展了中国在朝鲜的运输业务，促进了华商在各个领域的发展并获益。“总之，袁世凯对于在韩华商之权利的保护，无不尽力以谋之。”①

对于袁世凯在朝鲜的商务活动，有不少学者认为袁世凯致力中朝贸易，积极主张开设定期航线，主要是出于加强宗主权考虑，是政治目的，而非经济目的。“袁的奖掖华商，主要着眼于宗主权的强化，对抗日本，于实际商业利益并未十分重视。”②袁世凯驻朝期间，清在朝鲜的商贸大发展，“但中国仍然致力于发展和朝鲜的贸易关系，其主要目的就在于加强宗主权，而非经济目的。”③这些说法不是很客观，也是欠周全的。袁世凯在朝鲜的许多做法，首先出于宗主权的政治考量，但也有经济的因素在内。这经济因素，也反映了袁世凯对于近代商业活动的重视。但也应该指出，驻扎朝鲜期间的袁世凯

① 李晓光、赵伟：《略论袁世凯驻朝期间清朝在朝鲜商务的发展及影响》，《长春师范学院学报》（人文社会科学版）2008 年第 6 期。

② 林明德：《袁世凯与朝鲜》，台湾“中央研究院近代史研究所”1984 年版，第 202 页。

③ 李晓光、赵伟：《略论袁世凯驻朝期间清朝在朝鲜商务的发展及影响》，《长春师范学院学报》（人文社会科学版）2008 年第 6 期。

对于商业活动的认识还是相当有限的，对于贸易顺逆差之间的意义也没有清晰的认识，对国家工业化道路的探寻远远不如李鸿章。袁世凯在意的是，中国商人在朝鲜怎么赚钱，怎么能赚到更多的钱，所以他竭力保护华商在朝鲜的利益。但是华商在朝鲜从事什么性质的贸易活动，他不可能给出一个理想的指导，而是任其发展，所以华商在朝鲜的贸易多集中在纺织、日用品方面，属于劳动密集型产品，利润空间有限，产品的机械化是很低的、品牌创新意识等几乎是谈不上的。此时的袁世凯对于经济领域的认识也不能与李鸿章相提并论，属于低层次的。在贸易逆差上，现象更为严重，从 1885 年到 1992 年，朝鲜向中国和日本输出贸易的情况如下：

朝鲜与中国、日本的贸易变化　　（单位：墨西哥元[①]）

年份	向中国的出口额	向日本的出口额	比率（%）		从中国的进口额	从日本的进口额	比率（%）	
			中国	日本			中国	日本
1885	9 479	377 775	2	98	313 342	1 377 392	19	81
1886	15 977	488 041	3	97	455 015	2 064 353	18	92
1887	18 873	783 752	2	98	742 661	2 080 787	26	74
1888	71 946	758 238	9	91	860 328	2 196 115	28	72
1889	109 798	1 122 276	9	91	1 101 585	2 299 118	32	68
1890	70 922	3 475 098	2	98	1 660 075	3 086 897	35	65
1891	136 464	3 219 887	4	96	2 748 294	3 226 468	40	60
1892	149 861	2 271 628	6	94	2 055 555	2 555 675	45	55

资料来源：彭泽周：《明治初期日、韩、清关系研究》，确书房 1969 年版。转引自［韩］高秉希：《晚清中朝定期航线的开设背景及其影响》，《史学月刊》2005 年第 8 期。

从此表可以看出，虽然袁世凯在朝期间，中国对朝鲜的贸易不断增强，迅速发展。但中国从朝鲜进口的比例一直非常小。一方面说明朝鲜的经济非

① 墨西哥元，俗称鹰洋，是世界金融史上颇具传奇色彩的货币。19 世纪中叶开始，这种外国货币逐渐成为我国华东、华南地区使用最广、最受欢迎、最有势力、流通量最大的银币，风行数十年不衰。

常落后，能出口到中国的东西很少，无外乎是高丽人参等一些农产品。另一方面，从表中的百分比来看，朝鲜出口日本的百分比始终在百分之九十以上，而出口中国的始终不到百分之十。“这可以说明中国依然停滞在农业社会里，没有自朝鲜购买工业原料的迹象；日本则为了发展产业资本，有大量购进原料的趋势。”[①] 确实如此，此时的中国虽有自强运动，也重视发展工业，但中国的自强运动远没有日本的资本化变革来得彻底。这是晚清自强运动的局限，也是袁世凯在那个时代的局限。

贷款示惠，控制海关

海关对于一个国家来说不仅是经济安全的保障，也是国家财政的重要来源，更是国家主权的象征。近代中国对海关的重视，几乎是被动的、模糊的，甚至连海关的设立，也充满了偶然因素。1853 年，上海城被小刀会成员占领。上海的外国商人拒绝缴税给清政府或小刀会，因为他们认为清政府已经失去了对这个城市的控制，而小刀会并没有占领长江出海口的要塞。清政府对此提出了抗议。最后经过协商，外商做出了妥协，双方同意外商们应交债券，待清军收复上海之后再以予兑现。英、法、美等国指定了负责此事的债券收集人。当税单做出来后，清政府发现这样安排收集来的税款要比过去上海道台们上报的数目多得多。不难知道，过去那些道台都借此中饱私囊了。清政府遂决定将这个做法推广到其他口岸去，并设立了专门的机构——海关总税务司。但中国人对海关还是陌生的，精通有效的管理几乎是谈不上的，海关的管理长期依靠外国人执行。第一任总税务司是英国人李泰国，一干就是七年；接着是英国人赫德的长期掌控。一个国家的海关，不是由本国的国人来运行，管理层完全是由外国人所组成，自己的国人只能当当助手——这是多么悲哀的——但在晚清就是

① 林明德：《袁世凯与朝鲜》，台湾“中央研究院近代史研究所”1984 年版，第 202 页。

这样。赫德掌管中国海关近半个世纪。他借助自己的地位及影响力，与清政府、与李鸿章等建立了密切的关系，参与了中国的许多外事活动。在朝鲜国门被打开的初期，赫德就积极在朝鲜设立中国海关的分支机构，派扎“洋员”，掌管朝鲜海关。袁世凯借助赫德的影响力，从加强宗主权的角度考虑，也加强了对朝鲜海关的控制。

清政府对朝鲜海关的掌控，有一个过程。朝鲜开放初期，尚未设置海关，《江华条约》签署后，与日本通商多年，均未设海关征税，损失很大。1882 年，朝鲜国王咨文清北洋大臣，称：“窃小邦向不谙外务，而各国换约在前，一切交涉商办事件，茫然不知下手，烦请贵大臣酌量小邦应行时宜，代聘贤明练达之士，迨兹东来，随事指导。”[①] 随后李鸿章推荐原德国驻天津副领事穆麟德去。但穆麟德只是北洋大臣推荐，雇主是朝鲜政府。穆麟德后因与俄国来往密切，李鸿章致函朝鲜国王，劝其免去穆麟德。穆麟德之后，正值袁世凯驻扎朝鲜，加强对朝鲜的宗主权。朝鲜海关的总税务司改由美国人墨贤理接任。墨贤理是由赫德推荐的，去朝鲜之前，在中国海关已经工作了十一年。这次墨贤理的接任，与穆麟德大不一样，墨贤理的雇主变成了中国海关总税务司，同时是北洋大臣委令前往朝鲜的，受北洋大臣节制。

图 1-19　当时的中国海关总税务司赫德

袁世凯对于墨贤理是满意的，因为一方面，他以上国的身份来管理朝鲜海关，显示了宗主权；另一方面，在他的掌控下，朝鲜海关收入不断呈现增长趋势。袁世凯称“墨贤理犹能维持藩服名分，顾存中国体制。殊

① 曹力强：《清政府对朝鲜海关的控制》，《东北师大学报》（哲学社会科学版）1995 年第 2 期。

为异常出力”。[1] 墨贤理之后是史纳机，史纳机刚到任的时候，也与俄人交往密切，但被袁世凯节制住了。“1891 年以后到甲午战争前，朝鲜总税务司一职又有几次任免之议，关于具体的人选问题，北洋、赫德、袁世凯虽存在过分歧，但就应加强对朝鲜海关控制这一点上，意见是一致的。”[2]

袁世凯对朝鲜海关的进一步控制是通过贷款示惠完成的。此时的朝鲜经济落后，加上朝廷奢侈浪费，国家财政处于非常窘迫的境地，不得不向外国借债。1886 年，朝鲜向德商世昌洋行借款三万英镑，利息高达 30%，分八次按季摊还。朝鲜外务署在事先并未通知总税务司墨贤理的情况下，就以海关关税作了抵押。结果到 1887 年，朝鲜因有一两次付款稍迟，世昌洋行就威胁说要扣税还债。墨贤理和袁世凯都觉得这样很不妥当，在袁世凯的斡旋下，“议妥世昌洋行不得再以海关税收作抵押，而由袁世凯担保偿还”[3]。到 1889 年，朝鲜财政继续恶化，当时朝鲜外债达一百三十万元。1890 年春，朝鲜欲向法国借款两百万元。朝鲜这次向外国借款，还有其政治目的，就是想以独立主权国家的名义向外国借款，以显示自主，抗拒袁世凯对朝鲜内政外交的干预。袁世凯知道后，遂加阻止。一方面，向外国借款，属重大事宜，应向他禀明，朝鲜不禀明就是对上国的不尊重，不可轻易随了其愿；另一方面，向外国借款，朝鲜不能偿还，必将还以海关、矿山等作抵押，海关、矿山等经营管理之权势必落入其他列强之手。袁世凯的担心是有道理的，在袁世凯的阻止下，朝鲜欲向法、美等国的借款没有得逞。

袁世凯在阻止朝鲜以海关作抵押向外国借款的同时，积极主动向李鸿章禀报，并争取由清政府向朝鲜政府提供贷款。他说：“……况近来又有美人调唆，拟将中国所遣派海关人员全行撤换，权归自握之说。中国若贷款

① 曹力强：《清政府对朝鲜海关的控制》，《东北师大学报》（哲学社会科学版）1995 年第 2 期。

② 曹力强：《清政府对朝鲜海关的控制》，《东北师大学报》（哲学社会科学版）1995 年第 2 期。

③ 曹力强：《清政府对朝鲜海关的控制》，《东北师大学报》（哲学社会科学版）1995 年第 2 期。

予韩，即责由海关偿抵，则遣派关员之权，尤可增固。揆诸时宜，亦为要计。”[①]李鸿章遂同意向朝鲜提供贷款。而朝鲜政府则担心向清政府贷款，更受限制于清廷。袁世凯明白朝鲜的担心，遂转游说朝鲜假借名义，向华商贷款，但坚持称要以海关关税作为抵押。李熙及闵妃担心以海关作为抵押，必将是以关权尽授华人。但袁世凯为了消除李熙及闵妃的顾虑，请郑秉夏等朝鲜官员从中劝说，最后李熙同意朝鲜以漕米转运署之名向华商借款两笔，各库平银十万两，行息六厘，第一笔本息分八十个月内清偿，以仁川海关关税作抵押；第二笔分一百个月内清偿，以釜山海关关税作抵押。

袁世凯通过向朝鲜朝廷贷款示惠的方式，遂进一步加强了对朝鲜海关的控制，李鸿章也肯定了这次贷款对“保护属藩大局”的政治意义：“由华商出名，仅令认息六厘，较洋债倍为减轻。且由海关拨还，则操纵尤可在握，阳示羁縻，暗资钤制，办法尚为妥治，于保护属藩大局，殊为裨益。”[②]

这次贷款示惠，不仅进一步控制了朝鲜海关，一百个月就是八九年，把海关作为抵押，而且时间之长，对宗主国的利益可想而知；而且朝鲜国王李熙及政府还感谢袁世凯对朝鲜提供贷款，帮助朝鲜渡过难关。在贷款过程中，与袁世凯原本亲近的闵泳骏、闵泳达、郑秉夏等朝鲜大臣，更是受到袁世凯的拉拢，在推行宗主国政策方面获得较大进展，“袁与韩廷之间的关系，亦因之而获得改善”。[③]

矛盾激发，日本虎视

袁世凯驻朝鲜以来，日本在朝鲜的势力大受打击，一直伺机恢复其往日的优越地位。甲申事变后，日本在朝鲜势力受挫，于是埋头发展经济，做好备军准备。早在 1887 年，日本陆军参谋部第二局局长小川又

① 曹力强：《清政府对朝鲜的第二次贷款》，《外国问题研究》1995 年第 2 期。
② 曹力强：《清政府对朝鲜的第二次贷款》，《外国问题研究》1995 年第 2 期。
③ 林明德：《袁世凯与朝鲜》，台湾“中央研究院近代史研究所”1984 年版，第 214 页。

次陆军中佐就起草了《清国征讨策案》。在这份文件中，他列举了旅顺半岛、浙江舟山群岛、澎湖列岛、台湾全岛等六个战略要冲，并扬言要通过战争把这些要冲“划归日本版图”，侵略之心、扩展野心，路人皆知。但对于这些，大清还蒙在鼓里，几乎没有多少认识。李鸿章知道日本人狡猾，对日本防着一手，遂通过袁世凯加强对朝鲜的控制，防守自己，抵制日本。但对于朝鲜，袁世凯虽知其重要的战略意义，虽有稳固朝鲜，中国东北角即可安宁的思想，但喜好面子的他在意的仍是事大礼仪，在意的是表面上的中国为大。近代以来，中国“中央之国”的梦想被打破，但盲目自大的思想一直延续下来。自强运动时，虽大兴实业，求富救国，但国人的思想还是相当保守的，缺少放眼世界的眼光，袁世凯作为年轻人，少年得志，目空一切，叫他以世界的眼光处理朝鲜事物，难免苛刻。但也正是如此，袁世凯在朝鲜期间的种种“作为”，对大清有利，但对促进朝鲜近代化则无多大的推动作用。

袁世凯对朝鲜的“管理”是全方位的，涉及面非常广，“举凡电政、邮船、造币、借款等权利，思一网打尽”。[①] 袁世凯在朝鲜期间，从加强对朝鲜宗主权的角度考虑，积极架设电报线路，委派中国人管理，保证了信息的及时反馈和往来。在铸币问题上，朝鲜政府本想以自行改革货币、铸造只注朝鲜年号字样的金银铜货币，摆脱中国干预，但袁世凯坚称属藩货币必须注有大清年号，遂多方干预阻止。在发展朝鲜的渔业和矿业方面，袁世凯也多从宗主国的角度出发，加以干预。袁世凯在干预这些事情的背后都与日本有着复杂的关系。

就架设电报线路来说，最早注意到朝鲜电报的是日本人。光绪八年（1882年），日本政府就劝说朝鲜政府，于汉城、釜山、元山、仁川等各地之间架设电线。光绪九年（1883年），日本与朝鲜订立《日鲜海底电线架设议定书》，并委托丹麦大北电信公司，架设自日本九州长崎经对马至朝鲜釜山的海底电

① ［日］佐藤铁治郎：《一个日本记者笔下的袁世凯》，孔祥吉、村田雄二郎整理，天津古籍出版社2005年版，第36页。

线。中国方面知道，电报事业不仅具有经济意义，而且关系政治与军事。所以当看到日本架设日朝电线时，中国开始紧张起来，李鸿章遂令督办电报局的盛宣怀等研议筹办中朝电报事宜。光绪十一年（1885 年），中朝订立《中韩电线条约》，该约规定：中国电信局贷款十万两予朝鲜，架设一陆路电线（由奉天凤凰城经义州直达汉城，称义州线）……最值得注意的是明文规定架设后二十五年以内，朝鲜不得允许他国政府或公司，在朝鲜境内另设水陆电线。至于电线一切事宜，则全由中国代管，嗣后朝鲜政府如欲扩充或增设，亦须由中国电局承办。日本对于义州线的架设大表异议，驻朝鲜署使高平小五郎于得悉“海镜号”船上一批中国电线技术员工抵达朝境之后，即以朝鲜政府违反《日鲜海底电线条约》为口实，向朝鲜政府提出抗议。最后，日本提出补偿因义州线架设所造成的损失，并另建汉城至釜山的京釜线。在袁世凯的干预下，日本与朝鲜再次订约——《日鲜海底电线条约续约》，续约明确朝鲜境内电线“任朝鲜政府自行架设”。随后，袁世凯不顾日本的反对，迫使朝鲜外署出文邀请中国代办。这样，中国实际掌控了京釜线的架设权。京釜线与义州线一样，也由中国出资，朝鲜分二十五年偿还，并且管理人员均由中国电局选派。这样一来，日本想控制朝鲜电报线路的计划落空，很是不甘心，对袁也多为气愤。

图 1-20　伊藤博文和朝鲜王子

采矿之争，袁世凯与日本也针锋相对，结下心结。日本对朝鲜的采矿最为积极，壬午事变前，日本就曾向朝鲜提出采矿建议，但朝鲜因担心技术等问题，没有同意。壬午事变后，日本向朝鲜提出采矿权，作为“赔偿金”之一部分，但未实现。光绪十年（1884 年）前后，当各国都纷纷放弃在朝之采矿权之际，独有日人伊藤尔次郎在汉江流域取得采金沙之权。后来，日本又借《汉城条约》，向朝鲜进一步要求采矿权。袁世凯在朝期间，多次阻止日商在朝采矿。日使不满袁世凯的干预，转而偏袒、保护日商。日使尾山鼎介，甚至日外务井上大臣也亲自为日商的采矿权斡旋，怂恿日商入朝采矿，遂日商在朝采矿权得到巩固。

在发展渔业上，中日在朝鲜也展开了角逐。朝鲜三面临海，沿海岛屿甚多，发展渔业具有优良的条件。但受种种限制，捕鱼业并未受朝鲜重视。相反，中国、日本在朝鲜对发展渔业甚是积极。中国的渔船大多在黄海一带，规模不大；而日本的渔船则遍及朝鲜东南部海岸。对于日本在朝鲜的大规模捕鱼，袁世凯先是采取观望的态度，但后来看到日本越来越猖狂，不断有渔民纠纷发生，特别是日本在济州岛捕鱼猖獗，朝鲜渔民常受日本捕鱼者欺凌时，袁世凯遂极力反对，要求日本停止在济州岛的捕鱼作业。1890 年，日本口头答应停止在济州岛捕鱼，但同时向朝鲜提出，允许日本扩充釜山租界；于全罗道择二三小岛设栈，供日渔民之用，稽征其地租；在全罗道择地开港等三项要求。对于这三项要求，袁世凯都表示反对。袁世凯认为釜山港乃朝鲜天然屏障，是海防要塞，关系朝鲜安危大局，千万不可租给日本；日本政府指明要在全罗道择二三岛屿设栈，目的是想乘机占领这些岛屿，朝鲜也万不可答应；开放口岸，更是居心不良，也不可轻易而动。袁世凯还写了《朝鲜日本商办换停济州渔采论》一文，告诫朝鲜政府万不可答应日本的这三项无理要求。经袁世凯干扰，最后日本的这三项要求夭折。日本对袁世凯更为不满，甚至恨之入骨。

日本对袁世凯的不满与仇恨，实质是日本对中国在朝鲜宗主权地位的不满，是日本视中国为对外扩张侵略的绊脚石，朝鲜只是载体，朝鲜问题，实质就是中日关系问题。就在袁世凯对朝鲜加强有效控制的时候，有金玉均、朴泳孝暗杀事件发生，这一事件加速了中日两国矛盾的激发。金玉均、朴泳孝是甲申事变的策划者，亲日派首领。甲申事变失败后，逃亡日本，继续从事亲日活动。朝鲜政府和袁世凯都主张，引渡他们回国，听候处理。但日本方面袒护他们，就是一直不予引渡，遂成僵局。但让甲申事变策划者逍遥法外，朝鲜和袁世凯都觉不甘，特别是袁世凯担心他们联日，卷土重来，遂有了诱捕、暗杀金、朴等建议，但都没有成功。袁世凯见状，也就无心此事了。但此时有朝鲜人李逸植、权东寿、权在寿、洪钟宇、金泰元等人甚是积极，他们打着处理“甲申漏网逆贼”的旗号，从事暗杀活动。光绪二十年（1894 年），金玉均受到洪钟宇等人的诱骗，离开日本来到上海，结果在上海被洪钟宇等人杀害。李鸿章和袁世凯，对于金玉均这样的结局是满意的，朝鲜人被朝鲜人自己杀了，似乎可以撇开与中国的关系。但日本人就是不相信，以为是袁世凯从中谋划的，遂对袁世凯更为气愤。加上在暗杀金玉均的同时，权东寿等人在日本也进行了暗杀朴泳孝的活动，只是失手没得逞。两件暗杀活动，日本舆论对中国大加指责，民间的反应尤为积极，军国主义情绪被鼓动，对中国更为不满。日本为金玉均举行了隆重的追悼会，还举办了“金玉均事件演讲会”“对外强硬派联谊会”等，借助金玉均事件大做文章。“遂动我国民公愤，拥众千人……谋杀金、朴等一举，动我国民义愤，是即促日清战祸之一大原因。”[①]“金的刺杀对中、韩而言是一胜利，惟由日观之，似为另一政治目标遭受破坏的现象，已足以刺激黩武主义者走向战争之路。”[②]中、日、韩三国之间的关系走到了临界点。

失策苦撑，仓皇回国

曾经有这么个观点：中华民族最大的危险，总是来自北方。这观点在一定程度上说是正确的。自从沙皇俄国的熊爪向东伸到西伯利亚和远东开始，人们对沙俄就有了强烈的担心。“沙皇俄国不仅是俄国各族人民最凶恶的敌人，同时也是全世界弱小民族最凶恶和最危险的敌人。”林则徐曾感叹说：“百年后，为中国患者，其惟俄罗斯乎！”[③]在这种背

① ［日］佐藤铁治郎：《一个日本记者笔下的袁世凯》，孔祥吉、村田雄二郎整理，天津古籍出版社 2005 年版，第 44 页。

② 林明德：《袁世凯与朝鲜》，台湾“中央研究院近代史研究所”1984 年版，第 330 页。

③ 张明林：《换一只眼睛看历史：外国人评点李鸿章》，吉林摄影出版社 2003 年版，第 187 页。

景下，袁世凯也认为俄国是中国最大的威胁，同样也是朝鲜最大的威胁。“夫俄人在亚洲占据海口，屯驻水师，以遂其鲸吞之计，如不取诸韩，将焉取之？”对于日本，袁世凯也知道，日本乃朝鲜心腹大患，但“日本疆域与朝鲜等，从以改用西法，侈言功利，外强中干，党祸迭起，自谋不暇，何暇助人，且素性狡黠，唯利是视，此可为连和，而不可为依恃也”。[①] 袁世凯对于日本穷兵黩武的明治维新没有多少肯定，以为因此而党祸迭起，自谋不暇。这从一个侧面，看出袁世凯当时对日本明治维新的认识还比较肤浅，盲目自大的思想还相当严重；同时也可以看出，当时的中国人还是习惯一本正经的统治，习惯集权的封建统治，对于西法是有抵触情绪的。所以李鸿章等士大夫们在大力推进自强运动的时候，对于效法西方，展开党派竞争等政治方面的改革一直是裹足不前的。这是由中国人的习惯思维所决定的，这也是中国之所以在民主道路上一直举步维艰的另一重要原因。

19 世纪末期，日本经过改用西法的明治维新的发展，国力大为强盛。加上野心家从中鼓动，黩武主义猛然抬头，“惩清”的声浪大涨。袁世凯在朝鲜的十多年，日本在朝鲜的势力大受打击，颇为不满，一直在寻机恢复往日优越的地位，就是找不到合适的借口。朝鲜的东学党起义终于给了他们以借题发挥、进而“惩清”的机会。

所谓“东学”，在其创设之初，仅为一纯粹的宗教团体，虽含有抵制洋教的民族意识，但并无明显的政治作用。后因朝鲜政府的无理弹压，官吏的贪赃枉法，才普遍引起民众的反抗，以致酿成大规模的变乱。光绪十八年（1892 年），新任忠清道观察使赵秉式对教徒压迫甚重，引起崔时亨所领导的“教祖申冤”以及撤销禁教的运动。他们先在全罗道集会请愿，分别向赵秉式及全罗道观察使李耕植请愿陈情，但遭拒绝，遂转入汉城“伏阙请愿”，

① 袁世凯：《朝鲜大局论》，《历史档案》1992 年第 3 期。

但最后也失败。官民矛盾进一步激发。光绪十九年（1893年），崔时亭等人在忠清道举行起义，参与民众多达数万。袁世凯建议朝鲜政府，对起义军宜先绝其粮道，自然解散。朝鲜政府听从了这个意见，起义暂时被镇压下去。第二年，农民再次爆发起义，并且打出了"济世安民""尽灭权贵"等旗号，到处捕杀贪官污吏，开仓救济饥民，起义很快遍及全罗、忠清、庆尚三道。朝鲜政府自觉无力平定，遂感事情的严重性，于是请求袁世凯禀报天朝，派兵镇压平定。袁世凯对于朝鲜政府主动乞求援助自然十分高兴，遂电报李鸿章，"其内乱不能自了，求华代戡，自为上国体面，未便固却。……如不允，他国人必有乐为之者，将置华于何地，自为必不可却之举。"[①]

中国派兵代戡朝鲜内乱，这就牵涉到日本了。根据1885年签订的中日《天津条约》，中日共同保护朝鲜，一旦中国出兵朝鲜，日本自然不会袖手旁观，也必将出兵朝鲜。这样可能会使朝鲜局势更为复杂化。所以，李鸿章对代戡之事有些忧虑，就怕日本乘机入侵。但对于这些，袁世凯显然判断错误，袁世凯认为日本不会出兵朝鲜，"日本必无他意"，虽有《天津条约》，但中国乃朝鲜上国，平定内乱，是分内之事，而且是朝鲜主动乞援；而日本则是外国，没有照会、求援，自然不能出兵，如果日本要出兵，也可以外署之名拒挡日本于国门之外。对于这

图1–21　1855年，荷兰政府以荷王威廉三世的名义将"森宾"号赠予日本幕府，次年改名为"观光丸"号，成为日本近代海军的第一舰。

① 林明德：《袁世凯与朝鲜》，台湾"中央研究院近代史研究所"1984年版，第346页。

些，一方面有袁世凯长期以来天朝心态的因素，一直认为朝鲜之事就是天朝大清的事。另一方面有袁世凯对日本蔑视的心态，有对日本轻视的因素；甲申之变后，日本虽有不断挑衅的举动，但多被袁世凯破坏，袁世凯也渐渐自满起来，不怎么把日本放在眼里。袁世凯对日本的侵略野心几乎是没有认识的。其实，就在朝鲜东学党起义后，日本就一直关注朝鲜局势，他们认为这次内乱是日本恢复在朝鲜势力的最好时机，也已料到朝鲜无力平定内乱，必将求援中国。日本甚至极其希望中国出兵，以便制造战争借口，于是他们还极力怂恿袁世凯，并佯装日本的唯一目的是保护贸易，无意参与任何军事行动。所以，当朝鲜政府还没向中国求援派兵的时候，日本已做好出兵准备了。“盖我国认朝鲜为自主国，清必认为藩属，以及袁世凯历年在韩扶植清之势力，夺我权利，我国当日虽渐退缩，然未尝须臾忘也。……清料我必不能出兵，不知我国历年来整军经武，待之久矣。”[①] 日本把这次朝鲜内乱看成是对中国“报仇雪恨”的最好时机。“日本人决心在这样的国际事务中占有一席之地，而不愿看到清国人漠视他们的存在。”[②]

在袁世凯的极力怂恿下，清政府于光绪二十年（1894 年）五月正式派令直隶提督叶志超率同太原镇总兵聂士成，选带淮练劲旅一千五百人，弛往朝鲜；另由丁汝昌选调“济远”“扬威”二舰，驶赴仁川掩护。清军主要驻扎在滨海地区，且较为分散。日本知道中国派兵后，也马上由大鸟公使率四百多名“护卫兵”赴朝鲜，而且直赴首都，简直就是当年“突尼斯事件”[③] 的翻版。袁世凯一听，就知道事情的严重性了，“大鸟来汉，必有挟议”。所以袁世凯就不断通过外交干预，自己拜访、谈判等，希望日本能撤军，甚至提出了中日两国

---

① ［日］佐藤铁治郎：《一个日本记者笔下的袁世凯》，孔祥吉、村田雄二郎整理，天津古籍出版社 2005 年版，第 46 页。

② 郑曦原编：《帝国的回忆——〈纽约时报〉晚清观察记》，李方惠等译，当代中国出版社 2007 年版，第 205 页。

③ “突尼斯事件”发生在 1881 年。13 世纪，哈夫斯王朝建立了强大的突尼斯国家。1574 年，突尼斯沦为奥斯曼土耳其帝国的一个省。1881 年，法国将军前来与克鲁米里山民作战。法国找不到目标，便突然出现在王宫，强迫大公签订条约，脱离土耳其的统治，使突尼斯成为自己的保护领地。

图 1-22 甲午战争木版画

同时撤军的协议。但这些努力都没有成功，日本不仅没有撤走先遣部队，而且不断有军队开进朝鲜，一下子又派了八千士兵，在仁川登陆，并向汉城挺进。日军在数量上大大超过了清军，占据了绝对优势，中日冲突加剧。

日本先声明派兵是为了保护使馆，帮助剿匪。但随着派兵数量的增多，就向朝鲜政府提出了“朝鲜内政改革案”，露出了侵占朝鲜的本来面目。“朝鲜内政改革案”涉及政治、教民、立法、理财、劝农、奖商等各个方面。

袁世凯对于日本提出的“改革案”，自然也是抵触的。此时的袁世凯也知道了日本的居心，“日决无和意”，遂不断密报李鸿章，要求派海陆军入朝。但李鸿章显然没做好跟日本战争的准备，且以为通过自己擅长的外交手段可以解决。李鸿章希望争取西方列强的支持、同情，迫使日本和平解决事端。俄国驻华公使喀西尼曾向李鸿章保证，圣彼得堡会代表中国出面干涉。但俄国并未真正行动，因为它得到了其驻日公使的警告，若俄国支援中国，英国可能支援日本。李鸿章转而请求英国调停，英国建议中日两国同时撤军。但日本拒绝这一建议。李鸿章的外交努力遂告破灭，无奈之下，他才同意袁世凯的紧急请求，派兵增援。而此时在朝鲜的袁世凯也身心疲惫。日本通过“改革案”，瓦解亲华势力，并顺利控制了朝鲜。袁世凯知道自己再待在朝鲜也不能扭转局面了，且有生命危险，遂请求回国。但李鸿章不肯，诫

图 1-23 甲午战争木版画

其“要坚贞，勿怯退”[①]。接着袁世凯以“近因久痢气虚……头目昏瞀，周身疼痛……唯韩事方殷，未便晷刻废事，已饬唐守绍仪暂照料。唐优智略，明机宜，确有应变才，与韩西员均熟，必不至误事”[②]等为由，连发六封电报给李鸿章，乞求回国，“凯病如此，惟有死，然死何益于国事，痛绝”[③]。此时的袁世凯，确有病，确有无意于朝鲜事务，想趁机冲出困境的心态，但也不能简单地说其“托辞有病，以死相挟”，“贪生怕死，临战逃脱”。[④]

光绪二十年（1894 年），日本海军在朝鲜湾将中国汽船“高升号”击沉，950 名中国士兵落水而死。在日本的不断挑衅下，8 月 1 日，中日双方同时宣战，甲午战争终于爆发。

兼办抚辑，难逃失败

甲午战争的失败，标志着清王朝即将走向灭亡。李鸿章等人苦心经

---

① 周溯源：《北洋军阀鼻祖袁世凯》，黑龙江人民出版社 1997 年版，第 35 页。

② 侯宜杰：《袁世凯三部曲·第一部逞威属邦》，线装书局 2008 年版，第 305 页。

③ 周溯源：《北洋军阀鼻祖袁世凯》，黑龙江人民出版社 1997 年版，第 36 页。

④ 周溯源：《北洋军阀鼻祖袁世凯》，黑龙江人民出版社 1997 年版，第 32 页。

营的洋务运动、自强运动，在一瞬间成为泡影。在这场至今还让中国人隐隐作痛的战争中，有许多教训是应该为我们所铭记的。这场战争从一开始就注定了结局。撇开国家制度不讲，就是团结性，我们都远在日本之下。日本民族主义意识使政府和人民团结成一个统一的整体。而当时的中国，政府和人民各行其是，把对日战争看成是“李鸿章的战争”，民间的知识分子们更是认为，这场战争是“鞑虏和倭人相争”。一个是动员全国之力量，一个是个人行为，结果可想而知。李鸿章可能也寒心了，因为他手上只有自己控制的北洋水师和淮军，动员全国的军事力量根本是谈不上的；更为寒心的是，就在自己运筹帷幄的时候，他却面临着来自四面八方的指责和弹劾。“李鸿章在与日本作战的同时，还必须与北京的政敌们作战。”[①] 李鸿章扭转不了乾坤，改变不了业已腐朽的清政权和清军。清军军官中，扣留军饷，中饱私囊者比比皆是，军纪形同虚设，更有甚者碰到日军，还没交战，就主动“挂白旗”了。这样的战争，这样的军队，这样的政权，谁也无回天之力了。

日本穷兵黩武的明治维新成了文明的代表，而以民生为本的晚清洋务运动、自强运动反倒被本国人贬作“维护腐朽制度的尝试”。这在一定程度上，反映了国人对这段历史的漠视、无知。日本之所以能顺利通过明治维新走上现代化，与日本团结的宣传教育有关，日本的民族主义意识就是在这过程中形成并强化的；而

图 1–24　甲午战争中与日本作战的主力北洋水师

① ［日］陈舜臣：《甲午战争》，李翟译，重庆出版社 2009 年版，第 386 页。

当时的中国，有多少人是在袖手旁观，士大夫阶层，甚至李鸿章集团内部，也都擅自主张不听李鸿章的调遣，叶志超就是一个典型。袁世凯本来是李鸿章一手提拔的，知遇之恩不言而喻，当力挺李鸿章。但袁世凯显然对这场战争失去了信心，从一开始他就不抱希望。他刚从朝鲜仓皇回国后，就非常害怕，想远离朝鲜之事、远离战争，他甚至向李鸿章建议把朝鲜丢给日本占领。他消失了好一阵子，外界还推测他遭李鸿章软禁，甚至被暗中毒死了。但袁世凯在当时，毕竟是极少数的朝鲜问题专家，也绝非无能之辈，李鸿章不会不用袁世凯的，更何况袁世凯在朝鲜十多年一直极力执行李的对朝政策，如果现在李鸿章就把袁世凯毒死了，那李岂不自己打自己的嘴巴吗？

其实，袁世凯回国后，李鸿章就开始考虑委任袁世凯新的岗位了。李鸿章为袁世凯准备的位子是保持原来的“总理朝鲜交涉通商事宜”，兼任“抚辑事宜”之职。原本是令袁世凯赶赴平壤，协助周馥，联络各军，筹办饷械。再也不想去朝鲜的袁世凯要求调任他职，李鸿章严令“即回本任”。袁世凯托堂弟袁世勋找翁同龢、李鸿藻、张佩纶等设法说情。但李鸿章还是奏请让袁世凯赴前敌。袁世凯无奈，只得遵命。

1894 年 9 月，周馥和袁世凯来到了离前线较近的辽宁省。袁世凯本来是打算靠海上运输往朝鲜补充武器粮食的。但由于清军的接连败退，日本已经控制了黄海的海权，补给任务更为困难，袁世凯也显得有几分无奈。而此时的朝鲜更是炸开了花，李鸿章的政敌直接把矛头指向了李鸿章，要李鸿章为眼前的战败负责。慈禧太后也叱责李鸿章，要李暗中联俄，借俄之力，促成议和。战争才进行一两个月，北京已经坐不住了，议和动议摆上了桌面；而士兵们更是无士气可谈。袁世凯对这些心里似乎早就有数了。他和周馥都心照不宣地以购买西北方的新民厅的粮食为由，躲在沈阳，不愿去更为前线的九连城。就在这时，李鸿章来电：你还在那里磨蹭什么？赶紧去九连城！你的任务不仅仅是补充给养。由于李鸿章的训斥，袁世凯只好到九连城设立了转运站。九连城与朝鲜义州仅一水之隔，是重要的军事要塞，那里正驻扎着宋庆的庆军。但随后庆军抵挡不住日本的侵略，日军一过鸭绿江，袁世凯就把转运站退回到凤凰城。1895 年初，转运站退回到沈阳，接着是新民府。袁世凯在给他弟弟袁世彤的信中写道："平壤溃后，兵无战志。"确实如此，清兵已经失去了斗志，战争的胜负已经揭晓。对于此间袁世凯负责筹拨粮饷事宜，唐德刚在他的《晚清七十年》中说那"算是大材小用"了。

而日本方面，虽然战事多为胜利，但他们自己也知道，兵力毕竟有限，战费也并不是十分充裕，如果彻底把清国打垮了，那就失掉了媾和的对手，所以最好是在适当的时机，接受媾和。就在这时，清政府派出了户部左侍郎张荫桓、湖南巡抚邵友濂为全权大臣，出使日本进行谈判。但被日本拒绝了。日本认为时机还没到，还要把中国狠狠打击一下，以便更好收场。就在张、邵出使日本的时候，袁世凯就预言谈判不会成功，因为他知道日本要以更好的条件收场。[①] 随后，日本攻陷山东荣成、威海卫。清军溃败如山倒，丁汝昌等将领殉职。这时，日本终于如愿地坐下来与清国谈判了。这就有了耻辱的《马关条约》：（一）中国承认朝鲜独立。（二）中国向日本割让台湾岛及所有附属各岛屿、澎湖列岛和辽东半岛（由于《马关条约》中规定将辽东半岛割让给日本，危害了沙俄在东北的权益，故于《马关条约》签署后六天则受俄罗斯、法国及德国的干涉，称为三国干涉。日本于是被迫同意归还辽东半岛，但清廷须缴付 3000 万两"赎辽费"作为补偿）。（三）中国赔偿军费白银 2 亿两（加上赎回辽东半岛的 3000 万两共 2.3 亿两）。以及新开通商口岸，增加内河航线等共 11 款。甲午战败及《马关条约》的签订，使中国从此走向更深重的灾难，把中国彻底推向了更为深重的半殖民地状态。巨额战争赔款相当于全国三年的财政收入，清政府根本无力承受，只能向英法德俄列强贷款，贷款不但利息很高，还要以海关、税收、财政的管理权作抵押。大面积割让国土直接导致帝国主义列强掀起

---

① ［日］陈舜臣：《甲午战争》，李翟译，重庆出版社 2009 年版，第 437 页。

瓜分中国的狂潮。战后的几年里，列强纷纷在中国划分势力范围。长城以北属俄，长江流域十省属英，山东属德，云南、两广属法，福建属日。战后朝鲜沦为日本的殖民地，成为日本侵略中国的跳板，中国东北部的安全受到严重威胁。台湾被日本割占，使数百万同胞离开祖国的怀抱，饱受欺凌五十多年。

《马关条约》签订时，有一段近乎演绎的故事，说李鸿章和日本首相伊藤博文谈及袁世凯。李鸿章说人才难得，伊藤博文就问李鸿章："袁世凯现任何事？"李鸿章说："小差事无足重轻。"伊藤博文就说："以袁世凯之才，仅任无足重轻小事，无怪无人才也。"① 不管此段演绎是否属实，但此时的袁世凯显然不大愿意跟李鸿章黏在一起了，因为舆论已经普遍谴责李鸿章，而作为诱发战争的"罪魁祸首"袁世凯，眼看李鸿章将要失势，既不时与翁同龢、李鸿藻主动联络，称自己为他们的小门生，还提供了不利于李鸿章的证据，并亲自撰文，弹劾李鸿章。这多少有些不光彩，但这似乎也是不少政治人物所惯用的伎俩。"袁世凯在李鸿章败相初露时，就开始寻找新的后台，在德行和人品上都确实是招人

图 1-25 《马关条约》签订的情景。主要人物:(桌对面右起)日本内阁总理伊藤博文、外务大臣陆奥宗光、内阁书记官伊东;(背向左起)参赞马建忠、参议李经方、钦差大臣李鸿章、参赞荣禄、参赞伍廷芳。

① [日]佐藤铁治郎:《一个日本记者笔下的袁世凯》，孔祥吉、村田雄二郎整理，天津古籍出版社 2005 年版，第 52 页。

非议的缺失。当然，这是在道德层面上的评说，至于在政治层面，这却是司空见惯的事。”[①] 所以，尽管袁世凯与甲午战争多少有些关联，但战败时，他却能安然躲过责任和指责，并且因为他目睹了清军的腐朽，萌生了创建新军的梦想，后经李鸿藻、刘坤一等人推荐，得到光绪帝的赏识，这也就有了后来的袁世凯训练新军，以至有了他后来的宏图伟业。

---

① 袁世凯原著，骆宝善评点:《骆宝善评点袁世凯函牍》，岳麓书社 2005 年版，第 90 页。

第二章

袁世凯与维新运动

维新运动是近代中国比较完全意义上的改革运动，在中国历史上有着非常重要的地位。长期以来，人们把戊戌变法的失败归结为袁世凯的告密所致。但后来的史实证实袁世凯告密是在慈禧发动政变之后，客观地讲，袁世凯的告密行为不是引发政变的直接原因，但加剧和扩大了慈禧的镇压行动。鲜为人知的是，袁世凯与维新运动是有着千丝万缕的联系的。

维新运动是近代中国比较完全意义上的改革运动，在中国历史上有着非常重要的地位。长期以来，人们把戊戌变法的失败归结为袁世凯的告密所致。但后来的史实证实袁世凯告密是在慈禧发动政变之后，客观地讲，袁世凯的告密行为不是引发政变的直接原因，但加剧和扩大了慈禧的镇压行动。鲜为人知的是，袁世凯与维新运动是有着千丝万缕的联系的。

维新运动是近代中国的第一次思想解放潮流运动，其历史地位不言而喻。维新运动的集中代表——戊戌变法提出的文化教育改革、经济改革、军事改革、社会风气改革、政治改革等，涉及面广，针对性强，对当时的中国来说无疑是剂强心剂。也许是历史注定要错过，当面对复杂的社会问题、腐朽的保守势力时，年轻气盛的光绪皇帝还未巩固好自己的皇权，就想借助维新运动，放开手脚，大干一场，也想以此撇开保守的慈禧太后，做个真正的至高无上的皇帝。光绪帝在这场改革中的勇气固然可嘉，但他显然操之过急。光绪帝把希望寄托在同样是意气用事的康有为、梁启超身上，寄托在看似进步、也热衷于维新的袁世凯身上，他希望借助袁世凯的“开明”和手中的军权，剥夺保守势力慈禧的权力，以便顺利推行改革。可谁能想到，慈禧太后却先发动政变，缉拿维新派，软禁光绪帝，戊戌变法失败，改革中断。

戊戌变法的失败，在相当长的一段时间里，历史学家普遍认为是袁世凯

图 2-1 维新运动时期的袁世凯

出卖维新告密所致。史学家多称，光绪帝将“围园杀后”的计划告诉袁世凯并请袁世凯支持，袁世凯分析光绪帝力量小，慈禧力量依然强大，应该巴结慈禧，寻求更大靠山，就连夜乘火车到天津，向荣禄告密，再由荣禄告诉慈禧，以致慈禧提前发动政变，绞杀变法运动。人们在感慨维新运动失败的同时，多把责任推到袁世凯身上，说是袁世凯的卑鄙行为导致了变法失败，是袁世凯让中国错过一次走资本主义道路的机会、一次改革振兴的机会。袁世凯告密，似乎是真实的，但告密不是导致戊戌变法失败的真正原因。因为后来的史实都证实了袁世凯向荣禄告密是在慈禧发动政变之后。慈禧是在看了御史杨崇伊的奏折以后，就决定动手了。杨崇伊的奏折主要指责维新派改旧法、逐老臣，而且想把日本的前首相伊藤博文请到中国当朝廷顾问。这促使了慈禧太后从颐和园赶回紫禁城，抓捕康有为等维新派。后又得知康有为等人还有“围园杀后”计划（就是袁世凯告密的内容），加剧和扩大了慈禧的镇压行动。这样，维新运动也就不可避免地失败了。维新运动变法的失败，虽然不能简单地理解为袁世凯的告密所致，但袁世凯与维新运动多少扯在了一起。

众人举荐，重得赏识

甲午战败，让中国陷入更加严重的危机中，帝国主义列强加紧瓜分中国，扩张在华利益。“中国变成了一个甜瓜，每个国家都想从这里切得一片。”（慈禧语）面对甲午战败的混乱，面对弱国无外交的局面，清廷内部在责备李鸿章指挥不力的同时，也意识到自身的问题严重，尤其是光绪帝，也意识到维新、图强的重要性，因为在甲午战争中，他还满怀爱国激情，坚决主张与日本一决雌雄。可惜失败了，而且最后还不得不割让国土给小日本。这样的奇耻大辱，一定要报，矢誓要发奋为雄，找出一条救国的道路。所以，当他看到充满朝气的奏折时，心中大喜，立志要进行改革，使国家富强。朝中也有一些大臣，对甲午战败异常气愤，渴望改革除弊，以强盛国力，报仇雪恨。这些都引发了朝廷对维新改革的重视。袁世凯虽然因为客观上引发了甲午战争，但战败的责任不在他。光绪帝，甚至慈禧对袁世凯早有耳闻，知道袁确有些才略，在朝鲜期间也有出色表现。所以当有人向光绪帝、慈禧推荐袁世凯时，他们一下子就认可了，尤其是光绪帝对袁世凯更是寄予了厚望。于是，这也就有了袁世凯在战败后，不但能躲过战争的牵连，反而迅速得到赏识的原因。

朝鲜战败，给国人以震惊。清廷中，责备声四起，李鸿章自然备受煎熬，被革去了直隶总督和北洋大臣的职位。而袁世凯，自然也因为跟李鸿章的密切关系，处境十分不妙。但最后袁世凯并没有因为这些而受牵连，躲过问责，并且不久就被清廷破格拔擢。那么是谁在这关键时刻保举了袁世凯呢？对于这个问题，史学界众说纷纭，似是而非。有人认为，是日本首相伊藤博文与李鸿章在《马关条约》谈判时对袁赞赏颇有关系，即伊藤博文称“以袁世凯之才，仅任无足重轻小事，无怪无人才也”。于是“清之朝野上下，睹我伊藤氏答李鸿章之言，皆以袁世凯为一时人杰，于是袁世凯三字，遂振振有声”。

图 2-2　甲午战败后，李鸿章开始周游欧美八国，这是 1896 年 8 月访英国时，英国《范尼特菲》杂志刊登的李鸿章像。

图 2-3　1896 年 6 月，德国首相俾斯麦与李鸿章在一起。

也就是说，当时，因为伊藤的一番赞美之词，朝野上下便知袁乃人杰，“留心人材者，咸欲一睹其人。……清方大挫之后，二三老臣为国求贤，于两宫前保荐袁之才略，旋奉旨召见”[①]。其实，袁世凯在甲午战败后被朝廷重用，与伊藤博文的赞扬并无多大关系。因为《马关条约》后，朝廷不少人认为是李鸿章消极作战，割地求和，对李多为不满，甚至有人建议杀李鸿章以谢天下。所以，向两宫保举袁世凯者一般不会拿李鸿章与伊藤博文的谈话作为保举的理由，两宫也不会轻易以伊藤博文的赏识作为自己的赏识。有人就说，是李鸿章在战败后，承担了所有的责任，而且主动为袁世凯说情，称赞袁世凯乃奇才。

袁世凯之所以重新得以赏识，还有一个说法是袁世凯在甲午战败后，迅速主动向清流派领袖、军机大臣、总督大臣李鸿藻靠拢，主动禀帖，报告前线军情，陈述战后重新振作之策等，遂得李鸿藻激赏。袁世凯给李鸿藻禀帖，说是主动投靠，不为过。但也绝非无中生有硬巴结。据孔祥吉、村田雄二郎考证，李鸿藻与袁世凯父辈早有往来，并且关系十分密切，尤其是袁保恒、袁保龄，同李鸿藻之关系更是不同一般。中法战争前夕，袁保龄非但向李鸿藻推荐刘铭传等人才，而且还请李氏对其子侄辈勤加“训迪”，多予关照。袁保龄在致李氏信中称“世路榛荆，微函丈前不敢妄陈天事也”。据此

① ［日］佐藤铁治郎：《一个日本记者笔下的袁世凯》，孔祥吉、村田雄二郎整理，天津古籍出版社 2005 年版，第 52 页。

可见，袁保龄与李鸿藻之关系密深，迥非寻常。[1]袁世凯在朝鲜期间，也与李鸿藻偶有书信往来，只是碍于当时自己是李鸿章一手提拔的，属李鸿章的门人，不敢过多与李鸿藻来往。但当甲午战败后，袁世凯知道李鸿章失势，转向寻求新的靠山，主动、勤快拜访李鸿藻，禀帖条陈，并以父辈之关系，拉近距离。所以当亦是清流派骨干的张佩纶对袁世凯多有抨击时，作为清流派领袖的李鸿藻保持了沉默，反而对袁世凯"英气逼人，即议论亦颇有可采"（小站编练定武军的胡燏棻语）印象颇深。于是，李鸿藻自然也成为袁世凯战后躲开问责，反倒得以赏识重用的关键人物。李鸿藻还上奏朝廷称袁："家世将材，娴熟兵略，如今特练一军必能矫中国绿防各营之弊。"[2]

袁世凯能得光绪帝赏识，还有一说法是翁同龢极力推荐的。据翁的日记记载，袁世凯在获得练兵职务前曾三次上门拜访。翁同龢对袁世凯的评价，也由"开展而欠诚实"，改为"不滑，可任也"。翁同龢乃帝师，深得光绪帝信任，声望很高，光绪帝的改革措施多出于翁。袁世凯拜访翁同龢后，翁在光绪帝面前自然对袁世凯多有美言。但翁同龢与慈禧太后关系一般，甚至已有帝后之争之矛盾，翁不会到慈禧面前为袁世凯举荐。

图 2-4　翁同龢

袁世凯得到慈禧的赏识，估计与荣禄的举荐是有直接关系的。荣禄是慈禧的宠臣，与慈禧关系非同一般，在慈禧还没成为皇妃时，她就是荣禄的情人。在慈禧执政初期，有次慈禧从热河回京途中遇险，荣禄骑马前去救援，她才得以脱险。光绪

---

① ［日］佐藤铁治郎：《一个日本记者笔下的袁世凯》，孔祥吉、村田雄二郎整理，天津古籍出版社 2005 年版，第 279—280 页。

② 李刚：《大清帝国最后十年：清末新政始末》，当代中国出版社 2008 年版，第 79 页。

二十年（1894 年），慈禧 60 岁大寿，荣禄由西安将军任上回京祝寿而被留在督办军务处。督办军务处是清政府新成立的一个中央军事机构，完全由皇族掌握，而荣禄是其中的核心人物。袁世凯为了能进督办军务处，到荣禄处走动是少不了的。荣禄对袁世凯也较为赏识，特别是读了袁世凯的兵书后，更是觉得人才难得。荣禄不但答应提携袁世凯，还收袁世凯为自己的门生。这样，荣禄向慈禧举荐袁世凯就完全可能了。

袁世凯为了躲开问责，躲开去浙江温州任职（袁于甲午战争前的 1893 年升任浙江温处道，未赴任，留朝鲜），进入自己所熟悉、擅长的军务部门任职，确实花了一番心思。他上下活动、打点是少不了的。李莲英也是他巴结的对象。袁世凯通过友人阮忠枢，拜访了李莲英的弟弟（阮忠枢就住在李莲英弟弟家），进而拜访了李莲英。袁世凯的女儿袁静雪在回忆袁世凯之所以能经办“小站练兵”时说，袁当时是走了内线的，“李莲英是起了很大的作用的”。[①]

图 2-5　刘坤一

除了这些，袁世凯能受到两宫赏识，刘坤一起了非常关键的作用。《马关条约》签订后，袁世凯于光绪二十一年（1895 年）四月请假回河南彰德省亲了。然而，没过多久，即闰五月初一，光绪帝就下旨，要河南巡抚刘树堂知袁世凯“迅即来京，交吏部带领引见”。按照清代惯例，凡是皇帝颁布旨令，要带领某人引见，就意味着这位被引见的官员一定被某要员保荐。皇帝采纳之后，才有这样的紧急指令下颁到省。[②]那么，究竟是谁在

① 袁静雪：《一生经营，猢狲散尽》，载文斐编：《我所知道的袁世凯》，中国文史出版社 2004 年版，第 8 页。

② ［日］佐藤铁治郎：《一个日本记者笔下的袁世凯》，孔祥吉、村田雄二郎整理，天津古籍出版社 2005 年版，第 258 页。

清廷刚刚战败，割地赔款的情况下，就向清廷保荐袁世凯的呢？孔祥吉、村田雄二郎认为，保荐袁世凯的正是两江总督、湘军的领头人物刘坤一。刘坤一是在甲午战争中淮军一败涂地、日军长驱直入的危迫情形下，于光绪二十年十二月二日（1894 年 12 月 28 日）被光绪帝任命为钦差大臣的。刘坤一出关督师后，与正在关外前敌营务处负责转运事宜的袁世凯有了交往。刘坤一见袁世凯办事稳妥，甚是喜欢，感叹人才难得。所以，当《马关条约》签订后，刘坤一在第一时间，即光绪二十一年四月二十日（1895 年 5 月 14 日）就递上“和局已成，自请严议折及开去差事片”，并请求朝廷将自己部下，前敌失职统领，革职严惩。[①] 而在惩处自己部下的同时，他向朝廷上书保荐了袁世凯：

> 再，查北洋前敌营务处浙江温处道袁世凯，名家之子，于军务及时务均肯留心讲求。前在朝鲜多年，声绩懋著，早在朝廷洞察之中。臣抵关津后，与该道时常往来，见其胆识优长，性情忠笃，办事皆有条理，为方面中出色之员。宋庆及各将弁多系袁世凯先人旧部，莫不愿同袍泽，乐听指挥。请旨饬下河南巡臣，迅催袁世凯销假来营，商办裁留、归并事宜，臣与宋庆得资臂助，该道亦藉盘错，以底于成。际此时局艰难，知兵文臣甚少如袁世凯者。
>
> 伏愿皇上擢以不次，俾展所长，及其年力正强，得以功名自奋，庶立尺寸之效，仰酬高厚之恩。近日每叹才难，得一才而不即重用，使其精神岁月，消磨于循资按格之中，未免可惜。
>
> 臣自憾衰老，无能为役，深思以人事君，不敢蔽贤。……[②]

刘坤一对袁世凯的赞赏跃然纸上，用语也颇为中肯。而此时的袁世凯还在

---

① ［日］佐藤铁治郎：《一个日本记者笔下的袁世凯》，孔祥吉、村田雄二郎整理，天津古籍出版社 2005 年版，第 260 页。

② 中国第一历史档案馆藏，刘坤一（密保袁世凯片），光绪二十一年录副奏折，吏治类。转引自［日］佐藤铁治郎：《一个日本记者笔下的袁世凯》，孔祥吉、村田雄二郎整理，天津古籍出版社 2005 年版，第 259 页。

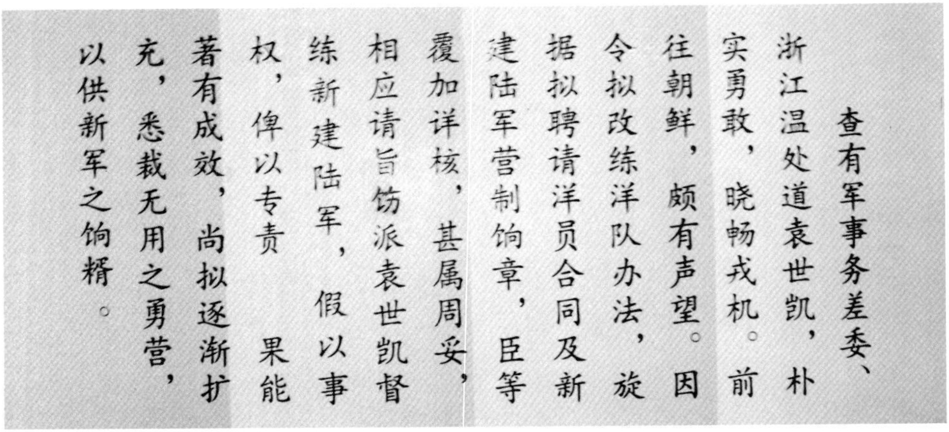
查有军事务差委、浙江温处道袁世凯，朴实勇敢，晓畅戎机。前往朝鲜，颇有声望。因令拟改练洋队办法，旋据拟聘请洋员合同及新建陆军营制饷章，臣等覆加详核，甚属周妥，相应请旨饬派袁世凯督练新建陆军，假以事权，俾以专责 果能著有成效，尚拟逐渐扩充，悉裁无用之勇营，以供新军之饷糈。

图 2-6　奕劻推荐袁世凯督练新军的奏折

河南老家，不大可能是袁去刘府巴结以后，刘坤一再出面为袁密保的。刘坤一的这“密荐袁世凯片”，是他“叹才难”，而袁又确实为难得人才，当以重用，为国家社稷着想而主动上书的。刘坤一的保荐，直接促成了袁世凯“迅即来京，交吏部带领引见”，这也就有了他后来的两宫赏识和他的一番作为。

甲午战败后，袁世凯不仅躲过了问责，如愿地留在了直隶，进入督办军务处，而且能得到那么多人的保举，得到两宫的赏识，真可谓能矣。“袁之练兵小站，实是众望攸归的结果。……而且这些大臣中像李鸿章和翁同龢，像恭亲王和庆亲王等彼此之间矛盾极深，甚至是终身的政敌。要他们一致赞誉，一致推荐袁老四这位小小的前驻韩商务委员，直隶总督的一个小下属，他本身没两手，不成的呢！——所以我们执简作史的人，因为对‘袁世凯’三个字有成见，便硬说他出任要职是出于个人吹牛拍马、攀援权贵而来，是有欠公平的呢。”[①]

万言新政，耳目一新

甲午战败后，士大夫阶层也在思考，一个小小的日本，居然把中国

① ［美］唐德刚：《晚清七十年》第 4 卷，远流出版社 1998 年版，第 76 页。

给打败了，而且还割地赔款。有志节的中国士大夫们都咽不下这口气，于是，他们就聚集在一起议论，一些激进派的领袖就开始散发鼓动性的小册子，其中以康有为为集中代表。在《马关条约》即将要签订时，康有为就联合各省举人一千三百多人，起草了一份一万四千多字的上皇帝书。在上书中，康有为强烈主张“拒和、迁都、变法”，建议皇帝“下诏鼓天下之气，迁都定天下之本，练兵强天下之势，变法成天下之治”（虽然康有为的上书并未送到都察院，更未送达光绪帝手中，而此时倒有湖北、浙江、江西、四川等地举人和官员上书皇帝十五起，恳求变法富强，以报血仇）。此后，康有为连续给皇帝上了几次书。光绪帝对康有为提出的问题，很受感动，虽然有些问题不免夸夸其谈。在这些上书中，康有为较为系统地发挥了自己的变法思想，从政治、经济、文化教育几个方面提出了自己的见解。政治方面，康有为提出了变法图强的要求。经济方面，康有为提出了发展工业，振兴商业，保护民族资产阶级利益的主张。文化教育方面，康有为提出了“开民智”“兴学校”的主张。这几个方面的主张构成了康有为变法维新的基本纲领。随后的1895年8月，康有为在北京又组织了强学会。强学会成立之后，每三天举行一次例会，相互讨论“中国自强之学”，批判顽固势力。袁世凯对于康有为有几分敬重，他在徐世昌的引见下，也参与了维新的讨论，追随维新的主张，而且根据自己的思考，给光绪帝恭呈了更为系统的新政主张。

袁世凯在众人的推荐保举下，于光绪二十一年（1895年）六月十二日受到光绪帝的接见。袁世凯在这次觐见中，侃侃而谈，十分老练。当光绪帝问他为什么我们打不过日本时，袁世凯从容对答：“我军积弊太深，难以与日本为敌。”[①] 光绪帝还询问了其他一些问题，袁世凯多能对答自如，光绪帝也甚为满意，遂颁谕要袁世凯将面陈未尽者写成条陈进呈。能给皇帝直接条陈，

① 侯宜杰：《袁世凯三部曲·第二部宦海浮沉》，线装书局2008年版，第12页。

图 2-7　早年袁世凯

这是何等的大事，是多么难得的机会呀。袁世凯不敢怠慢，是真下大力气去做的（有史学家们认为是袁世凯找枪手阮忠枢等人炮制的）。七月一日，光绪帝收到了督办军务处代呈的袁世凯的“二品衔浙江温处道袁世凯，为遵奉面谕，谨拟条陈事件缮折恭呈，伏乞代奏事”（简称新政万言书）。

在这份万言书中，袁世凯以充满新鲜的气息和见解，让光绪帝耳目一新。孔祥吉、村田雄二郎二位学者对袁世凯的这份万言书作了全面剖析，认为是一份研究袁世凯早期思想不可或缺的重要文献。并归纳了以下四个方面的内容。①

（一）讲求西法，彻底更张

袁世凯的新政万言书与当时内外臣工那些传统腔调的奏章全然不同，充满了新鲜气息与要求变法的紧迫感：

> 窃维天下大势，递变而不穷者也。变局之来，惟变法以应，则事变乃消弭于无形。此次军兴失利，势诚岌岌。然果能中外一心，不忘仇耻，破除积习，因时变通，不过十数年间，而富强可期，是亦更始之一大转机也。
>
> 历观中外各国交涉情形，万国公法，指势力相均者言之；两国条约，为承平无事时言之；强邻奥援，又为彼国自利者言之。处今日之势，欲弭衅端杜外侮，舍亟求富强之道，讵有他策？且万国君臣，莫不

① ［日］佐藤铁治郎：《一个日本记者笔下的袁世凯》，孔祥吉、村田雄二郎整理，天津古籍出版社 2005 年版，第 263—279 页。

互引治法，力图振兴，精益求精，孜孜不已。而我犹蹈常习故，孑然默处于五洲之中，风气隔阂，制胜无术，具繁庶之资，而甘居贫弱如病者，以孱躯而搏狼虎，欲求幸免，曷可得乎？

袁世凯的奏章一开头即抓住了要害，认为：甲午战败并不可怕，只要能破除积习，因时变通，便是一个大的转机。这实在是一个高瞻远瞩的见解。袁世凯还批评了那些故步自封的守旧势力：

顾说者谓：我国声名文物，远驾他邦，何必舍己从人，轻更古制？不知孝悌忠信，礼义廉耻，自应恪守我法，而富国强兵之道，彼已久著成效，势不得不参用各国新法，择善而从。试观三代之际，行井田，社封建，秦汉而后，农政钞法，兵律官制，迭经更易，降至今日，旧制所存者，百难一举。以汉宋大儒名臣，亦不能强违时势，追复三代成规，盖因时制宜，人心运会，有必不能相沿者也。

说者又谓，用夷变夏，古有明训，缙绅子弟，耻与彼族共周旋。不知通商开禁以来，门户洞启，即欲闭守，亦无善道，既不能不与各国交际往来，自必须习知其风土人情，始可相机制服，不为欺侮。犹之知物性者，虽猛虎毒蛇，亦可训而豢之；不知物性者，虽犬马牛羊，亦不免触噬之患。……

日本幅员仅敌我两省之地，我则十数倍之，彼之所以胜者，由于讲求西法，实力推行；我之所以败者，由于拘守旧规，罔思改辙。殷鉴不远，亟宜更张。以我之地大物博，但求日人所以制胜之故，而事半性之，必将雄视海内，强邻慑息。然转移之权，亦惟在宸衷独断，屏弃群疑，毅然整顿而已。

从这条陈中，不难看出，袁世凯的主张，即讲求西法，彻底更张。袁世凯驳斥了国人盲目自大的思想，批评了“不知物性者”。显然，袁世凯所呈递的万言书代表了那个时代的先进思想。

（二）培育人才，选拔人才

袁世凯在新政万言书中，专门论述了人才的问题。袁世凯认为培育人才是新政成败的关键，希望在中国大兴教育：

古今各国得人则昌，远观记载，近证泰西，莫不皆然，故求人之政，为目前第一首务。查海外各国臣民，均于髫年入学肄业，由乡而省，而都，迭次考升，俟年稍长，则资遣游历诸洲，博采治要。迨出而问世。当事者必检其游业之所专，性情之所近，始酌授庶事，试言奏功，递加迁擢，每于专业之途，终身任之，故欺瞒虽生，而治事无废。

历观富强最著之国，人才必多，学校必广，我国讲求西学风气，尚未大开，目前似极宜在都城择宽敞之地，设立馆院，由六部九卿，翰詹科道诸衙门内，精选品学敦实及留心时务之员，以入其中，并罗致各省有用之才，与之同处。廷请精通各种学问西师数人，与之切磋。更令在外洋日久之华人，周旋介绍，优以廪饩，隆以礼貌，略仿同文馆之例而扩充之。简派亲王大臣督领其事，并设提调、总办、司事、支发、巡查各馆，斟酌于中国书院、外国学堂之间。分天算、舆地、制造、机器、矿学、商务、农务、兵制、水利、邮政、及各国条约、律例、史事、语言文字各门，各就学之所习，性之所近，分隶各处，互相考证，日察之，月省之，岁计之。遇有才识出众者，量为录用，其不堪造就者，随时革除，务须规模严肃。首除其树党攻讦之风，复杜其

图 2-8　晚清以来，主张西学者不断涌现，知名者有王韬、郑观应、薛成福、郭嵩焘等，图为郑观应。

朋比招摇之路，俾各努力自好，期底于成。每遇枢译各处关系国计民生利害大端，交各员分条妥议，折衷至当，留备采择。将见集众人之思虑以施政，罗天下之才智以救时，庶措施无乖误，因应咸得宜矣。一俟办有成效，扩充学校，分设各省，亦可依次举行。其尤要者，购取泰西各种有用书籍，选择精通华洋文者，翻译汉字，分发各省，刊布郡县，使乡里才智之士，皆可涉阅，如此而风气大开，人才必可蒸盛矣。

图 2-9　光绪帝

这两段文字涉及人才培养的多个方面，首先是人才对于昌国的重要性，“故求人之政，为目前第一首务”。其次是提出了培养人才的具体举措，“目前似极宜在都城择宽敞之地，设立馆院”，即兴办教育，对于兴办教育，袁世凯也提出了对应的思路：“精选品学敦实及留心时务之员，以入其中，并罗致各省有用之才，与之同处。廷请精通各种学问西师数人，与之切磋。”袁世凯这里强调了馆院为师者当为“留心时务之员”和“西师”，这足以看出他的开放眼光和对时务的重视以及对西法的渴求，相比那样只知之乎者也的纯粹老朽，显然进步开放多了。袁世凯建议开设的课程也更为丰富、具体，“分天算、舆地、制造、机器、矿学、商务、农务、兵制、水利、邮政及各国条约、律例、史事、语言文字各门”。这些科目不是一般的官员所能罗列出来，有些科目对当时中国的意义也不是一般官员所重视的。比如矿学、商务、邮政，在 19 世纪 90 年代的中国，重视的人并不多，更不用说专门设馆院培养这方面的人才了。可以说袁世凯的这些兴学主张，在当时显然具有前瞻性，有超前意识，这也不是一般的官员所能媲及的。

对于选拔人才，袁世凯也提出了建议：

> 各省督抚保荐人才，业经恭奉谕旨。至今省学政，虽专司文柄，而轩所及，周遍通省，接见官吏，考试诸生，此中才智杰出者，当不乏人。乃三年届满所保者，或有一二敦品绩学之士，而经济才艺能收实用者，从未破例上陈。此外，更有乞体遗老，关心风化，籍本土著，人性熟悉，较之督抚深居简出，寄耳目于人者，见闻尤为确凿，似宜并令周咨，俾阐幽发隐，广搜岩穴之瑰宝。惟滥保之咎，既有专条，而得人之赏，亦须审定。其规避处分，不肯访举人才者，尤须惩警，似宜详细审酌，另立举才款限，专条刊发各省，严切晓欲谕，俾各省遵守以期持久。
>
> 如京都国立馆院，凡各省选举人才，必饬令赴馆院，由督率之王大臣及提调等详加察核，并令同业者与之考较，如此则事皆实际，举尽真材，较之一纸送入，即畀以重任者，其疑信奚啻霄壤。

袁世凯对以前荐举人才存在的缺陷提出了批评，“而经济才艺能收实用者，从未破例上陈”。“经济才艺能收实用者”在当时，可能是处于社会末流，自然不会得到“破例上陈”，但袁世凯显然看到了“经济才艺能收实用者”对于国家建设的意义，遂专门点出，以示重视。另外，袁世凯建议设立馆院集中学习、谈论，这就类似后来设立大学集中培养人才。

科举制度对于“经济才艺能收实用者”最是不公，而这些人才，恰是当时国家富强的根本，于是袁世凯在万言书中进一步强调了实学：

> 词章之学，不能大俾实用……嗣后应请简派学政典试各差时，慎择讲究学时事者充其任，务饬特重实学。如所选之士，实学较多者，应请酌加褒奖，以示鼓励；其谨取章句者，亦略加申斥，庶本源既易，而天下向风，士气文运，自必随之更新，且从此一转移间，则寻章摘句之举，尽变为经济应世之才，其得失所关，殊非浅鲜。

为了切实选拔好人才，让一些精通西学的人才脱颖而出，袁世凯还建议采用新的选拔方式：

沿海一带，如闽粤江浙等省，聪俊子弟中，素习洋务西律，足以参赞交涉，及肄习格致化学，足以分任制造，又谙练陆军水师，足以教习管带者，诚不乏人。惟此等人素习简率，不谙官场仪节，故从不与长官来往，大吏知者甚少，即间有一二进谒者，亦因其质而无文，置之不论。似宜速订条规，刊行沿海各省，早定年限，令南北两洋、两广、浙闽大吏，妥议试规，择适中之海关道经办试场，廷聘名师，分西律、技艺、军务为三途，照童试例，取邻保甘结，择期开试，其身家不清，素有劣迹者，概不准入；得取者，亦列为生员，择正科之次年，由四省大吏延师秋试，次春会试。由生员而举人，而进士，均仿照文学乡会条规各色办理，但考取以进士为止。每次定额若干名，随时再酌量增加，均交新设馆院，分司学习，俾得量才授职，庶所事皆所学，渐收用人实效。至考试经费，亦由沿海各省大吏关道筹办，其阅试各师，先由承试官精择聘请，迨所取之士依次造成，即由新设馆院中择派督试，藉可鼓励后进，广拔真材。

袁世凯这里提出了一种全新的人才选拔方式，即在沿海省份选具有一定西学基础的西律、技艺、军务等方面的实用人才，经生员推荐而举人而进士。这显然打破了单一从科举甄选人才的方式，而且较科举重辞章、轻实用选拔来的人才来说，袁世凯的这一主张不无可取之处。这有如我们新中国成立，在一定时间里，采取了推荐上大学的模式，只是推荐上大学，重政治素质，而袁世凯的推荐，重西学基础、实用人才。

在选拔人才上，袁世凯还提出德育智育并重的人才观，他提出：

取材之道，必先以心术、气节为首务。此处军兴，武将死事者极少，而文吏几于无人，其心术、气节之不振，已可概见。推求其故，实由承平已久，奔兢成风。武则以侵扣馈赂为能，文则以朘削逢迎为事。无他，亦诸长官有以启其渐，开其端耳。值此艰危，依然脂韦势利痼习，安望其竭力图报，同仇敌忾也。似宜严饬中外，刻以国耻，时艰为急，择人以必自心术、气节始，切不可因一议不合，即成仇隙，一节稍疏，即将屏弃，尤勿以稍有嫌忌，即射影含沙，嗾嘱倾陷，务使端人汇进，群小屏斥，庶几上下同心，廉隅共勉也。

此外，袁世凯还主张裁撤各衙门冗员，人尽其才，高薪养廉，提高办事效率："冗员多则禄俸薄，禄俸薄则饥寒所迫，中人之才，自难言操手，一有私污，则论事评人，即不免各有偏见，在图治中关系甚重。何则？国之所以治者，全赖公是公非，以隐为维持；如是非倒置而国不危者，未之有也。似宜通饬内外各衙门，裁汰冗员。设一官必须名思义，务得一官之用，而所设之官，即分加以所汰之俸，务使任事者，俸足以养廉，始可去其弊窦。"

袁世凯的这些培育人才、选拔人才的主张，在当时无疑具有可取之处。袁世凯所强调的重西学、重实用、重气节，列实用经济科目，设专门馆院加以培养，改革科举弊病等具体措施，都具有较强的超前意识，是为先进的人才观。

（三）改革经济，发展经济

在经济改革方面，袁世凯也列出了具体的改革措施。

一是关于金融体制改革。袁世凯建议：

自古养兵之费，为数最巨，必先致富，始可图强。然如责成各官吏在地丁民生内设法朘削，恐所得无几，而心腹之患尤烈，势必须仿照西人久著成效之新法，实力举行。查诸新法内，其便利最巨，收效最速者，莫如铸银钱，设银行，造纸币。此三者必联为一气，互相挹注，并须与各国银行相通呼吸。开铸之提成减色，银行之出入子母，纸币之现存腾挪，一经开办，利可立见。……

袁世凯主张中国金融体制应与各国银行呼吸相通，应该像国外那样，设立银行，发行纸币。这些措施比中国当时户部、银库、银号等金融体制要先进得多。此外，袁世凯还提出银行可先由殷实富商参与，“集股兴办，分董各事”。这在当时，并不是一般的官员所能提出的建议。

二是设立会社，振兴商务。袁世凯建议：

> 海外各国之所以富强者，大半得力于商务。而我之商务所以见绌于各国者，以市侩之徒，素为缙绅所不齿，而地方官吏又从而抑制、剥削之，恐商务终难与各国齐驱，殊于因富致强之道，终有阙如。似宜专派明练大员，督理通国商务，随时与出使外洋大臣、领事及各省督抚关道，详妥商酌。令各埠众商，分举董事，设立会社，遇事并力合作。有害，则督商务者即毅然除之；有利，则切实助之。其有抑制欺凌者，并认真保护之；其有力不及者，即设法掖成之。且须时常周历通商各口，从便接见诸商，不厌琐屑，讨论考核，查看商务，择仿兴革。我之商务日盛，可操左券，而税务之旺，亦必日渐加增。至洋人在华，究属人地生疏，性情隔膜，而衣食起居，较我昂贵，经手买办者，从中营渔，决不能如我商土著获利之厚，其商务利权，自可渐为收回，只在一二能事有心倡率之耳。

图 2-10 近代外国在华银行

袁世凯对于商务的重视，也在一般官员之上，确如袁世凯所说，当时大清商务“素为缙绅所不齿”，而袁世凯却呼吁大力发展商务，增加税收，实为难得，更者，袁世凯提出了发展商务的具体做法：设立商会，采取切实措施帮助商人。

三是聘请西师，加紧铁路矿山建设。袁世凯建议：

> 铁路之便戎政，裕国计，利商务，联风气，议者已极详矣。宜先电请比国政府，遴选明练敦品，熟习铁路教师数人前来，另派谙工程者，分头偕赴两路，详细勘查，务先知道之远近，土情之坚疏，地势之险易，一面专派公正素著之大员，罗致南北各省诸富商，广集股本，迅速开办。招集股本，自延师购山，定立章规，均准其赴商务大员处，呈请开采。

袁世凯对于铁路的认识，对于“广集股本”采矿等，在当时，确实超前。在当时，还有不少士大夫们视铁路为大蟒，铁路只能用于矿地运输，而不能用于其他，对于“裕国计，利商务，联风气”更是无从谈起。

四是提倡私人设厂，夺西人制造之利。袁世凯建议：

> 各国制造工作，以人力济天生之未备，而售销他国，即可取利于人；通行本国，即可杜人渔猎，法甚善也。
>
> 在中国聪明才智之士，实有过于欧美，惜无人提倡引励之，故未能各献所长耳。似宜晓谕天下，凡有营造技艺之才者，均准赴商务大员处报请考验，分别收录……咨送各局。……切不可再以权要、私好、毫不解事者，骤膺其选，既用非所学，安望其能收实效，设或具有良法资本，愿设各项机器商厂者，均可查核批准，令其妥实经理。倘有资力不足以试办者，即由商务大员，考核详确，如能有济实用，亦可筹借资本，取具保结，付与经理，并稽查督助之，迨其有成，果能通行天下，或有裨军政，或有利器用，均可专请褒奖，以资鼓励。庶技艺才智之士，必将骈集，以济时艰，而西人制造之精，不能独擅其长矣。

图 2-11、图 2-12　18 世纪广州十三行就出现了繁荣的景象

袁世凯关于私人设厂的主张，关于“愿设各项机器商厂者，均可查核批准，令其妥实经理”的做法，已经完全不同于洋务派官僚实行多年的“官督商办”“官商合办”的做法。袁世凯的这些主张，对于发展民族工业有十分积极的意义。

（四）推行新法，改革军事

袁世凯的军事改革，着眼于一个“新”字。

首先，主张聘请西师，按照西法编练新军：

今之夷氛远甚于昔之粤捻也，而欲制胜克敌，亟宜另行规制，参用西法，庶可巩我边陲。然如饬各省一律改撤，不但难得将才，且恐多有窒碍，似宜将现有之勇营，依次裁减抽练。先由总署著点德国外部，选荐年高敦品、性情和平，曾经普法之战，精习新时之学者一人速来，延为参谋军事，并准该参谋选带数人分任教练，一面简派明练事务之知兵大员，予以督练之任，预先择地、经理营房，迨该参谋来后，由该大员会校各国兵制，军律，饷章，择其宜为施行者，奏请定夺，著为成书，即遵照认真教练，值此库帑绌，必期练一兵即得一兵之用，始可有裨时艰。

其次，主张改革旧制，创导近代军事编制：

湘淮营制，每营名为五百人，而火兵护勇设在其内；出而迎敌者，至多不过四百人，短额侵扣，所存战兵，尤属无几。而各国兵制，大率五十人为一排，五排为一队，千人为一营，三营为一标，两标为一阵，两镇为一分军，两万四千人为一全军，其余号兵、工程兵、巡探兵、马兵杂役，一切官弁兵丁制数均照新法认真办理，其命名可称某处陆军……直隶陆军……盖兵皆国家公有之兵，不应随统将之籍贯名号紊杂相称，致使不肖统将，俨然觉为自有之业，且适足长树党之风。

再次，主张加强军纪，反对亲戚家族式训练：

兵之有律，尤网之有纲，决无纪律不明而能制胜者也。……近见练募各军，相率引用亲族，藉饱欲壑，于赏罚二义，皆任意为之。

袁世凯关于军事的这些主张，框架清晰，目标明确，涉及军事的方方面面。袁世凯的这些主张形成了一个比较完整的近代军事改革设想，这也为他日后的小站练兵奠定了基础，后来清廷因小站练兵有了一支粗具近代水平的军队，也是袁世凯上述军事设想直接产生的结果。

袁世凯万言新政，确实让人耳目一新，即使是今天读来，也同样有可取之处，何况是一百多年前呢。袁世凯条陈之事，涉及朝廷的用人、理财、经济、军事、外交等各个方面。所提建议，大胆而富有前瞻性，重实践而具操作性，可谓一针见血，切中要害。只要翻阅一下那个时期的内外臣工的建议，几乎没有一个人能达到这样的水平。甲午战败后，袁世凯深感列强“蚕

图 2-13　新式陆军训练场景

食生心，逼处日近”“侵骚图我，决无餍心”，如果这个时候，我们不能发愤图强，大力变法维新，那中国将无法生存，必被列强继续侵辱。因此应该公正地说，袁世凯这个时候的维新思想，是发自内心深处的，他对西法的认识并不在康有为之下，甚至还比康有为更为成熟。袁世凯的万言书“对局势观察分析的深刻程度，比着时人的许多论著，乃至康有为著名的公车上书，都毫不逊色”[①]。这也是为什么袁世凯能为一心图强的光绪帝看中，袁世凯后来得以顺利到小站练兵，亦与其万言新政书不无关系。

小站练兵，创新军制

甲午战败，朝野上下，一片哗然，有识之士，痛定思痛，变法图强。而变法从何而起呢？军事变革被推到了最前沿。因为在甲午战争中，军事之腐朽，营务之废弛，令人气愤、令人发指。不仅不能动员全国武装力量以共同对敌，各自为政现象突出，而且军无纪律，目无军法，甚至不懂瞄准射击，朝天开枪开炮。这样的军队不改革，何来抵御外来侵略呢？而军事改革，自古以来乃皇家大事，皇帝靠什么统治江山呢，无外乎手中之重兵。大清在早期，军事建设较有成效（这与大清早期的皇帝康熙等有番作为有关），镇压三藩之乱，征服噶尔丹，收复台湾等，大清依靠强大的军事力量和斗争昂扬的精神，奠定了一个自元朝以来版图最庞大的中华帝国之基础。此后，由于养尊处优，盲目自大，到了乾隆后期，曾经为清朝的建立立下汗马功劳的清军开始堕落腐化，尚武精神退化。清军队伍中的骨干旗人能获得三倍于汉族丁兵的饷银，于是他们在特权的位子上，已退化到不再上阵打仗，而整天做一些赌博、听戏及斗鸡的勾当了。国家养着他们，他们却不能保卫国家，反倒成了寄生虫。以致后来白莲教起义和太平天国起义席卷全国时，清政府

① 袁世凯原著，骆宝善评点：《骆宝善评点袁世凯函牍》，岳麓书社2005年版，第118页。

都束手无策，只好求助于组织团练来保护地方。也就是在这个背景下，有了后来的湘军和淮军。湘淮两军的建制，在当时是根据长官的个人意志而定的，带有浓厚的私家军队性质，而且作战技术跟不上发展，战斗力较弱。甲午战败就是例证之一。袁世凯对于湘淮两军的弊病有切身体会。他对照、分析了清军与其他发达国家的军事差距，萌生了以训练新兵带动整个军事变革的主张。

光绪二十一年（1895 年）十月，光绪帝颁发上谕："温处道袁世凯既经王大臣等奏派，即著派令督率创办（新军），一切饷章著照拟支发。"同时指出："该道当思筹饷甚难，变法匪易，其严加训练，事事核实，倘仍蹈勇营习气，惟该道是问，懔之慎之。"[①] 袁世凯终于在众大臣的举荐下，在得到光绪帝和慈禧的赏识下，得以督率创办新军。"这样，年方 37 岁的袁世凯，便成了清政府新军的创建人之一。"[②]

袁世凯创办新军，先从天津小站起家，小站练兵也与袁世凯一生紧密联系在了一起。小站原名新农镇，位于津沽铁路之间，离天津三十多公里，很久以来就是练军之地。李鸿章镇压捻军后，曾将所部淮军于此屯田二十多年。1894 年，清廷又命长芦盐运使胡燏棻在此训练定武军。定武军是甲午战争期间组成的一支洋式陆军，由德国人汉纳根担任教官，根据德国陆军操典训练。定武军共十营，计步队 3000 人，炮队 1000 人，马队 250 人，工程队 500 人，共计 4750 人。袁世凯于光绪二十一年（1895 年）十一月初一日带着随从到达小站。在与胡燏棻办理了交接仪式后，正式接管定武军，并奏请将定武军改名为新建陆军。

袁世凯上任后，随即派人到山东、江苏、安徽、河南等地招募了 2250 名步兵，300 名骑兵。这样，袁世凯的手上就有士兵 7300 人。袁世凯迅速呈

---

① 《大清德宗景皇帝实录》卷三七八。转引自来新夏等著：《北洋军阀史》，东方出版中心 2016 年版，第 106 页。

② 周溯源：《北洋军阀鼻祖袁世凯》，黑龙江人民出版社 1997 年版，第 42 页。

报设立督练处，自领督练官，并根据实际情况创新军制。袁世凯关于小站练兵的创新之处主要体现在以下几个方面：

一是募兵制度的创新。袁世凯在招募士兵中，订立规则，防止滥竽充数，提高招募标准，提升士兵素质：（一）年限廿岁至廿五岁。（二）力限平托一百斤以外。（三）身限官裁尺四尺八寸以上。（四）步限每一时行二十里以外。（五）取具邻右保结。（六）报名家口住址。（七）会吸食洋烟者不收。（八）素不安分，犯有事案者不收。（九）五官不全，足手软弱，体质多病及目疾者不收。[①] 募兵重资格，重条件，这为后来的征兵制度奠定了基础。

二是军营建制的创新。袁世凯参照德国和日本的军营建制，打破旧军队不分兵种的现象，分步、炮、马、工程、辎重各兵种分别建制。其中步队5000人，分左右两翼，左翼二营，右翼三营；炮队1000人，分右翼快炮队、左翼重炮队和接应马炮队三个队；马队500人，分四队；工程队500人，分别负责桥梁、地垒、电雷、修械、测绘、电报。这军营建制，既便于士兵的专业训练，提升士兵的作战能力，又便于军队的管理，发挥各营所长。这些军营建制，也为军事的近代化奠定了建制的基础。

三是军事技术的创新。在军事装备上，袁世凯大胆采用西方的先进技术，设备全部换成了从国外购置的步枪、马枪和快炮。

图 2-14　小站练兵园旧址

四是军制建设的创新。袁世凯入主小站后，就着手制定军律，申明军律为第一义，照兵律成宪，刊发各营，使兵丁皆得持诵，

① 转引自冀满红、刘文军：《浅议幕府在袁世凯练兵活动中的作用》，载苏智良、张华腾、邵雍主编：《袁世凯与北洋军阀》，上海人民出版社2006年版，第289页。

并遴选派执法营务处，秉公纠察，让兵丁皆知法而兢兢用命。改放军饷模式，不许营员经手，不至营私，改由营员按名点发，杜绝冒名顶替、扣发军饷、舞弊截留、中饱私囊等现象。规范军械管理，各营器械，均归一律，调曾习械学者充当，专人负责。加强思想教育，士卒须以忠君爱民为首务，全在为将者勤加训练，设听令公所，将兵丁分类集中讲训，编四言文字，编《训将要言》《训哨弁要言》《训兵要言》及《劝兵歌》等刊发各哨，令兵丁熟诵，强化兵丁忠君爱民思想。强化军事训练，以步法、手法、阵法、操法为要务，模拟对垒遇敌之状进行军事演练，提升兵丁作战能力。设立军人抚恤制度，在营病者及作战伤者，由医局诊治给药，分等给赏，照发银饷；病故者，给予埋葬费用，并支家属薪水；阵亡者，赏饷薪二年，并抚恤家属。设立奖赏选拔制度，每届年终，择其操练勤能者，分别赏给功牌，达部注册。更改军服，概不准穿长衣，以利便短服以主，统一着装。袁世凯的这些军队制度建设，是近代军事制度的基本内容，确有可取之处，影响深远。

五是军事教育的创新。袁世凯小站练兵时，一个显著的特点就是将兵丁训练与新式学堂教育结合了起来。新建陆军中有炮兵、步兵、骑兵、德文四所随营学堂，统称“行营武备学堂”。袁世凯亲自拟定兵官学堂试办条规，详细规定学堂教学的内容，纪律，考试，奖励、选升办法等：（一）千军易集，一将难求。本军添设学堂，专为造就将才起见。挑选学生，必须质敏体健，相貌魁梧，性情忠实，兼能粗通文艺者，始准入选。倘有不堪造就者，即随时降革。（二）诸学生应学兵法、枪炮、算学、测绘、地理及战阵攻守各法，按季会考，分别擢奖。诸生等须视为切己之学，认真研求，力图上进。（三）学生季考有连列三次优等者，遇有哨官长缺出，当即派补。倘学生仍有未竟，或年纪太轻者，酌加薪水，以资鼓励。……（四）每月考试，按每日功课分数，汇入月考分数内，评定甲乙，列优等第一者奖银十两，次则分等酌给。凡考列第一者，除给奖银外，仍记赏功牌；俟周年大考后分别请给，二年汇请保奖。诸教习并宜各立簿册，分别详记诸生功过。考时汇查功过多寡，分数亦随之加减。……（五）凡考试由监督命题，会同汉洋教习扃门面试，不准交头接耳及夹带课本，交卷后放出，次晨再验看操演各法，评定甲乙，其每月课卷，由监督分派诸汉文教习，改正文理字画并缮写格式。……袁世凯所订这些军事教育条规，皆为近代军事学校教育的始创性条规，意义不言而喻。当时就有日本记者称赞此举时说："当时支那（支那，乃帝国主义列强对中国的蔑称，为保留原貌，不做改动）之八股时文尚未废弃，稍通文墨者，多不肯入学堂。名学堂曰洋学，而武学尤为人所轻贱。袁皆竭力提倡，优其奖励，许人以不次超迁，于是五六品文官以及举贡生监则愿入堂肄业。支那此风之开，实自袁始。"[①]

袁世凯小站练兵，重点是向德国学习，延聘德国教官十余人。德国的军事建设在当时的世界，较为先进。袁世凯聘德国人巴森斯负责全军训练，伯罗恩为德操教官，祁开芬为炮队教官，慕兴礼、魏贝尔为德文教官。全军皆按德国陆军教条进行训练。开设的学堂中，也都聘请德国军官担任总教习。学生毕业后，可赴德国留学。袁世凯虽重向德国学习，延用德国军官，但不想受人要挟，订立洋员应遵守条规，明确雇佣关系，以约束洋员：（一）各洋员在操场稽查队伍，擅责兵丁，准由各本队官弁随时控报。凡洋员在营当差，自应遵照合同，恪守礼法，定章尤宜遵守，若意在吹求，肆打华人，殊属有违礼法，玩忽功令，亟应按照合同撤退。如洋员平日办事勤奋，初犯此禁者，加宽扣罚一月薪水二十分之一，以示簿警而观后效。（二）凡本军当差洋员，雇用之华人，如有违犯等事，准由各该洋员将违犯情由叙明，移交地方官按律严办，切不准擅打华人致失体面。倘违定章，则非但不守礼法，且实不遵约束，定按照合同撤罚。（三）每遇考各队及比较各营之期，由督操营务处知会洋员，随往操场，将各营队操演弊病分析注记，即日送呈核办。（四）查操时刻，应照督操营务处知会限定时刻，不可迟误。（五）往稽查所带翻译，及同往官员，见统领官均用平行礼接待。（六）每到一处，督操官或领官，应将该管各兵调列横阵，告之人数，哨官长归队立正，即查验人数是否相符，年貌衣服军器是否一律整洁，并所操各法是否合法，详细注

① ［日］佐藤铁治郎：《一个日本记者笔下的袁世凯》，孔祥吉、村田雄二郎整理，天津古籍出版社 2005 年版，第 120 页。

图 2-15　小站练兵史馆内的蜡像

明，每日向晦前呈送核办。（七）查操至操场时，下马与各官见礼，受人数单后，准其骑马稽查队伍，惟不得驰骋以防碰人。（八）稽查各事，只可注记明晰，呈送酌核，妥定后发交各营照办，克期改正，不得擅自传调。（九）应往各营地段，由督操营务处分日指明前往。（十）须遵守督练官所发规条办公，不得干预他事。这些条规，明确规定了洋员的工作任务，办事的礼法、权限等。显然，这些洋员只是袁世凯雇佣而来的，是负责督操教练士兵的，其他的事情一律不能干预。这较之前，一说西法，就唯洋人是听，一说洋人，就唯命是从，确有本质区别。“故袁虽用外人，终不受挟制”。[①]

小站练兵，是袁世凯练兵的起点，也是新军建设的开始，虽事事草创，事情繁杂，但袁多能迅速理清思路，立章建制，而且皆有创新可取之处。“自乙未冬接练新建陆军，规模草创，头绪棼如，日与诸将悉心讨论，相期扫除颓习，凡军中一号一令，无不心摩手定。”[②] 小站练兵因此也成为中国近代史中的一个重要事件，小站练兵培养了一大批近代新军事人才和将领，加速了旧军队的淘汰，对中国军队的近代化产生了非常重要的影响。

严肃军纪，培植势力

甲午战败，原因众多，但军纪不严，是其中重要的原因之一。甲午

① ［日］佐藤铁治郎：《一个日本记者笔下的袁世凯》，孔祥吉、村田雄二郎整理，天津古籍出版社 2005 年版，第 54 页。

② 袁世凯：《新建陆军兵略录存·序》。

战事刚起，李鸿章调爱将叶志超汉城之南的牙山大军赴平壤，准备与日军对峙作战。但叶志超居然抗令不从，认为北上是危险的，就在牙山按兵不动。最后，部队遭日军围攻袭击，溃败惨烈。但叶志超却向李鸿章报告说“大胜日军”。叶志超名声还算不赖，而像卫汝贵，就简直是目无军法了。甲午战争爆发后，清政府派卫汝贵的盛军（李鸿章直系周盛波的军队）十三营到朝鲜。朝鲜民众本以为“王师至”，夹道欢迎。但谁想到，就是这些“王师”，竟辜负了朝鲜民众。兵官上街掠夺民财，欺凌妇女，役使壮丁，无恶不作，“朝民大失所望”。官兵之间也是“置酒高会”，大敌当前，竟然还歌舞升平，全然不顾战事，而饮酒作欢。这样的军队，不败，怪也。袁世凯虽未身处作战最前线，但也多少知道军纪之腐败，所以当他与周馥在关外筹措军之粮草时，就不时跟周馥讲，清军必败。袁世凯深知军纪之重要，小站练兵后，他遂严肃军纪，以军纪管人，军之面貌大为改观。同时，他借助严肃军纪，严格官兵等级，培植亲信势力。

袁世凯小站练兵时，颁布了不少条规，这些条规无外乎一是技艺，二是军律。袁世凯知道，治兵之道，当以军律为第一义，而且讲军律，最主要的是一个严字。在袁世凯的主导下，营务处拟订了《冬春两季操练课程》《兵丁驻扎营内暂行章程》《操场暂行规则》《出操条规》《行军暂行章程》《夜战防守暂行章程》《打靶法式》《步队操法》《炮队操法》《马队操法》《简明军律》等，其中《简明军律》简明扼要，相当严厉：

（一）临阵进退不候号令及战后不归伍者，斩。

（二）临阵回顾退缩及交头接耳私语者，斩。

（三）临阵探报不实，诈功冒赏者，斩。

（四）遇差逃亡，临阵诈病者，斩。

（五）守卡不严，敌人得以偷过，及禀报迟误，先自惊走者，斩。

图 2-16　小站内士兵在操练

（六）临阵奉命怠慢，有误戎机者，斩。

（七）长官阵殁，首领属官援护不力，无一伤亡，及头目战死，本棚兵丁并无伤亡者，悉斩以殉。

（八）临阵失火误事者，斩。

（九）行队遗失军械，及临阵未经受伤，抛弃军械者，斩。

（十）泄露密令，有心增减传谕，及窃听密议者，斩。

（十一）骚扰居民，抢掠财物，奸淫妇女者，斩。

（十二）结盟立会，造言惑众者，斩。

（十三）黑夜惊呼，疾走乱伍者，斩。

（十四）持械斗殴及聚众哄闹者，斩。

（十五）有意抗违军令及凌辱本管官长者，斩。

（十六）夤夜窃出，离营浪游者，斩。

（十七）官弁有意纵兵扰民者，斩。

（十八）在营吸食洋烟者，斩。

（十九）夜深聚语，私留闲人，酗酒赌博，不遵约束，有寻常过错者，均由该管官酌量情节轻重，分别插箭责罚。

（二十）凡兵丁犯法，情节重大者，该管官及头目失察，均分别轻重参革、责罚、记过。①

---

① 侯宜杰：《袁世凯三部曲·第二部宦海浮沉》，线装书局 2008 年版，第 28 页。

从这二十条简明军律来看，涉及方方面面，既有严惩临阵逃亡的兵丁条律，又有长官的问责制；既规定兵丁不得骚扰居民，掠夺财物，又约束官弁当严加管制，不可纵容。军队面貌随之威震。后来有些史学家，对于袁世凯的严明军律大不以为然，认为就是袁世凯“一手拿着官和钱，一手拿着刀”的结果，《简明军律》也是“严刑峻法”，“竟然规定了 18 条斩罪”。[①] 其实，对于军律，是严好呢，还是松好呢？大家都自有明断，切不可因为袁世凯后来的一些品行，而对其早期的军律建设一概抹杀。恰恰相反，新军之所以为新，军律建设是其中显著的特征。袁世凯自己说：“新军不光是旗帜服装新，武器装备新，军容军纪、操法枪法更应该新。”这可谓抓住了问题的本质。

袁世凯不仅制定了严明的军律，而且在执行的时候一丝不苟，不给任何情面。一次，袁世凯观看野战演习，颇为不满，立刻对带兵的高级军官龚友元、任永清、冯国璋、曹锟等十余人一起处罚，有功者均销去记功一次，无功者先行记过一次。步兵营统带徐邦杰因没有对原募兵士的部分籍贯查明更正，犯了玩忽职守罪，被销去记功一次；左队领官赵国贤，降为代理。

图 2–17　小站练兵时的袁世凯

袁世凯为了严肃军纪，形成军队绝对服从命令的思想，大量重用亲信，以更好效忠自己。袁世凯所用之人，据学者考证，大抵为以下三类：第一类是追随他多年的“亲朋旧部”，如刘永庆，袁表弟，担任新建陆军粮饷局总办兼转运局总办，掌管全军粮饷军械大权；吴长纯，袁世凯老部下，担任新建陆军步兵右翼第二营统带。还有

① 周溯源：《北洋军阀鼻祖袁世凯》，黑龙江人民出版社 1997 年版，第 49—50 页。

图 2-17 段祺瑞

吴凤岭、雷震春、江朝宗、王同玉、赵国贤、王凤岗、徐邦杰、唐天喜等人亲朋旧部，都得到高升，分别担任了新建陆军的统带、领官、哨官和哨长等职。第二类是北洋武备学堂的毕业生。李鸿章创办的北洋武备学堂，是当时国内最大的一所陆军学堂，毕业的学生大多能掌握一些近代段祺瑞军事技术，但不受重用，毕业后大多被派入淮军中长期担任教习，无实权，升迁慢。袁世凯将他们召至新军后，破格提拔，授以训练或指挥大权，从而实现他们的抱负，也更加效忠袁世凯。这些人中著名的有王士珍、段祺瑞、冯国璋、曹锟、张怀芝、段芝贵等，这些人在袁世凯的提携下，后来都成为北洋的中坚力量。第三类是淮军旧将。袁世凯向以淮军的后继人自视，广为招纳淮军旧将。如重用曾隶袁甲三部镇压捻军的姜桂题，重用原是宋庆军的张勋，重用原是淮军胜字左军的任永清，对李鸿章推荐的淮军人才阮忠枢也格外器重，收为幕僚。[1]

纵观袁世凯重用的这些亲信，绝非无能庸碌之辈，唯唯诺诺之奴才，而是确有不少能人。袁世凯是特别爱才，特别善于吸纳人才、提携人才、帮助人才、接济人才的。徐世昌，袁世凯的幕僚之一，曾得袁世凯资助一百两纹银，得以赴京应试。袁世凯小站练兵，多仗他从中参谋。1904年，袁世凯创建警察时，就极力推荐徐世昌出任巡警部尚书，负责京师的治安，为近代警察制度建设，做了不少实际的工作，1907年，东北改设行省，徐被任命为钦差大臣，东三省总督兼管三省将军事务。其时东北处于

① 周溯源：《北洋军阀鼻祖袁世凯》，黑龙江人民出版社 1997 年版，第 45—48 页。

日俄战争之中，处境困难，但徐世昌采取了开商埠、借国债、修铁路等一系列措施，并在东北推行新政，以此来抵制日俄对东北的控制。1909 年，徐世昌调任邮传部尚书，京浦铁路督办，为近代铁路的建设作了许多贡献。袁世凯死后，徐世昌更曾一度担任总统，在推动北洋军阀南北议和上也做了不少努力。王士珍，带兵训练自有一手，果敢无畏，曾有北洋“三杰之龙”的美誉。1905 年，清政府抽调两万余北洋陆军在直隶河间府举行秋操，任命王士珍为总参议兼操练处军政司正使，整个操练几乎是在王士珍指挥下进行的，自始至终井井有条，大得各方称颂。各国被邀往参观者，无不赞赏王士珍的调度才能。1917 年，孙中山就任广州护法军政府大元帅，宣布段祺瑞为民国叛逆，出兵北伐，开始了护法战争。段祺瑞气势汹汹地要武力统一南方，而冯国璋则主张和平解决，提出“和平统一”排斥段祺瑞，段不得不于 11 月 15 日辞职。王士珍赞成冯国璋的“和平统一”政策，冯于 19 日任命王为北洋政府国务总理兼陆军总长。王士珍达到了他政治生涯的顶峰。段祺瑞，在天津武备学堂时就异常优秀。1889 年春，到德国，以官费入柏林军校。在用一年半时间系统学习理论课程后，又单独奉派入克虏伯炮厂学习半年。克虏伯炮厂是当时世界上第一流的兵工厂，他在这里耳濡目染，有了实践的机会，获益匪浅。1890 年年底，段祺瑞学成归国，任职北洋军械局。次年，调往威海，任随营学堂教习。袁世凯小站练兵时得以重用，有北洋“三杰之虎”的美誉。袁世凯就任中华民国总统后，段祺瑞被委以陆军总长，成为袁世凯政权的主将。但后来袁世凯称帝，段祺瑞是反对的。袁世凯称帝之所以早早结束，段祺瑞的辞职、不合作及暗中抵制发挥了不可忽视的作用。冯国璋，也是“北洋三杰”之一。官至中华民国副总统，代

图 2-19 北洋“三杰之龙”王士珍

理大总统，在讨伐张勋的运动中，做了不少实际的事情。当然，袁世凯培植的这些势力，在他死后，因为群龙无首，各自以为自有能耐，爆发了军阀战争，给百姓带来了深重的苦难，这是袁世凯所不能预料的，也是令人遗憾痛心的。

练兵有成，声名鹊起

中国封建社会是个关系网的社会，要想立身于官场，站队是非常关键的。晚清以来，先有曾国藩的湘军集团，曾国藩集团在平定内乱中，让不少人展示了身手，获得提升。李鸿章就是这其中的受益者。曾国藩死后，李鸿章主导中国内政外交。在李鸿章门下，洋务运动和自强运动迭起，有抱负者，也都有一番作为。袁世凯也是在李鸿章的直接提拔下，才有了日后的作为，直至成了集团的首脑。袁世凯早年投身庆军，在朝鲜得到李鸿章特别的信任和垂爱。甲午战败后，虽然李鸿章集团失利，但李鸿章本人对袁世凯还是爱护有加。袁世凯不仅躲过了问责，而且从帝党到后党，从中央枢要到封疆大吏，从清流派官员到新兴的改革派，对他都抱以希望，光绪帝依他为干城，维新派引他为同道，后党则视他为心腹。袁世凯迅速成了一股新兴的政治力量。这也就有了后来的袁世凯集团。袁世凯集团可谓晚清的支撑柱石，袁世凯集团一倒，清朝就土崩瓦解。从曾国藩到李鸿章再到袁世凯，这三个晚清的关键人物的活动，几乎书写了一部完整的晚清的历史。

中国事情难办，官场规则古怪，碌碌无为者，可能是各方都可以接受的，一旦出类拔萃，就引来关注，引来非议，正可谓枪打出头鸟。袁世凯入主小站练兵，严格军律，一切皆仿西法训练新军，军队面貌为之一振。袁世凯自己也是每日与士卒共奔走，事无巨细，无不亲躬。但非议也因此而起，“时清之朝野上下，开通寥寥其人，见袁所为，或者骇异，或者腹诽，甚或明加指谪。训

图 2-20　荣禄是继李鸿章之后，对袁世凯有知遇之恩的重要人物。

练未久，即生种种谣言。”[①]袁世凯的手段一贯果敢，自负孤傲，年轻气盛。小站练兵后不久，即给李鸿藻去信说，自愿归荣禄节制："盖练兵事极杂沓，在在均应讲求，必须有威信素孚之重臣，通盘筹划，彻底考核，始可有补时艰，否则断难立国。反复筹思，每至彻夜不寐，因具禀拟恳军务处堂宪，奏请简派重臣，专司练兵。凯得追随秉承，庶免陨越，倘蒙邸堂采纳，可否乞商请荣大司马，肩此重任。大司马忠义为怀，明达事理，必可补偏救弊，措置裕如。……"[②]此时，李鸿藻、荣禄、翁同龢同为军务处大臣，袁世凯给李鸿藻写信说，直接点名要让荣禄专司练兵，而且对荣禄还大加夸奖，李鸿藻的感受可想而知。于是袁世凯在清流派那里也打了折扣，非议渐多。

而此时，袁世凯为了严肃军纪，治军手段也更是严厉，杀几人是免不了的。当年他一到庆军，就开始杀人整顿军纪了，如今统率几千人的大兵，手握兵丁生死大权，自然气盛专横。为了推行军事化管理，袁世凯还在军营驻地，贴出告示，禁止社会闲杂人员进入军事重地。时有当地一卖菜老汉硬要进到营中要账，结果被卫兵打死。死者家属大闹，要袁世凯交出卫兵偿命，袁世凯不肯，说老汉被打死活该，军中重地岂能随便闯入。死者家属请当地官绅出面索要赔偿，袁世凯也说无奈，不能赔偿。死者家属又闹到地方衙门，地方衙门也无奈，不敢拿袁世凯怎么样，最后只好由当地县衙拿出银两抚恤家属。这事闹得沸沸扬扬，大家都觉袁世凯嗜杀擅权，滥杀无辜，且霸气专横。于是就有御史胡景桂在李鸿藻的支持下，借机上书参劾袁世凯，称袁世凯虚縻国帑，凡兵

① ［日］佐藤铁治郎：《一个日本记者笔下的袁世凯》，孔祥吉、村田雄二郎整理，天津古籍出版社 2005 年版，第 56 页。

② 《李鸿藻存札》（外官禀）。

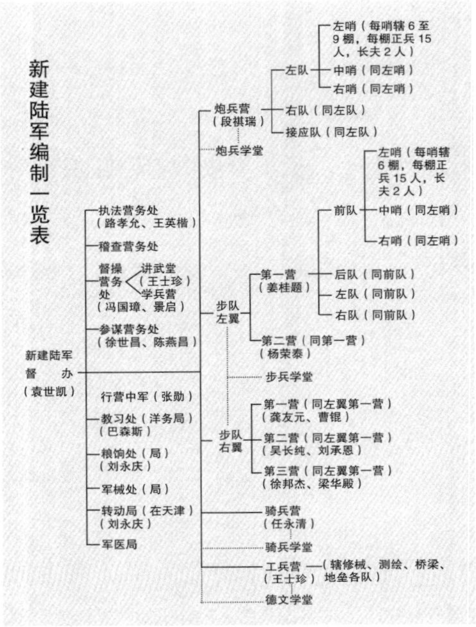

图 2-21 新建陆军编制一览表

丁衣帽，营官服色，营房规制，悉仿泰西，自称练兵大臣，嗜杀擅权，性情谬妄，克扣军饷，诛戮无辜，强占良田，扰害地方，贿赂成风，任人唯亲，训练新军，形同儿戏等。光绪帝随即派荣禄查办。

胡景桂的参劾让袁世凯顿然紧张起来，本来他是无所顾忌的，有如当年在朝鲜，想放开手脚大干一场，却遭来非议，受到参劾，深感办事之难。好在是荣禄负责查办。荣禄对袁世凯十分宠爱，袁世凯的拍马之功让荣禄也觉舒服。荣禄抵达天津小站后，就有“此人必须保全，以策后效”[①]的先入思想，所以就去观看士兵的操演，并对袁世凯的新军训练大为赞赏。回京后，荣禄只提袁世凯的部队确实有擅杀过营外卖菜老汉之事，但胡景桂所参其他各条均有出入，最后竟以查无实据复奏，并且还对袁世凯赞赏有加，说袁世凯所练新军，“尽洗从前勇营之习”“查该道员血性耐劳，勇于任事，督练洋操，选拔精锐，尚能不遗余力，于将领中间为不可多得之员”。[②]由于荣禄的保全、庇护，袁世凯总算有惊无险，躲过一劫，而且得到肯定。就在荣禄核查后回京不久，光绪帝颁谕称：

> 前据御史胡景桂奏参袁世凯营私蚀饷各款，当经派荣禄驻往查办，兹据查明复奏，袁世凯被参各款，均无实据，即著毋庸置疑。新建陆军督练

① 陈夔龙：《梦蕉亭杂记》卷二。

② 荣禄：《为尊旨查明督练新建陆军道员袁世凯被参各节据实覆奏折》，光绪二十二年五月十一日。

> 洋操，为中国自强关键，必须办有成效，方可逐渐推广。袁世凯此次被参各款，虽经荣禄查明，尚无实据，惟此事关系重大，断不准徒饰外观，有名无实，为外人所窃笑。袁世凯勇往耐劳，于洋操情形亦尚熟悉，第恐任重志满，渐起矜张之习，总当存有则改之，无则加勉之心，以副委任……[①]

荣禄对袁世凯确有“再造”之恩，袁世凯对荣禄也是感激涕零。袁世凯在关键的时候，总是有贵人相助，袁世凯自步入社会，先后分别在不太长的时间内，即获得诸如吴长庆、李鸿章、荣禄等人的赏识与青睐，“这说明了袁世凯的才具确有某些过人之处，并非仅靠投机取巧、耍流氓手段就能取得。当然，其中自然有机遇和人缘因素。但站在机遇和人缘面前的人恒河沙数，能够把握住它们脱颖而出者，又有几许。机遇和人缘，同样是建筑在人的才具基础之上的。”[②]

袁世凯堪称中国近代陆军之父。虽然练兵伊始，清廷并没有把新军的领导权都交给他，在袁世凯督练新军的同时，又委派满人荫昌挑选八旗精壮子弟入天津武备学堂，“预储他日将才之用”，但袁世凯入主小站后，确有两下子，所练新军确实有别于旧军，小站练兵的建制、军律等，为近代军事的发展奠定了基础。袁世凯也因小站练兵而声名鹊起。胡景桂参劾事件后，朝廷不但没有问罪，而且袁世凯还受到慰勉，于是大家似乎明白了风向，对袁世凯之非议渐少。袁世凯也确实更为卖力。

清廷对袁世凯的新建陆军的确寄予很大的期望，朝廷不惜花重金在新建陆军上，就是希望新建陆军能使中国自强。而且从当时的实际情况来看，新建陆军名声最大。虽然此时还有张之洞在南京编练的“自强军”等，但“自强军”等其他新军多渐渐萎缩，成不了气候。慈禧和光绪帝对袁世凯的新军也格外垂爱，甚至打算亲自去天津检阅部队。1897 年 7 月，袁世凯因练兵有功，晋升为直隶按察使，仍专管练兵事宜。

---

① 《德宗景皇帝实录》卷三九，第 11—12 页。

② 袁世凯原著，骆宝善评点：《骆宝善评点袁世凯函牍》，岳麓书社 2005 年版，第 121 页。

袁世凯小站练兵的成功，不仅朝廷对此褒奖勉励，而且在列强中也赢得掌声。日本、沙俄、英国等列强均派员到袁世凯军营中考察、参观，对新建陆军赞赏有加，“操法灵熟，步伐整齐，以及旗帜之鲜明，号衣之洁净，莫不楚楚可观”；对袁世凯也多有溢美之词，称袁世凯“以儒生而为名将，多学多能，亦廉亦勤，聪明胆识，兼而有之”,“忠君爱国之心，溢于言表”。[①]“一举足万足齐发，一举枪则万枪同声。行若奔涛，立如植木”。[②]这些都为袁世凯培育了更为雄厚的军事实力，提升了威望，这也为他日后的仕途铺平了道路。

维新蓝图，真知灼见

晚清以来，中国港口一直是列强入侵、争夺的重点。港口是开放的重点，也是近代以来经济发展最具潜力的地域。甲午战败后，日本捷足先登，占领了台湾、朝鲜，而两地都有天良的海港，这为它日后向东三省进军和向东南亚推进搭起了跳板。列强们自然不愿看到日本在中国势力的独大，都想分杯羹。《马关条约》刚签订六天，俄、法、德三国联合照会东京，提出警告说，日本占有辽东半岛将威胁北京的安全，使朝鲜独立成为欺人之谈，遂要求日本交还中国辽东半岛。这“三国交涉”的始作俑者是沙俄。沙俄当然不是为了“北京安全”才警告日本的，而是自己看中了辽东半岛南部的两个不冻港大连和旅顺。英国在东亚有香港，法国在东亚有北部湾，德国自然也要寻得一块可以“过冬”的基地。于是在光绪二十三年（1897 年），德国以两名德国传教士在山东被杀为借口强行公然占领觊觎已久的胶州湾，并迫使清政府将其出租给德国，租期 99 年。德国的这一野蛮行径，再次敲响了民族存亡的警钟。面对瓜分豆剖，任人宰割的危局，许多有识之士纷纷向朝廷上书，痛陈利

① 周溯源：《北洋军阀鼻祖袁世凯》，黑龙江人民出版社 1997 年版，第 55 页。

② 中国史学会编：《中国近代史资料丛刊·戊戌变法》（二），神州国光社 1953 年版，第 338 页。

害，吁请变法，维新图强。在这种情况下，袁世凯也进一步勾勒出了自己的维新蓝图。

图 2-22 胶州德国总督府

在小站里练兵的袁世凯，既埋头练兵，也抬头观察时局。1897 年，德国入侵胶州湾后，袁世凯就马上撰写了“帖子”交给翁同龢：“德人以三巨舰闯入胶澳，据为己有，设巡抚以镇之；又遣其亲王济师，是不但显无退志，恐彼亲王到后，更不知有何变局。山东滨海要地，介居南北洋之中，使他族逼处，则海道有隔绝之患，我之海军，势将永不克振。”[①] 胶澳即胶州湾，位于山东半岛南部，有南胶河、大沽河等注入。湾内港阔水深，风平浪静，海水终年不冻，为天然优良港湾。湾口为青岛港。对于胶澳被占，袁世凯深感痛惜，并且担心“德人既发难于先，诸国将效尤于后，沓来纷至，群起而与我为难。……此诚可危之甚也”[②]。袁世凯的担心不无道理，德国之后，确有英国租借威海卫，为期 25 年，租借了拓展的九龙新界，为期 99 年，此外还从清政府那里取得不将长江流域让与他国的保证。本来已经夺走了台湾的日本，还得到不让福建割给其他国家的保证。法国则以 99 年为期，“租借”走了广州湾，并在云南和两广建立了自己的势力范围。

① 袁世凯原著，骆宝善评点：《骆宝善评点袁世凯函牍》，岳麓书社 2005 年版，第 113 页。

② 袁世凯原著，骆宝善评点：《骆宝善评点袁世凯函牍》，岳麓书社 2005 年版，第 114 页。

面对中国被瓜分的危局，袁世凯再次提出了变法图强，维新救国的迫切主张：

> 自甲午军兴以后，朝野士庶，凡识时务之辈，莫不争以变法为言。陈事者条说甚详，而饬下各行省遵办者，亦复指不胜屈。乃因仍迁就，迄未有实而见诸施行者。庙堂亦优容勋旧，不加督责。似此变法，恐终未有其期。然而事变迭乘，人不我待，痛切于剥肤，厄甚于倒悬，何可不幡然振厉，以图挽回补救与万一。
>
> 易曰："穷则变。"此其时矣。第于积重之秋，骤行变法之政，兹事体大，猝难毕举。而究其所最要者，如用人、理财、练兵三大端，实属瞬刻不容稍缓。诚就斯三者而实力变革，汰其宿弊，矫其积习，用以培养元气，护持根本，二三年间，可望自立。纵不能抗拒群雄，保我全局，而画疆自守，政自我出，犹可多存数千里土地人民，以为异时徐图恢复之计。[①]

此篇说帖，虽有"变法空"之评，但也足见袁世凯对变法图强心之迫切。相比当时不少士大夫们上书朝廷，陈述对时局的看法，袁世凯此帖还有"论各国情形甚当"[②]的可取之处。袁世凯在他的说帖中称："论者谓，中国贫弱，不堪用武，亟宜阴嗾他国兴师助我，当可驱逐德人，抑或商准各国开口通商，即可公处胶澳。此恐未能嗾群雄之斗、饱群夷之欲也。何者？俄、法向有密约，英、倭近复缔交。四国各有党援，势若分成两敌，以德之中立也，于是彼四国者，莫视其向背，以为轻重。夫彼方重之，即安得而背之。虽俄人与我关系较重，睦谊较敦，然唯利是视，又岂肯舍公法局外之例，爱我仇德，使

---

① 袁世凯原著，骆宝善评点：《骆宝善评点袁世凯函牍》，岳麓书社 2005 年版，第 114 页。

② "变法空。论各国情形甚当。"是翁同龢在阅袁世凯说帖后的批语。参见袁世凯原著，骆宝善评点：《骆宝善评点袁世凯函牍》，岳麓书社 2005 年版，第 115 页。

德、英合谋，增树勍敌，以自诒伊戚也哉。是诚有以知其必不然矣。且也俄已俨然认东北数省入其版舆，英复隐然视大江南北在其掌握，倭窥浙、闽，法图滇、桂，鹰瞵虎眈，各奋得时则驾之志。”[1] 袁世凯对于时局的判断，对于各国与中国关系的论述，基本是符合实际的，也是有远见的。时有论调，说俄乃中国之友邦，尤其是《马关条约》签订后的“三国交涉”事件，让不少中国高级官员为之感激涕零，张之洞、刘坤一等人纷纷赞成联俄。李鸿章对俄本来就格外垂爱，在这股潮流的鼓动下，已经失宠的李鸿章还得以出访俄国，与俄签订密约，让俄国把铁路修筑到中国的海参崴，并全权负责铁路沿线的一切事宜。不久后，俄国还觉不饱，强占旅大，康有为等人再度提出，“请尽开沿海口岸，以利益各国”“许其便地通商，公众共保，则俄人亦也不能独肆要求”。康有为还把“以夷制夷”的策略视为中国的“救世良方”，希望借助各国相互争夺，以便让中国渔翁得利。“以夷制夷”是李鸿章长期以来的外交策略，甲午战败就知道此丹不灵了。袁世凯经过朝鲜的历练，经过甲午战败的洗礼，看问题的确更为成熟。他知道俄国的野心意在东北。而其他列强，也不会在相互竞争中，让中国得利。长期以来奉行的“以夷制夷”的外交策略，在袁世凯看来已经是与虎谋皮，是行不通的。“当时，国际局势的发展证明了康有为及其同伴们的建议大多是一厢情愿的书生空谈，而袁世凯对中外关系的论说却多有真知灼见。”[2]

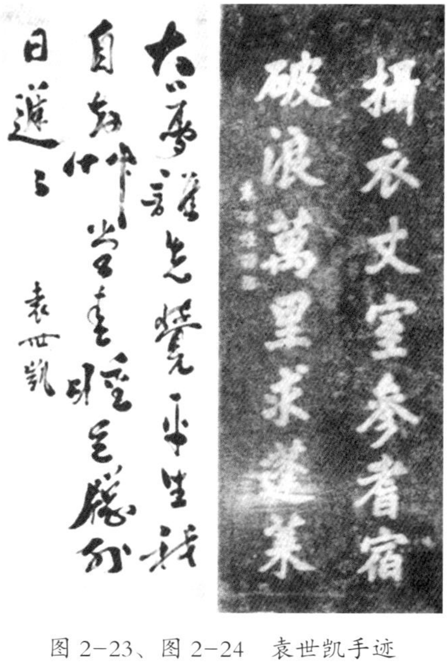

图 2-23、图 2-24　袁世凯手迹

① 《上翁同龢变法说帖》，光绪二十三年十二月初七日。

② ［日］佐藤铁治郎：《一个日本记者笔下的袁世凯》，孔祥吉、村田雄二郎整理，天津古籍出版社 2005 年版，第 305 页。

袁世凯这一说帖确实较空，“其实只是变法上书高潮中的一个表态”[①]。但半个月后的第二个说帖，就提出了较为可行的维新主张：

>……然中国目今情势，舍自强不足以图存，舍变法不足以自强，一国变可保一国，一省变可保一省。纵不能合朝野上下，一一舍其旧而新是图，而切要易行之端，要当及时，而力求振作，似宜先遴饬二三忠诚明练督抚，姑参仿西法，试行变革，于用人、理财、练兵三大端，责其所为，不以文例相绳，不为浮言所动，期以年限，专其责成，俟有成规，在迅饬各省循法推广。……傥能严饬各疆臣，破其痼蔽之习，认真变法，实事求是，不出十年，可冀自强，五洲各国，孰敢蔑视，即或勋旧疆臣，未便屏弃，因可厚禄以养之，崇秩荣之，至天下事非才不理，断不宜值此累卵之危，使膺国家之繁剧，而托诸优游之岁月，以致误国误民，并误其身，得失利害，较然可见。……[②]

袁世凯的这些维新主张，虽然还有些笼统，深度和系统性都不及1895年7月给光绪帝的《尊奉面谕谨拟条陈事件呈》（上已介绍），但袁世凯这次的说帖相对当时众多的变法主张，也有其可取之处。后来的学者们把袁世凯的这次说帖，与康有为、梁启超等人的维新变法主张加以对比，得出了耐人寻味的结论：[③]

（一）康有为等人主张变法从中央政府改起，而袁世凯主张从地方开始。康有为在《外衅危迫，分割洊至，宜及时发愤大誓臣，开制度新政局折》中，把效仿日本进行变法的经验归纳为三条：一是大誓群臣，而采天下舆论，取

---

① 袁世凯原著，骆宝善评点：《骆宝善评点袁世凯函牍》，岳麓书社2005年版，第115页。

② ［日］佐藤铁治郎：《一个日本记者笔下的袁世凯》，孔祥吉、村田雄二郎整理，天津古籍出版社2005年版，第307页。

③ ［日］佐藤铁治郎：《一个日本记者笔下的袁世凯》，孔祥吉、村田雄二郎整理，天津古籍出版社2005年版，第308—310页。

万国之良法；二是开制度于宫中，征天下通才二十人为参与，将一切政事制度，重新商定；三是设待诏所，许天下人上书。为了推行新政，康有为还建议在中央设立十二个新政局，诸如法律局、税计局等。不难看出，康有为的改革方案重点在中央政府的变更，而新政的核心则在于使他和同伴们进入制度局，也就是说，康有为的改革重点是使包括自己在内的维新派能在中央政府中执掌政柄。这就不能不招致慈禧等人的殊死反对。而袁世凯的维新主张，则先遴选两三个忠诚明练督抚，参仿西法，于用人、理财、练兵等方面进行改革，以期成效，待而推广各省。袁世凯的维新改革主张不涉及中央政府，循序渐进，阻力自然不大，自然能得各方接受。这也显示出，政治人物和高谈阔论的知识分子的区别，那些高谈阔论的知识分子，一提到中国的政治改革，就恨不得来个天翻地覆，彻底的革新，而对其中复杂的局面向来是熟视无睹的。而处在局中的政治改革者们，既主张改革，但也多遵循循序渐进的原则，因为他们更希望改革能少些阻力，少些动荡，最终能得以顺利进行。相比而言，谁才是真正的改革家，答案是显而易见的。维新运动如果不是康有为等人主导，如果是局中的袁世凯等人主导，维新运动或许不会失败得那么惨烈，或许君主立宪也并不是不可能的事。

（二）康、袁对改革中如何对待老臣勋旧的策略不同。康有为在变法伊始，就跟荣禄说：杀几个一品大员，法即变矣。荣禄听后怒其狂悖，就向慈禧进言：康有为乱法非制，皇上如过听，必害大事，奈何？康有为年纪轻轻，就得光绪帝赏识，正可谓得意忘形。康有为多次上书光绪帝，称新

图 2-25　康有为（左）与梁启超

旧水火，势不两立，要光绪帝采取“大举动”，以“震悚”守旧老臣。康有为毕竟书生，变法改革的深浅还没摸清，就想“大举动”，杀几个一品大臣以“儆猴”。而袁世凯毕竟是局中人，权衡利弊远在康梁等人之上，袁世凯提出的“勋旧疆臣，未便屏弃，因可厚禄以养之，崇秩荣之，至天下事非才不理，断不宜值此累卵之危，使膺国家之繁剧”，这就好比我们的改革开放，守旧之人得以厚禄养之，贤能之辈得以重用，改革就会少些阻力。在中国办事，你有时候不中庸还不行。

袁世凯给翁同龢的两次说帖，“无论从对国际局势的分析，还是改革方案的设想，都比当时的京官显得有远见卓识，变法的道理讲得头头是道，深刻感人，足见其忧国忧民，赞同新政的立场”①。

戊戌政变，背来骂名

余英时在论述宋代政治文化时，把士大夫分为两个壁垒分明的阶层：职业官僚和以弘道自命的士人。其实不光宋朝如是，中国历代传统知识分子多可作此划分。偶尔有一些知识分子身兼这两种特性，便毫无疑问成为楷模，如曾国藩。不过在维新变法运动中，像曾国藩这样的人物太少，更多是一些慷慨激昂的“名士”。他们以重建治道自命，但又身处“体制外”。他们通常自负于宏大的目标和责任，而其自身的缺陷又与这种圣徒式的使命感相违逆。这种自相矛盾的境况，使得他们时而是“坦荡荡”的君子，时而又是“常戚戚”的小人。他们的标准形态，是在人前慷慨激昂地宣示立场，仿佛非其人不足以弘道护国，但若是真的治国兴邦、兴利除弊，他们便会一筹莫展。戊戌变法，让这样的一班人领导，其结果可想而知。此时的袁世凯虽然还不能跟当年的曾国藩平起平坐，但他毕竟是“体制内”的人，多了几分成熟和考量，遂有告密

① ［日］佐藤铁治郎：《一个日本记者笔下的袁世凯》，孔祥吉、村田雄二郎整理，天津古籍出版社 2005 年版，第 313 页。

的举动。戊戌变法，后人多指责因袁世凯的背叛而失败，感慨、痛惜中国因此错过一次发展的良机——其实有些东西可能注定只能是“错过”。

戊戌变法已逾一百余年，今天重提它，仍感觉沉重。甲午战败后，康有为等读书人，多少怀着图强的信念，想通过著书立说，通过进谏，引起权力高层的重视，进而谋求到更高的职位，以便在高位上对推动国家进步贡献更多的作为。康有为自诩为圣人，在他政治活动的早期，就热衷于名利的追逐。他为了名利在撰写著名的《门灾告警折》时擅自加入了恭请慈禧继续垂帘的内容——慈禧归政后，中外臣工有紧要奏章，仍然要呈达慈禧，并在台头恭书“太后圣鉴”。也就是说，慈禧归政后，至少还要当一半的家。这一条还要请朝廷下达给九卿，一定要严格执行。后来，光绪帝器重了他，他就把慈禧晾一边了，完全站在了光绪帝这边，甚至还有“围园劫后”的计划。所以他博取功名的欲望，似乎比一般知识分子强烈些。当然这也无可厚非。因为康有为毕竟还是心怀社稷的。1895 年，当《马关条约》即将签署的时候，他就异常气愤，于是有了“公车上书”的运动。他的爱国情怀感染了不少当时的知识分子，他的名字也随之更为广泛地被人们所提起，甚至到今天，人们还在赞颂他。有些读书人金榜题名，春风得意，熟稔于仕途，就把“国家”抛到九霄云外去了，过着悠闲自在、风花雪月的世俗生活；有些读书人怀才不遇，满腹牢骚，一有机会就特别钻营，以期博取权力，过足权力的瘾；有些读书人金榜题名，心怀社稷，想以此为君为国效命。康有为不属于最前者，他科举中士，但并没有过着风花雪月的生活，而是把时间和精力放在了谋求更大作为之上。年轻的光绪皇帝确实应为我们所尊重，他确实想有番作为，所以当康有为的慷慨激昂，到光绪帝那里，马上就迸出了火花，一拍即合，顿感世间将迎来曙光，万物将为此改观，国家将富裕强盛。

康有为作为一名倡导变法图强的名士，他的变法主张得到光绪帝肯定后，就越发显示出活力。在他的鼓动下，维新变革如潮水般迅猛铺开。光绪帝也越发兴奋起来。光绪帝想迅速改变四万万中国人四千多年来的保守思

图 2-26 康有为后来一直被尊为圣人，这是位于青岛汇泉湾畔的康有为故居。

想。他要让当时连钉子都不会造的中国人开始修建铁路；他要让一向唯恐惊动神灵而不敢深耕的中国人去开采金矿、银矿、铁矿和煤炭；他要让各省都建起大学，而在过去的四千多年里，整个中国都还没建造一所像样的大学……光绪帝的想法似乎过于天真。在康有为等维新书生的鼓动下，本来主见不多的年轻皇帝，就更加失去了理智。“在短短的几个月之内，光绪要把几十个同样困难的问题都解决掉。为了解决这些问题，京城里组成了一个维新派，成员多是激进甚至鲁莽的年轻读书人。这些年轻人没有一个真正具备政治家的素质。他们其中有不少人才华横溢，但却被变法的热情冲昏了头脑，他们忘记了掌握国家大权的是统治了中国四千多年的那些思想保守的人。”①

康有为不合实际的主张，就注定了戊戌变法运动失败的结局。康有为书生意气，还担当不起领导变法图强的角色，他无论是在资历、地位，还是能力、学力、社会影响等诸多方面，还不具备戊戌变法领袖的条件，尤其缺少政治上的历练，政治上相当稚嫩、不成熟，加上性格狂放不羁，行事偏激，所以充其量他不过是一个激进的变法思想宣传家而已，终究难成大事。光绪二十四年（1898 年）四月，光绪帝推行新政，大事多赴慈禧处禀请，慈禧也多不语，由皇上亲定。但后来，光绪帝在康有为的鼓动下，越走越远，康有为为了谋取自己的势力，要革去“守旧衰谬之大臣”，大量起用少年英勇

① ［美］I. T. 赫德兰：《一个美国人眼中的晚清宫廷》，吴自选、李欣译，百花文艺出版社 2002 年版，第 174 页。

之士，这就引来守旧势力的更大反对。慈禧也就不会再袖手旁观了。要知道，虽然慈禧住到了颐和园，说放手让光绪帝自己干，但整个朝廷还不是掌握在她手中吗？涉及朝廷的重大改革她不同意，大臣们不同意，靠几个书生，结局是可想而知的。慈禧不是戊戌变法的天然反对者，甚至直到戊戌政变时，慈禧也没有完全反对变法图强，但她不能容忍的是企图通过变法夺走她手中的权力的人，她不会任由康有为来领导变法，所以当康有为欲求“速变”“全变”“大变”而四面树敌感到危机四伏时，她就选择了政变的手段，这也进一步加速了维新变法运动的彻底流产。

对于维新变革，袁世凯向来是认同的。可以说从甲午战败以来，袁世凯痛定思痛，有强烈的变法图强意识，甚至可以说，在当时的士大夫和朝廷官员中，从思想、理论主张到实践行动，还没有谁可以与他匹敌的（只是袁世凯的主张与康有为等人的主张有较大的区别，上文已作介绍了）。这也是戊戌变法中，为什么康有为、谭嗣同等维新党人邀请袁世凯入伙“围园劫后”的原因。袁世凯也因为这个，招来了背信弃义，告密叛卖的骂名，并为时人和后人所诟病。按照教科书的说法是：袁世凯为两面派人物，一面假意和维新派周旋，骗光绪帝封他为侍郎；另一面看到慈禧的势力根深蒂固，决定投靠旧党。谭嗣同八月初三夜访法华寺，会见袁世凯，游说袁举兵杀荣禄，围颐和园，对慈禧或杀或囚。袁于八月初五乘火车回天津，向荣禄告密，出卖光绪帝和维新派。当夜，荣禄赶回北京告变。八月初六晨，慈禧临朝训政，囚禁光绪，捕拿维新派，杀“六君子”，百日维新遂告失败。这说法一直延续至今，是历史学家们有意弃袁保康的结果，而且被推为“历史真实”。但事实上，这一说法疑点颇多，甚至有学者直接说，这是教科书的“杜撰”。[①] 近年来，由于历史研究的深入和档案的大量公布，戊戌政变的真相才得以大体清楚：由于政见的不同，维新运动一开始，帝党和后党就发生了不可调节的矛盾。“幽禁皇上，株连新党，

① 如中国社会科学院近代史研究所研究员马勇教授就持这种观点，见 2010 年 1 月 13 日他主讲的《还原“戊戌政变”的历史真相》。

翻改新政，蓄此心固非一日，而藉口发难，实由于伊藤之来也。”[①]

日本前首相伊藤博文来中国，御史杨崇伊等人上书请用客卿，朝臣斥为汉奸，将引外人从中取事。伊藤到天津时，矛头都指向了康有为，说皆系康有为勾引而来，将入军机矣。请外人入军机，这让守旧者惶恐不安，遂至慈禧面前说事、渲染。其中以荣禄为最。荣禄对光绪帝本来就多有藐视，一意讨慈禧欢心。慈禧获悉后，与光绪的政治权力关系出现了异动。八月初四，慈禧突然从颐和园回到宫中，政变加快了步伐，到八月初六，慈禧宣布重新训政，下令逮捕康有为等维新党人，囚禁光绪帝，政权交接完成。在宫外，维新党人觉察政变即将发生，铤而走险，密谋“围园劫后”，以挽救政治败局和维新事业。初三晚，谭嗣同到法华寺，游说袁世凯入伙。而袁世凯于初五晚在天津向荣禄告维新党人的密（荣禄是在慈禧已经发动政变之后，才从天津到北京告诉慈禧维新党人有“围园劫后”计划的）。所以，袁世凯与戊戌政变本身并无必然的因果关系。袁世凯告密的作用是，初七前后，慈禧太后确悉维新党人密谋“围园劫后”之事后，加深了政变的激烈程度。但不管怎么说，袁世凯因此都背来了骂名。

负疚不安，认真行事

中国的政治，很大程度上是建立在个人之上，而非建立在制度之上的。权力过度集中在帝王手上，帝王的喜怒哀乐，决定了百姓的命运，决定了国家的前途。所以百姓不敢奢望有个好官府，只梦想侥幸逢个好官吏，侥幸逢个好帝王。明朝后期，朱氏子孙个个荒废朝政，要么热衷于木匠的活儿，要么炼丹想长生不老。于是有了满族入主中原。清人入关后，吸取了明朝的教训，皇帝大多还算勤政，也多有番作为。康熙一统天下，勤勉刻苦，正直爱民，奠定了清朝兴盛的局面。雍正虽然兴文

① 苏继祖：《清廷戊戌朝变记》。

字狱，但也是个勤政的皇帝。乾隆虽然有点浮夸，但对国事认真以对，在他手上王朝继续显示出强盛的活力。就算晚清以来，几位皇帝也不像晚明时的皇帝那样腐朽，道光、咸丰、同治虽然也沉湎于酒色，但在列强不断入侵的情况下，国力还是朝前发展的。同治之后的光绪帝，更是远在一般“末几代”皇帝之上。正如黄仁宇所说，清廷君主之符合中国传统，远远超过前朝本土出生的帝王；而他们所能行使之职权，也胜过于历朝历代。明王朝被清灭了，北京皇宫已经易主，亲王朱常洵已经在洛阳被杀，侥幸逃出来的朱由崧在南京被拥为南明皇帝。父辈尸骨未寒，城外烽火连天，帝位岌岌可危，可他所下的第一道令竟然是征宫女，第二道是征春药。末代帝王似乎多比较超脱，他们已不大在乎国破家亡了，反倒抓紧时间好好享受一把。但光绪帝却勤政务、主改革，求富强、增国力。当他还在慈禧手下处于“傀儡”的时候，他就郁闷不堪，总想早点亲政，有番作为。亲政后，就放开手脚大干起来。跟翁同龢常常秉烛探讨国是；对康有为也是倾心听悉，甚至打破不留汉臣在宫中过夜的惯例。对于这样一位一心图强、勤政有加的皇帝，当怀敬重之心。袁世凯对光绪帝也是景仰的，所以当戊戌政变涉及光绪帝时，袁世凯的心情自然是不好受的。

中国人自古向往“国泰民安”。孔子就说：“危邦不入，乱邦不居。”老百姓说得更通俗：“宁为太平犬，莫作乱世民。”戊戌政变，虽构不成“乱邦”，但却引起了世人的普遍关注，民意大起，王朝危机加重。戊戌变法堪称完全意义上的改革运动和启蒙运动。对于戊戌政变，袁世凯不管怎么说，都是不光彩的，也是心有不安的，他也不愿意看到光绪帝因此受到祸连。

光绪帝对袁世凯有知遇之恩，当年小站练兵前，袁世凯受光绪帝面谕，绪帝对袁多有赞赏之辞，才有了他而后的一番作为，他也心怀感激。小站练兵后，光绪帝悉闻袁世凯干练，练兵有效，还想亲自到天津检阅（定戊戌年九月到天津阅操）。“我皇上孝治天下二十余年，漩宫侍养，备极崇隆，薄海臣民，同深钦仰。”所以当袁世凯向荣禄告发维新党人的密谋时，一再乞求

图 2-27 囚禁光绪帝的瀛台

荣禄设法保全光绪帝。“必须保全皇上以安天下”，“如累及上位，我惟有仰药而死耳”。虽然当时荣禄保证“此事有我与庆邸，决不至累及上位，勿虑也”。[①]但戊戌政变后，光绪帝失去权力和自由，被软禁了起来，甚至面临着被废的危险。可怜的光绪帝，本想有番作为的年轻皇帝就这样在囚禁中孤独地度过余生。这是袁世凯所不愿意看到的，对此也有深深的负疚感，“五中如焚”。但袁世凯毕竟起了推波助澜的作用。所以被关在瀛台中的光绪帝对此耿耿于怀。传说光绪帝在囚所张贴袁像，天天咬牙切齿用飞镖怒射之。

戊戌政变后，传言甚多，说袁世凯乃两面派，与康同谋不轨，“然则袁世凯先一同谋者也，既同谋而又出首，首鼠两端，此人亦不足取也”[②]。大致云：在戊戌政变前，袁世凯对维新派做过全力支持的承诺，还曾有云“赴汤蹈火，亦所不辞”的表态，八月二日，光绪帝召见袁世凯，升开缺直隶侍郎候补。大家以为袁世凯态度明朗，杀荣禄、包围颐和园、劫持太后的密谋当可以得逞。但没想到守旧集团也已觉察事态变化，对维新派已有防备，特别是荣禄，一直在窥测事态的发展，袁世凯被召进京，荣禄就称英俄在海参崴开战，大沽口外，战舰云集，故调动军队，把聂士成军调到天津，把董福祥军调到长辛店，以防不测。并写信给袁世凯，催他赶快离京返津。慈禧也因为觉察不对劲，赶至宫中重新训政。维新派的兵变还没发生，宫中政变就结束了，维新运动遂流产。但不管怎么说，袁世凯都参与了其中，脱不了干系

① 袁世凯：《戊戌日记》。
② 苏继祖：《清廷戊戌朝变记》。

的。当袁世凯听说北京已经发生了政变，捉拿康有为等人，他便吓得魂飞天外，以为密谋已经败露。为了保全自己，脱开干系，遂“大哭失声，长跪不起”，向荣禄表示忏悔，并将谭嗣同夜访之事，和盘托出，躲过一劫。（后来荣禄力保袁世凯，还公开称：“袁乃我的人，无所谓首鼠两端。”[①]）也有人称：是因为袁世凯当时兵权在握，朝廷怕因此变乱，遂不敢开罪于他。追削其兵权后，再治其罪。所以戊戌政变后，朝廷对袁世凯虽没有追究责任，但袁世凯毕竟心虚不安，担心“终必发作”，诚惶诚恐，低调行事。当然这其中，也不免通过巴结、贿赂李莲英等，进而讨慈禧的欢心。

在戊戌政变后的第四天，也就是八月初十，在天津的荣禄接电旨，入京陛见，直隶总督兼北洋大臣着袁世凯暂行护理。袁世凯窥视这位子已久，如今多么希望荣禄入京后就能留在京城，好让自己坐上这把交椅。但此时的袁世凯知道自己的分量，虽想得到位子，但谨慎行事，并不像过去那样设法去“活动活动”，只是安于分内之事，认真以对。时有福靖兵轮在海洋遇风，袁世凯为遇难员奏请了抚恤。遇难员家属均感称袁德。“袁世凯护理直督虽无多日，而凡事均尚认真，不存五日京兆之心。”[②]接着八月十三日，慈禧授荣禄为军机大臣，裕禄为直隶总督兼北洋大臣，所有北洋各军仍归荣禄节制，裕禄帮办。二十日，裕禄到任，袁世凯交御后，回到小站，还给朝廷上了交御折：

图 2-28　慈禧

① 苏继祖：《清廷戊戌朝变记》。

② ［日］佐藤铁治郎：《一个日本记者笔下的袁世凯》，孔祥吉、村田雄二郎整理，天津古籍出版社 2005 年版，第 62 页。

窃查新任督臣裕禄于八月二十日行抵天津，接印任事，臣即于是日交御。伏查臣所部新建陆军，现驻小站一带，拱卫畿疆，是臣专责。值此强邻环伺之际，正臣子力图报效之秋，巡缉操防，在在均关重要。臣拟即驰回防所，督饬将领及臣营武备学堂各员司、教习，认真训练课导，精益求精，以期储选将材，悉成劲旅，搜卒补乘，敢忘绸缪未雨之谋，秣马厉兵，冀收袍泽同仇之效。[①]

从此折表白中，可见袁世凯把自己定位得非常清楚，就是认真练兵，以报效朝廷。

光绪二十四年（1898 年）十月，袁世凯忽奉旨陛见。袁世凯自觉紧张，大有此去不复还的感觉，其之左右及军中，亦皆惶惶。召见之时，都不敢正视慈禧和光绪。然而没想到，却得到褒奖：着在西苑门内骑马，并乘坐船只拖床。这下才心情放松些，高兴地回到小站。

图 2-29　紫禁城内骑马是一种高尚的荣誉，不是一般官员有这样资格的。图为紫禁城西苑门。

戊戌政变后，袁世凯知道自己乃汉人一个，在朝廷中始终是满人的眼中钉，满人不到万不得已，是不会让汉人独当一面的，特别是对于军队，皇族、满人始终是想控制在手中的。于是，袁世凯主动向荣禄献策，以京畿地区五大军合并编为武卫全军：“以宋庆为武卫左军，以袁世凯为武卫右军，以聂士成为武卫前军，以董福祥为武卫

① 廖一中、罗真容整理：《袁世凯奏议》（上），天津古籍出版社 1987 年版，第 6 页。

后军，其中军则荣相自领之，兼总统武卫全军。”[①] 袁世凯把自己练的陆军主动归于中央军，可谓英明，大有当年曾国藩攻克南京太平天国军后，便提议遣散已完成其原初目标的湘军风范，因为曾国藩、袁世凯都深知一个汉人只要权名稍稍过大，便会招来满洲主子的猜忌。“袁主动将新建陆军并入武卫军，既可摆脱孤立无援的局面以避风险，又可得到荣禄的翼护。巩固自己的地位，尤可以满足清廷‘集权中央’‘将主帅统辖的权力付与满人’的做法。而荣禄也‘乐其推戴，且可弋取统属文武之名也，德项城甚，有相逢恨晚之感……”[②] 于是光绪二十五年（1899 年）春，荣禄上奏，称袁世凯新建陆军已满三年，成就颇著，请准奖励。朝廷遂下旨称：新建陆军经候补侍郎袁世凯悉心擘画，按照泰西操法，训练精勤，现在已历三年，确有成效。该侍郎勤明果毅，办事认真，深堪嘉尚。袁世凯着交部从优议叙。后经交部议叙后，于五月初九奉旨授工部右侍郎。袁世凯马上分别具折向慈禧和光绪谢恩。

……伏念臣中州下士，材识凡庸。浙水分巡，愧无坠露轻尘之报；畿疆陈臬，常懔素餐赤芾之饥。未建寸功，谬膺内转，一心兢业，五夜惭惶。兹复钦奉温纶，祗承特简。率百工而兴作，忝职司空；合六府以交修，兼综圜法。凡此宠荣之叠被，惧怍捣昧所能胜。臣惟有趋谐阙廷，叩求训诲，仰聆天语，冀稍宽陨越之愆，俯励冰心，当奋黾从公之志。所有微臣感激下忱，谨缮折具陈……[③]

袁世凯在此期间低调行事，埋头著书，对小站练兵进行总结，对兵法进行提炼，编著了《训练操法详晰图说》（加上戊戌变法期间的《新建陆军兵略录存》，“则奠定了近代中国西法编练陆军的兵法基础”）。袁世凯做事认真，

① 凌霄一士：《凌霄一士随笔》（三），山西古籍出版社 1997 年版，第 1032 页。

② 楚双志：《变革中的危机——袁世凯集团与清末新政》，九州出版社 2008 年版，第 6 页。

③ 袁世凯原著，骆宝善评点：《骆宝善评点袁世凯函牍》，岳麓书社 2005 年版，第 130 页。

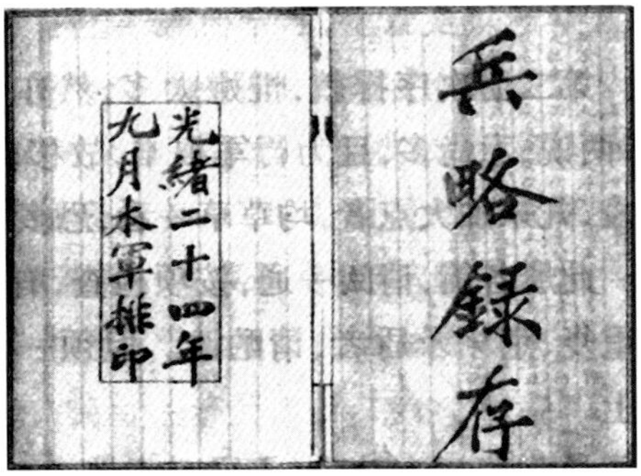

图 2-30 《新建兵略录存》

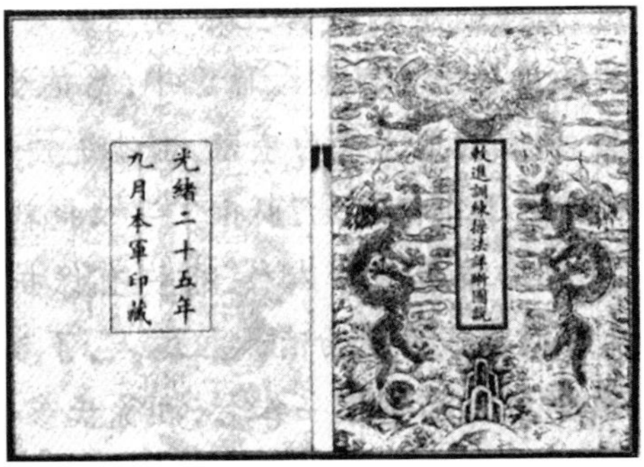

图 2-31 《训练操法详晰图说》

一丝不苟，《训练操法详晰图说》从凡例到框架结构，他都亲自把握，精雕细琢，下了一番苦功夫。《训练操法详晰图说》可以说是袁世凯督练新军的经验总结，堪称“西法练兵的扛鼎之作”。戊戌政变中，袁世凯差点儿脱不了干系，现在奉旨编书，把时间花在著书总结上，倒也是一件好事。戊戌政变给袁世凯教训颇深。从戊戌政变后的光绪二十八年（1902 年）八月到光绪二十九年（1903 年）十一月，这一年多的时间里，袁世凯多躲在小站，勤于军务，著书总结，不敢造次。这也可以从袁世凯的年谱及传记中看出，这段时间里，袁世凯没什么可以记载的“活动”。

巡抚山东，剿灭民团

戊戌变法虽然有些激进，但毕竟是改革者挽救清王朝的一种勇敢的尝试。自 19 世纪 60 年代自强运动开始以来，戊戌变法算是集中体现。戊戌政变后，清廷严重削弱激进派的势力，保守的势力始终掌握着要职。时国际形势风雨变化，列强步步加紧侵略，意大利要求割让浙江的三门湾，德军以青岛为基地，向日照、沂州等地不断侵扰……这些侵略朝廷不但未能根本阻止，而且愈演愈烈，慈禧、荣禄几乎不知道如何应对，百姓就想以“拳”来自保。虽然此“拳”远在嘉庆时就存在了（它是与反清秘密教派白莲教相联系的八卦教的一个分支），但直到 19 世纪

90 年代列强的加剧侵略，才呈现出排外色彩。也因为有了排外色彩，官员以为可以此来牵制列强，所以采取了暗中庇护的态度，尤其是义和拳运动最为活跃的山东的几任巡抚，多漠视义和拳的发展。1899 年 3 月，毓贤被任命为山东省巡抚。他的到任更使义和拳获得了“正义与和谐的民兵”的合法地位，甚至动用财政资助他们，山东境内一下子冒出了八百多个拳坛，可谓声势浩大。在官方的默许下，义和拳改为义和团，打起了“扶清灭洋”的旗号，把攻击目标锁定传教士等外国人。列强自然不愿意看到这类事情发生，于是迫使清廷撤了毓贤的职。无奈之际，清廷只好派左右都能吃得开的袁世凯到山东接任。

袁世凯到山东任巡抚，后来的史学家多说袁世凯是以维新志士的鲜血来染红自己的顶戴的。时社会流传一首三言歌谣：“六君子，头颅送，袁项城，顶子红，卖同党，邀奇功。康与梁，在梦中，不知他，是枭雄。”人们把六君子的鲜血与袁世凯的顶戴联系起来，多少有些道理。但客观地说，袁世凯任山东巡抚却非卖同党所得，而是袁世凯自己关注时局的结果。1897 年 11 月德国借口巨野教案，武装侵占胶澳地区之后，引起连锁反应，俄、英、法等竞相效尤，纷纷争占租界地。与此同时，清王朝害怕德军再向山东内地以至中原扩张，切断江南与北京的通道。事实上，盘占青岛之德军四处骚扰。当时，在天津小站练兵之袁世凯，极为关注事态的发展。当德军占据胶澳二十多天后，即 1897 年 12 月 6 日，他就电告新任山东巡抚张汝梅说：“密闻德国国王遣其弟及太子带船先后来华，意似不仅在胶州。查胶州西北为莱州太平湾，倘由此路泊船登陆，进据平度，则芝（罘）、莱隔离，恐非我有，拟应在莱、平（度）、高（邑）、潍（县）均须驻兵防守方妥。”随后，他又向北洋大臣、直隶总督王文韶陈说：德国陆续增兵，如巨野教案与德占胶州不速为谈判“定局”的话，“恐嗣后尤难结束”，敦促速为了结，避免事态扩大。1898 年，德国与英国先后强行租借胶澳和威海以后，于当年 10 月 31 日他又给张汝梅去电说：“时局危急，山东逼处英、德，为京畿近援，必须

图 2-32 任山东巡抚时的袁世凯

赶练精锐，为国宣劳。”“烟台为通商口岸，德屯据其后，不宜多屯兵，似应在青（州）、潍（县）一带，集成大枝，认真操练，切忌零星分散，进防威、胶，退固泻（济）南，并可遇事勤王。”这个建议是对的。后来他任山东巡抚时，也就是按上述意见布置驻防的。就是说，重点是防御德军西侵。袁世凯认为：处此境地，战争难以避免。因此，当他滞留北京时，还专门写信给代理营务的徐世昌说：“时局至此，战事不可忘，请嘱各营加功操练。”

1899 年 5 月 1 日，荣禄命令袁世凯和聂士成各率所部，开往山东境内演习。袁奉命后，以所部武卫右军二成继续留驻小站训练，其余由他率领于 5 月 5 日分批开赴山东。袁世凯此行的目的，公开宣布的是“藉以弹压匪类，保护教民”，实则是遏制德军。他雄心勃勃，大有与德军决战、战而胜之的愿望。5 月 7 日，他从静海唐官屯行军途中，兴高采烈地给留守营务的徐世昌信中说：“此行怦怦，颇有战兴，未知能如愿否？”并嘱徐世昌“将留营二成操练实用如法，以为后劲”。次日，他再告徐说：“德人必有诡谋，岂聩聩者所能见及，姑俟至德（州）查看情形，再商办法。”“聩聩者”指的是山东巡抚毓贤也。当他抵达德州后，于 16 日再次给徐世昌去信，谈到青岛时有电来，“夷兵不及二千”；“此来将士均甚高兴，志在一打，如又了事，必挫锐气。德人兵力有限，应不致谋我后路，伊必专心谋山东，各守瓜分之说。”由此可见，荣禄派袁世凯与聂士成两大劲旅同时开赴山东，其目的是想寻机打击德国，袁世凯“志在一打”的愿望是显而易见的。[①]

① 《袁世凯致徐世昌函》,《近代史资料》1978 年第 2 期。

然而，和德国打仗，敌强我弱，中日甲午战争余悸犹在，加上戊戌政变的创伤，慈禧是绝不会同意的。进军山东演习，无非是向臣民表明朝廷已在重整军备，有意抗敌而已。时山东巡抚毓贤对袁世凯不是很客气，到处作梗。袁世凯感到毓贤"预有成见，故来吹求"，于是就把毓贤的种种不是，上告荣禄。袁指责毓贤"甚无用，偏而且乱""又甚恶洋操"。不久，荣禄下令，操演顺利完成，予以奖励，命令各部遄迫原来驻地。7月，袁率部返回小站。袁世凯回到小站后，就向朝廷上了两次奏折，说自己目睹山东的局面，"夙夜忧愤"，并建议：在山东必须"慎选牧令""讲求约章""分驻巡兵""遴员驻胶"，实际上是指控毓贤办理教案不善，以致事端迭起。慈禧批阅后，立即抄给毓贤阅看，责令他"查明办理"。

11月初，意大利企图租借三门湾未果以后，又派军舰多艘在烟台海面游弋，想在瓜分中国的宴席上也能捞到一块"肥肉"。这时，刘坤一给北洋大臣裕禄写了一封信，说明："现在广州湾尚未了结，意人又欲占我浙江之三门湾、山东之庙岛。""德国眈眈逐逐，垂涎山东，不久恐有变动，万一沂州有失，则南北声援中断，来往不通。"因此，他建议于武卫军袁世凯、董福祥、聂士成、宋庆中间"拨一军赴沂，方为力势雄厚，可支劲敌"。望裕禄与荣禄"熟筹之"。在刘坤一、袁世凯的一再提示下，清廷于11月10日谕令，命令袁世凯抽调武卫右军一部进驻沂州，就近防范外敌。袁世凯奉命后，命令武卫右军左翼翼长姜桂题率领步军2营，骑兵2队，炮兵1队共3500人分别于11月30日和12月1日，从小站出发开赴沂州，这为袁世凯出任山东巡抚打下了基础。时山东局势在毓贤手上风云骤起，义和团迅速发展。对此，愚昧守旧、盲目

图 2-33 山东曾长期是德国的势力范围，图为1902年从山东胶州寄往德国莫斯的明信片。

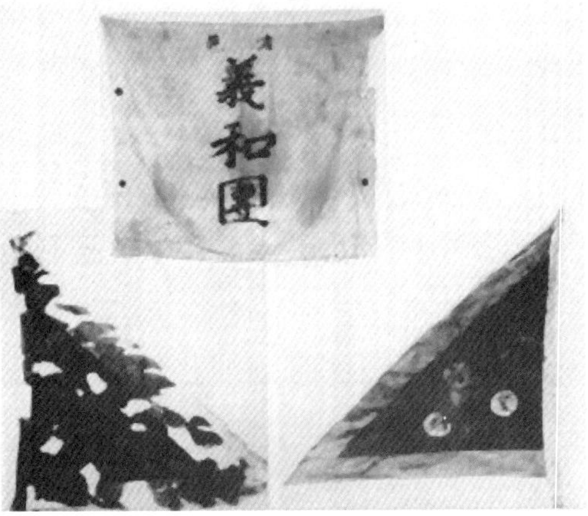

图 2-34 义和团在山东起事，并逐步发展壮大。图为义和团旗帜。

排外的毓贤无能驾驭局势，只能是“自己怕洋人而煽动百姓与人闹事”。这就进一步引起了列强的不满和恐慌，遂要求清廷“派一个能干的人代替他（毓贤）的职位”，“假如没有足够武力的话，可把天津操练得很好的军队调去协助”，“关于今后山东北部的局势……最有希望的前景是挑选袁世凯充任巡抚”[①]。11 月，袁世凯进京为慈禧“祝嘏”，乘机向荣禄面陈了自己对解决山东问题的看法。此时的朝廷本来对山东问题就非常棘手。现在有人愿意出来担当，而且多言之成理，遂于 1899 年 12 月发出上谕“袁世凯署理山东巡抚”。

对于义和拳运动，袁世凯是不看好的：“拳匪托名仇教，实际上是纠众劫财。至于刀枪不入，刀剑不伤……根本就是欺骗愚民的，灭洋也一样。他们连防勇都打不过，还想灭洋人，不是骗人是啥？义和拳以左道惑人，本来应该严禁，抢夺财物，更与土匪没有两样，必须通加剿灭……”[②] 所以袁世凯一到任，就出《禁止义和拳匪告示》，告示称：“本署抚部院钦由恩命，建节东来，统率重兵，弹压镇抚……倘再目无法纪，侍众抗官，大军一临，玉石俱碎。”[③] 袁世凯虽然知道义和拳乃“乌合之众”，但他也担心义和拳壮大起来，将威胁整个大清政权。所以当保守愚昧的慈禧下达了“不可一意剿击”的电告后，袁世凯还是十分圆滑、巧妙地镇压了义和拳，并私自违抗了慈禧的圣意。袁世凯本来是慈禧的忠实奴才，慈禧的谕旨本来

① 转引自周溯源：《北洋军阀鼻祖袁世凯》，黑龙江人民出版社 1997 年版，第 73 页。
② 侯宜杰：《袁世凯三部曲·第二部宦海浮沉》，线装书局 2008 年版，第 78 页。
③ 转引自周溯源：《北洋军阀鼻祖袁世凯》，黑龙江人民出版社 1997 年版，第 74 页。

应该不折不扣地执行，但身处风暴中心的袁世凯，对时局、形势有自己的判断，独立行事。

随后，袁世凯在吴桥县发布了六条训令：一曰正名以解众惑；二曰宥过以安民心；三曰诛首恶以绝根株；四曰厚兵威以资震慑；五曰明辨是非以息浮言；六曰分别内外以免牵制。从这六点而言，所谓“正名”，想必是对基督教正名，改善教会和教民的形象；所谓“宥过”，必然是以“曾国藩原则”解散一般拳民；所谓“诛首”，仍旧是用“曾国藩原则”惩办首恶，从组织源头根绝混乱；所谓以“兵威”震慑不法之徒，这是袁世凯独有的优势，也许这是袁世凯坐镇山东最关键的因素；所谓“明辨是非”，主要是杜绝各种不实的谣言，可别小看了谣言在乡村中的负面作用；所谓“分别内外以免牵制”，大概是区分内外事务对付洋人威胁的。总体来说，这六条措施相对还是比较温和的。接着，袁世凯又发布公告，向当地士绅强调了教堂受条约保护及教案的代价，同时还告诫拳民，在大清律例下，攻击教徒必须受到惩罚，教民也同样如此，不得恃教妄为。

在袁世凯的一再努力下，义和拳的老家山东，除了在清廷承认义和拳合法地位的短暂时期声势浩大外，其他时间大都显得十分平静。这与袁世凯武力威慑和揭穿义和拳的邪术有关。在武力上，时有鲁西北的拳民在大运河沿岸闹事，制造了一些小教案。袁世凯得报后，立刻命令他的武卫右军出动，随后便在武城县对拳民展开了猛烈攻击，当场打死二十多人，首次展示了其新军的强大威力。在揭穿邪术上，传教士赫德兰向我们描述了这样一番情景：“袁世凯任山东总督期间，有些义和团的首领去拜访他，希望他

图 2–35　义和团团民

能够像前任总督一样同情义和团运动。他们讲义和团法力无边，刀枪不入，即使敌人的子弹也穿不透他们。袁世凯耐心地听他们的讲述，显出十分感兴趣的样子，并且邀请他们同他以及其他官员一起进餐。餐桌上，袁世凯把话题引向了义和团首领以及他们的勇猛。这些义和团首领就又一次给在座的官员讲述他们是如何法力无边、刀枪不入的。袁世凯让他们美餐一顿后，提议让义和团首领给在场的朋友演示一下他们的法力。这些义和团首领刚才还把自己宣讲了一番，现在当然不能拒绝袁世凯的提议了。于是袁世凯就让他们站成一列，又叫来了军中几个最好的神枪手，让义和团拳民进行演示。”[①]结果可想而知，义和团首领成了袁世凯枪下的牺牲品。在当时，许多人都以为义和拳真是法力无边、刀枪不入，包括清廷中的亲王大臣们。慈禧也一样，想以此来对付洋人，所以才纵容拳民发展，“不可一意剿击”。“审时度势”的袁世凯无奈，只好要了点小聪明了：太后你叫我不能杀团民，因为团民都刀枪不入，法力无边，我不杀。我杀的都是“刀枪皆入者”，所以我并没有违抗旨意（不过，当时就有人弹劾他违背圣意，痛剿义和拳）。袁世凯对慈禧要两手也做得这样天衣无缝，确实不是一般的官员所能匹敌的。后来八国联军进犯北京时，慈禧要袁世凯火速带兵北上应援，而袁世凯却以山东防务吃紧为由故意拖延，躲过了与列强交火的惨败：“在涉及个人政治前途时，袁世凯不仅不会遵皇上的圣旨，也不会听太后的‘密令’。他的任务就是统治自己所辖省份的百姓。由于袁世凯在山东省任总督，在1900年那个多事之秋没有一个外国人遇害，而且连‘受到伤害的外国人’也几乎没有。”[②]因此，袁世凯巡抚山东，能干果敢，不仅抑制、剿灭了义和团在山东境内的活动，而且在列强中赢得了掌声，为他日后更上高层奠定了基础。

---

① ［美］I. T. 赫德兰：《一个美国人眼中的晚清宫廷》，吴自选、李欣译，百花文艺出版社2002年版，第176—177页。

② ［美］I. T. 赫德兰：《一个美国人眼中的晚清宫廷》，吴自选、李欣译，百花文艺出版社2002年版，第177页。

推行改革，新政初显

戊戌变法的失败，证明了在腐朽的政权下，自上而下的改革是行不通的。腐朽的统治者们，总不能自视自己的腐朽，总不愿放权基层，因为他们担心一旦改革，一旦放权，收拾不了残局反而丢了职权。所以纵观中国历代王朝，到了末期，多是腐朽无能，制度弊端暴露无遗。其中不免有改革图强者之呼吁，但统治者多不愿将政权拱手相让，不愿自上而下全面推行变革。戊戌政变也是保守势力不愿意看到改革的全面推进所引发的。戊戌政变后，朝廷趋于保守，老朽的慈禧把持着政局，朝廷失去了生机。但戊戌变法的余波并没有停止，尤其在一些开明的士大夫中，变革图强的主张一直没有中断。张之洞虽然反对维新，但在湖广地区继续推行其洋务活动；刘坤一则强烈反对慈禧废黜光绪皇帝，在两江地区推行改革。戊戌变法虽然失败，但变法理论更加深入人心。有识之士普遍认为，不变没有出路，变是古今通理，中国应求变，在变中求发展，只是由于统治高层一时还拿不定思路，变革只能流于地方暗中推行。袁世凯有自己的变革主张，即先地方后中央，先局部后全面。袁世凯巡抚山东，为他推行改革尝试提供了最为理想的土壤。

袁世凯巡抚山东，是其人生的重要转折点。之前，袁世凯势力毕竟局限于小站一隅，如今有了更广阔的天地，而且也由单纯的军事活动，拓展到军事、政治等各领域，成为一封疆大吏。袁世凯倍加珍惜这次巡抚山东的机会，凡事认真以对，且卓有成效。除了抑制、剿灭义和拳，赢得稳定外，还有不少事情为后人所称道。学者楚双志认为，袁世凯巡抚山东，是袁世凯推行晚清新政的开始（晚清新政，是《辛丑条约》后的 1901 年 1 月，慈禧以光绪的名义发布的一道力求振作的上谕。于是开始了晚清十年的新政活动。具体情况下章有介绍）。“事实上，早在新政上谕颁布之前，袁世凯已经在山

图 2–36 1901 年，袁世凯成立武卫右军仪仗队。

东地区倡议推行起来。”[①]前文已经说过，袁世凯向来有变革图强的思想，现在到了地方，管一省之事务，统辖方方面面，真是能臣者大干一番事业的最好平台。袁世凯充分利用这一亩三分地，以开阔的视野、务实的作风，推行他多年以来一直想实践却没条件实践的治政理念、治政思想。

楚双志认为，袁世凯在山东的新政实践主要表现在以下几个方面：[②]

一是建立武卫右军先锋队。光绪二十六年（1900 年）三月，袁世凯以“山东为海疆要地，关系最重”为由，将“东省现有各营，汰疲去冗，分别裁调，集成新兵二十营，增立一军，仿照武卫各军营制，另订饷章，认真训练”，名为武卫右军先锋队。武卫右军先锋队不像之前的武卫各军，而是全新的单位，没有旧包袱，编装制度较新，清廷希望将武卫军发展成为正规国家中央军的实验单位。从太平天国之乱起，清朝的军队如湘军、淮军都是地方督抚的个人单位，中央的八旗、绿营早已腐朽，当战争发生的时候，中央只能看地方大员的脸色，组建武卫右军先锋队就是想一改这种局面的实验，武卫右军先锋队后来发展成为大清的精锐王牌之师。相较于传统的武卫军，武卫右军先锋队比武卫前、后、左三军多，比武卫右军少，而组织上改进的重点在于：对武卫前、后、左三军而言是兵额增多、火力加强；对武卫右军

① 楚双志：《变革中的危机——袁世凯集团与清末新政》，九州出版社 2008 年版，第 31 页。

② 楚双志：《变革中的危机——袁世凯集团与清末新政》，九州出版社 2008 年版，第 31—34 页。

来说是将营与哨中间的队取消，营部人员减少，各哨人员增多，每营四哨（连）、每哨九棚（班）——这个编制不但成为后来北洋新军的基本编装，而且一直沿用到民国三十八年（1949 年），后来国民党逃到台湾后，美军顾问团到台对军队进行全盘美国化后才改变。可见组建武卫右军先锋队对中国近现代军事之影响。

二是创办山东大学。光绪二十七年（1901 年），清廷根据袁世凯等督抚的奏请，于八月初二日发布上谕："人才为政事之本。作育人才，端在修明学术。"命令各省设立大学堂，府、厅、直隶州各设中学堂，州、县设立小学堂，并多设蒙养学堂（幼儿园）。这是清廷大肆开办新式学堂的开始。对此，袁世凯反应最为迅速。九月二十四日就上奏朝廷试办山东大学堂的奏折及暂行章程："国势之强弱，视乎人才，人才之盛衰，原于学校。诚以人才者，立国之本，而学校者，又人才所从出之途也。以今日世变之殷，时艰之亟，将欲得人以佐治，必须兴学以培才。"精辟地概括出了山东试办大学堂兴学培才、立本强国的要旨。十月初六，光绪皇帝在《山东试办大学堂暂行章程》上朱批："知道了。政务处暨各该衙门知道，单并发。"与此同时，学部大臣张百熙将山东大学堂办学章程转饬各省，要求各省参照办理。奏陈得到清廷照准，并颁布全国各省参照办理，因此，《山东试办大学堂暂行章程》不但成为名正言顺的《山东大学堂章程》，而且在一定意义上具备了类似于殖民地时期英国王室或殖民地议会给美国大学颁发的"特许状"式的法律效力和较为突出的法律特征。十一月，朝廷正式批准，将济南泺源书院改为官立山东大学堂，山东大学堂遂成为继京师大学堂之后我国第二所国立大学。袁世凯创办山东大学有开创大学教育之意义，特别是所订之"大学堂章程"，在中国近代大学堂创办和运行过程中发挥了具有普遍意义的重要指导作用。光绪八月初二的上谕，只是下达了一道命令，要求各地将书院改为学堂，至于应该怎样改，改了以后又应该如何办理，并没有可以操作的具体方法。而《山东大学堂章程》恰恰在这种情况之下，提供了一个应该如何改和怎样办学堂的具体而又可以操作的模式，在当时中国书院改学堂的大潮中开风气之先，使书院改学堂运动有了切实可行的办法和依据，在全国产生了重大的实际影响。这一点可以从许多地方的督抚学政在有关书院改学堂的奏折中得到印证，许多地方的督抚学政均直言无讳，称学堂“课程、等级、班次，不外山东章程”，或者是“仿照山东章程，就本省情形、现有财力”，变通办理。因此，在一定意义上，《山东大学堂章程》在中国近代大学堂发端起始和实际办理的过程中，它已经超越了一所大学（山东大学堂）办学章程的作用，而是在全国大学堂的办理过程中发挥了具有普遍意义的重要指导作用。以一百多年之后的今天的眼光来看，《山东大学堂章程》不仅在中国大学肇始之初和办理过程中具有其不可替代的历史价值，而且对于当前推动依法治校进程，建立并完善现代大学制度，具有很多现实的启发意义。《山东大学堂章程》分学堂办法、学堂条规、学堂课程、学堂经费 4 章共 96 节，对于如何创办省城大学堂作了十分详尽的规定，其中许多鉴于时局而又不囿于时局的办学理念和办学思想值得我们进一步深入挖掘和发扬光大。

三是创办商会。光绪二十七年（1901 年）九月，袁世凯于济南设立山东商务局即商会。袁世凯认为：富国裕民之道，农、工、商三者，实相为表里。中国商人力薄资微，短智虑浅。特设商会，以图官商人沟通，便利工商业发展。袁世凯此举有如当年在朝鲜，组建商会组织，以利商业的发展、壮大。为了切实发展商业，保障商家权力，袁世凯为商会订立了章程，明确创办商会之意义和具体职能：在会商家，急需资金周转时，可向商务局申请贷款；商家兴办大宗贸易需资本过巨，无力筹措者，可禀请商务局审查，确系有益于商务者，可以酌给资助；评议了结商界财产讼案；土棍、吏役、官员凌压商民者由商务局查明，禀告地方官与巡抚查办；以低劣货物假冒名牌者，由局查明惩处；鼓励自办商业学堂；刊印商务报以广见智，并翻译西方商学、商法及理财富国之书刊；调查本省货物，以供商民参考之信息；鼓励精工巧匠，家供专门艺术和新法产品，可以抵抗洋货者，查明请巡抚授予奖牌并给予专利权若干年；鼓励抵制洋货，并由官妥为保护；凡创设公司，扩充商业，振兴工艺，借以开通风气，由商务局考核其动用资本多寡，收回利权之大小，由巡抚分别给奖，以为通商惠工者劝；设立巡勇，用于保卫商民，等等。商务局总办由袁世凯的得力助手唐绍仪担任，“以专责成”。商务局虽然是官办，但官民结合，它成立虽晚于江苏（1898 年，刘坤一在江苏率先设立商务局，华商之有近代性的整体商会自此开始），但为其他各省之先。它为袁世凯后来创办直隶商会，光绪三十年（1904 年）商部通令成立商会提供了经验，打下了基础。

四是整顿吏治。袁世凯虽善逢迎拍马，自己也腐败有加，但对属下无能之辈却是相当气愤的。袁世凯用人，在意的是这人有没有才干，以才德为先的。当袁世凯到山东后，见到当地官员多终日无所事事，要么征逐酒肉，要么奔走钻营，对于兵、民、刑、钱、谷诸事，茫无所知。袁世凯遂下令整顿官吏。为了整饬吏治，他创办了课吏馆，拟定章程，购置书籍，分别有重点地对候补官员进行短期培训，使候补官员讲求经济，砥砺学行，成为可用之才。不仅如此，在创办课吏馆的同时，袁世凯又开办了校士馆，招收举人、贡生、生员、监生入学。学习分两大类，一为中国政事、史论，二为外国史鉴、政治、艺学，使这些学员开阔见闻，渐窥西学门径，由粗及深。袁世凯的上述措施，无论就其学馆本身或今后发展的方向，都是有益无损的好事。它为袁世凯督直时期对吏治的整顿提供了经验，奠定了基础。

袁世凯在山东时期，还有一事楚双志没有提及，那就是德国修筑胶济铁路之事。1897 年，德国取得在山东的权力后就动工修筑胶济铁路，但后因高密等县农民的反抗，工程暂停。1898 年，德国强迫清政府与之签订《中德胶澳商埠租借条约》，又揭开兴建胶济铁路的序幕。1899 年 6 月，德国政府发布命令，特许德国亚细亚银行（代表为设立含有山东铁路公司名称的德清公司所组成的辛迪加机关）建筑由青岛经潍县（现潍坊市）至济南（包括博山支线）之铁路并营业。1899 年 9 月，胶济铁路由青岛向西修筑。1899 年 11 月，因高密县境内爆发了大规模农民抗德阻路武装斗争，铁路工程被迫停工。袁世凯到任后，了解了相关情况后，一面婉劝德国公司暂缓开工，缓解民恨；另一面贴出告示，向民众解释铁路多架桥梁，必定不会造成水灾，如

图 2-37 胶济铁路

果因架设铁路造成农业受损，政府必将加以抚恤，绝不让人民流离失所。为了更好地保护百姓的利益，而同时又能把这条贯穿山东半岛交通大动脉的铁路修成，袁世凯与留学过德国的荫昌订立了交涉章程、铁路章程、煤矿章程等，并派荫昌与德国公司具体商谈。在袁世凯的促成下，胶济铁路停工一年就复工了，1900 年 10 月，山东铁路公司在距青岛 7 公里处四方车站旁边，开始兴建“胶济铁路四方工厂”（于 1903 年正式投产）。1901 年 4 月 8 日，胶济铁路由青岛修至胶州段（74 公里）并通车（1904 年全线通车）。修筑胶济铁路，虽是列强殖民中国的产物，但胶济铁路毕竟是中国近代史上最早的铁路之一。胶济铁路的开通，使得青岛港的贸易额迅速超过比其开埠早 40 多年的烟台，不仅影响了整个山东乃至华北的贸易格局，而且奠定了青岛立港兴市的发展走向。

袁世凯巡抚山东时间不到两年。在这短短的时间里，袁世凯不仅让原本动荡不安的局面稳定下来，还身体力行，在推行新政上做了大胆的尝试，为后来的晚清新政奠定了基础。

|第三章|

袁世凯与晚清新政

晚清新政是近代中国的系统改革，也是一段值得国人永远铭记的政改历史。晚清新政是全面、系统的。在短短十年时间里，几乎同时进行了教育制度、军事制度、财政制度、法律制度、政治体制等各方面的改革。袁世凯作为晚清重臣，在晚清新政中，较一般大臣更为积极。改革的“有形成果”和“无形成果”，相当一部分是在袁世凯的推动下完成的。

“世有万禩不易之常经，无一成不变之治法。”当慈禧在经历了八国联军侵占北京城，自己不得不带着光绪帝西逃流亡后，可谓痛定思痛，遂有了后来持续将近十年的晚清新政。晚清新政是近代中国的系统改革，也是一段值得国人永远铭记的政改历史。主导晚清新政的力量也不再像洋务运动或维新运动时那样由统治集团中的某一个政治派别（如洋务派、帝党）来完成，而是由整个统治集团主持变法。在朝廷内部，也已经没有要不要兴西学、要不要变法这类的争论，而只有变法的快慢、立宪早迟的分歧，以及利益分配上的争夺。无论是变法，还是立宪，几乎已成为君臣上下一致的呼声和行动。与此相适应，清末新政已达到较广泛的社会动员，上自慈禧、光绪、王公大臣、下到士绅、商人、学堂师生及一般市民，都以高涨的热情和自觉的行动积极参与这场政治变革运动，其社会动员的广度和深度是中国历史上所不曾有的。而且清末新政在自上而下启动之后，基本上是自下而上地由民众推着政府往前走。当这个政府终于推不动之时，也就是从新政转向“新政府”之时。

晚清新政是全面、系统的，在短短的十年时间里，几乎同时进行了教育制度、军事制度、经济体制、财政制度、法律制度、政治体制等各个方面的改革。这是中国历史上从来没有过的广泛、系统而深刻的社会变革。各个

图 3-1 晚清新政时期的袁世凯

领域的改革不仅各自留下了许多有形的成果——这些成果大多为继起的民国所接受，取得了中国早期现代化运动过程中的最大的实绩；而且还产生了许多无形的成果，如：加速了社会的分化，新的社会经济成分和社会力量加快成长；促进了政治力量的分化和组合，代表社会进步方向的政治力量得以更快地壮大；推动了社会观念形态的更新，近代文化和思想在逐渐扩大传播的过程中不断向前发展。袁世凯作为晚清重臣，在晚清新政中，较一般大臣更为积极。改革的“有形成果”和“无形成果”，相当一部分是在袁世凯的推动下完成的。晚清新政中的袁世凯叱咤风云，敢为天下之先，为推动晚清新政，推动国家近代化，贡献了重要的力量。

东南互保，庚子获利

20 世纪的开局之年，对于中国人来说，至今仍不堪回首。19 世纪末 20 世纪初，向来自我感觉良好的德国人，借着“日不落帝国”走下坡路的机会，把爪牙进一步伸向了中国。一些德籍传教士也都飘飘然起来，打着传教的幌子，实际上在做搜刮民财的活儿，有的甚至“奸污妇女”。原本厚道的中国农民实在看不下去了，打死了两个罪有应得的传教士。德国知道这消息后，非常兴奋，知道机会来了，于是就借“巨野教案”，公开派兵进驻山东。没落的清廷无奈，只好听从于德国，不但处理了涉及教案的官员，而且把参与教案的农民的脑袋砍下挂起来示众。异族在中国的土地上居然能如此横行霸道，真是令人气愤至极。这大大刺激了义和拳的发展。义和拳的发展壮大，似乎给了朝廷一点面子。1900 年，义和拳在朝廷的默许下，壮大声势，热情高涨，直逼北京，畅快淋漓地对外国人下手。朝廷也似乎乐开了怀，想以此洗刷半个世纪以来受尽列强侵略的国耻，报仇雪恨，甚至还想让义和拳转变为国家军队，对抗可恶的列强。继而清廷宣布同列强断绝外交关系，向列强宣战——其爱国之心真是昭昭可见啊！然而没两个月，北京就遭列强联军的侵占，慈禧和光绪被迫流亡外逃——真是太耻辱了。袁世凯在动荡的时刻，以他的机敏，躲过了纷争，反倒获利颇多。

图 3-2　被押往菜市口处决的义和团团民

袁世凯巡抚山东，对义和拳采取镇压政策。在袁世凯的镇压下，义和拳主力不得不向直隶转移。到 1900 年夏天，义和拳控制了保定、天津、通州等城市，声势浩大。义和拳似乎被眼前的大好形势冲昏了头脑，切断了京津铁路线，焚烧英国使馆在西山的寓所等。6 月，更是大量拳民涌进北京，他们焚烧教堂和外国人寓所，兴奋达到了顶点，围攻外国使馆，见外国人就杀。义和拳与外国人对峙的结果，就是八国联军占领北京城，太后、皇帝逃跑了。就在这些事情进行得如火如荼的时候，在山东的袁世凯，已经变得老练许多了。当义和拳迅速发展涌进北京时，袁世凯就知道事态的严重性了。“袁意颇动，乃遣心腹走京师，私询于荣中堂，愿听指授机宜。”[①] 荣禄对义和拳也是主张镇压的，但无奈慈禧在端王载漪等人的怂恿下摇摆不定。袁世凯得荣禄“夺定主张，顾全

① 许指严：《新华秘记》，中华书局 2007 年版，第 10 页。

大局”的意思后，就自我保全，躲在山东不做声，“少说为妙”了。他本以为躲在山东，能避免争端。谁知随着事态的不断升级，特别是俄、英、美、德、日等八国组成联军以保护使馆名义由天津进犯进京时，袁世凯知道国家有危险了。就在此时，在一些主战派大臣的鼓动下，慈禧准备借助义和拳同外国人火拼。6 月 17 日，袁世凯接到“酌带所部队伍，迅速来京”的命令。此时的袁世凯非常为难。不带兵进京，开罪慈禧，有性命之忧，更不要说前途了。带兵进京，跟外国人火拼，能打得过吗？显然打不过，而且还会因此被消灭干净，政治资本散尽。袁世凯前思后想，最后想出了从武卫右军先锋队中派兵三千人，由孙金彪和龚元友带兵前往搪塞的对策。而孙金彪和龚元友也知会袁世凯的意思，就在德州屯兵不动。尽管慈禧一再催促他，“兼程赴津”，迅速来京，他也一再复电说“刻即开拔，兼程赴援”，“赶紧攒路北行，不敢稍涉延缓”。但实际上，袁世凯知道京津乃虎穴之地，这时候带兵进入，就等于直入虎口。“故当庚子五六月间，为袁世凯生平最困难，最危险之境遇。……斯时京津一带，哄传袁为汉奸，欲据山东而自立……”[①]

就在袁世凯左右为难之际，李鸿章、刘坤一、张之洞等人率先发起“东南互保章程”。李鸿章等人对义和拳从没有好感，坚决主张镇压。远在广州的李鸿章，曾多次冒死电奏朝廷，反对慈禧的“联拳灭洋”政策。1900 年 2 月，李鸿章就已经预见到义和拳同外国的矛盾将有一段时间会成为社会主要问题。他在手记中说：“我记忆中这已经是第三次朝廷让义和团来践踏国家，但是没有采取任何行动去制止这个无法无天的组织。由于没有采取任何行动去结束这一组织的无法无天，我预期朝廷会很少关注我后来写的那些奏折。义和团反对所谓洋鬼子，这种行为对中国无一利而有百害，我的这个观点几乎没有给太后留下多少深刻印象。赶洋人出去是不可能的，但最重要的是我们的国家因为洋人撤资却在许多方面更加贫穷。……”[②] 一辈子跟洋人打交道

① ［日］佐藤铁治郎：《一个日本记者笔下的袁世凯》，孔祥吉、村田雄二郎整理，天津古籍出版社 2005 年版，第 73 页。

② 转引自张社生：《绝版李鸿章》，文汇出版社 2009 年版，第 241 页。

的李鸿章，确实知道时局的深浅，姜毕竟是老的辣。湖广总督张之洞、两江总督刘坤一对义和拳也主张镇压。所以当慈禧开了四次御前会议，决定对列强宣战时，李鸿章就公开了“粤不奉诏”的立场。张之洞、刘坤一就以宣战之诏未经皇室授权，是个非法诏令，均不奉诏作战。张、刘通过盛宣怀，于6月26日在上海领事团成立“东南互保章程”，公开声明：遵守外国条约，保障外人生命财产。商定上海租界归各国共同保护，长江流域各内地归督抚保护，两不相扰。李、张、刘的“东南互保”给正在伤脑筋的袁世凯带来生机。7月1日，英国驻上海总领事霍必澜电袁，劝其效仿刘、张、李。袁世凯当即复电，表示同意，“愿与李鸿章、刘坤一、张之洞采取一致坚定立场，维持和平”。[①]

由于“东南互保”的效益，朝廷与外国人的关系表面上有所缓和，特别是在7月14日至26日的12天里，义和拳暂时停止了对公使馆的围攻。7月26日，巡阅长江水师大臣李秉衡率兵从江苏北上。李秉衡也是主战派，刚毅的秉性加上徐桐的鼓动，李秉衡有力并成功地使太后意识到，只有战斗才能谈判。那些主张和谈的官员徐用仪、许景澄、卿袁昶、联元、立山等五人被处决，战事再起。8月，联军进犯北京，北京城落入敌手，慈禧、光绪乔装逃跑。李鸿章危难受命，料理残局，于是有了《辛丑条约》。

图3-3　《辛丑条约》签订谈判现场

在这场内困外患中，袁世凯因为远在山东，使他躲过一劫。如果袁世凯不是在山东，还在小站练兵，那就危险了。当慈禧宣布向列强开战时，如果

① 转引自周溯源：《北洋军阀鼻祖袁世凯》，黑龙江人民出版社1997年版，第78页。

你还在天津，又是练兵之大臣，那自然是要参战的。北京、天津是主战场，而且你手上还有军队，能不参战吗？想躲、想搪塞是躲不开、搪塞不了的。参战的结果，那就会把自己好不容易积累起来的政治资本损耗殆尽，而且还得罪列强。但此时的袁世凯远在山东，慈禧鞭长莫及，而且远离战场，袁世凯要点伎俩，还是可以搪塞过去的。真是时局造就了袁世凯，成全了袁世凯，巡抚山东，“不仅是袁世凯集团开始发展的一步，更使这一集团躲过了一场即将到来的灭顶灾祸。”“正因为袁世凯及其团体及时离开了当时政局的是非之地天津，才使他于此时在两难境地、复杂局势面前能够从容考虑与应变，做到慈禧太后与列强两边都不得罪，从而为日后他的官星高照与袁世凯集团的发展在万难境地中争取到了一片生存空间。”①

袁世凯在这复杂的局势中，得以脱身，确实有他个人的机缘和智慧。当他冷对与列强的战争，迟迟不肯出兵勤王时，他对“东南互保”也不是十分积极，而且尽可能通过荣禄，劝说慈禧改变对外政策，以求与列强和好。当清廷与列强开战时，他在山东，尽可能地保护署辖内洋人，“内地各洋人均派兵妥保，送烟（台）暂避”，派清兵保护教堂，“倘有猝不及防，照数认赔”。②袁世凯把山东境内各州县洋人都保送到通商口岸，传教士们莫不对袁世凯感恩戴德。北京城沦陷、两宫出奔后，他命夏辛酉迅率所部，赴山西护驾，并立即把截存安徽运解北京的饷银 11.6 万两、江苏的 5.5 万两一并送给慈禧，以解经费不足（时北方数省，糜烂不堪，经费吃紧）。接着，他又派人送去银 21 万两、贡缎 200 匹及许多食物。再就是以个人名义通电各省，要求迅速汇解京饷，显示出对太后极为关切。袁世凯的银饷及食物，如雪中送炭，慈禧甚为欣慰，“大为嘉许”。慈禧命将军将这些银饷火速送至西安供保卫之用时，他急速照办了。和约将成之际，袁世凯派姜桂题率马步炮队北上，弹压京畿一带，准备迎接慈禧回銮。另外，袁世凯

① 楚双志：《变革中的危机——袁世凯集团与清末新政》，九州出版社 2008 年版，第 17、18 页。

② 转引自周溯源：《北洋军阀鼻祖袁世凯》，黑龙江人民出版社 1997 年版，第 79 页。

还和张之洞、刘坤一合筹 2.5 万两银子，接济留京和追随慈禧西逃的官员，博得大家的好感。袁世凯还对慈禧表示对未能“追随警跸”而万分“悲悔”。慈禧见其如此“忠心”，一团疑云也就随之消散了。[①]“清之朝野上下，又咸谓袁世凯为能臣。”[②]

图 3-4 1901 年慈禧、光绪从西安回銮。

袁世凯能在种种复杂的局势，甚至在被动的情形下，坐稳位子，得各方赏识、赞许，还步步高升，确实不是后人轻飘飘地说的那样来之容易。

直隶总督，势力大增

1901 年 9 月 7 日《辛丑条约》签署。这个条约共 12 项条款、19 条附件，规定清政府正式向德国和日本“道歉”；严惩罪犯（共有 120 多名官员受到了从死刑到申斥的程度不等的惩罚）；赔款 4.5 亿两（4.5 亿两是对 4.5 亿中国人所定的数字，“人均一两，以示侮辱”）；建立一支永久性的公使馆卫队，驻兵保卫；拆毁大沽炮台和北京至海通道之各炮台；两年内禁止进口武器；北京至海道的重要地点驻扎外国军队；暂停拳民肆虐的约 45 个城市的科举考试五年；等等。这个条约严重侵犯了中国的主权，4.5 亿两加上 39 年每年按 4% 的利息，实际还款达到 9.8 亿

① 周溯源：《北洋军阀鼻祖袁世凯》，黑龙江人民出版社 1997 年版，第 79 页。
② ［日］佐藤铁治郎：《一个日本记者笔下的袁世凯》，孔祥吉、村田雄二郎整理，天津古籍出版社 2005 年版，第 74 页。

两多，而且还必须以外币偿还，这无疑使中国原本脆弱的经济陷入瘫痪的境地。外国列强瓜分中国，禁止中国进口武器，派兵驻扎中国境内，这些条款极大地损害了中国的自卫能力，并限制了中国主权的自由实施。外国公使们随后组织的外交使团，加紧干预中国事务，中国进一步陷入半殖民地的深渊。李鸿章作为与列强签署《辛丑条约》的全权大臣，当他痛心地签下自己的名字时，他以吐血来回报自己效忠的帝国。两个月后，李鸿章撒手人寰，结束了自己风雨叱咤的一生。袁世凯也因为传承了李鸿章的衣钵，在这多事之秋，担当起了新的重任。

1900 年 7 月，当暮年的李鸿章接旨任直隶总督兼北洋大臣时，并没有多少高兴，因为他在这位子上已经干了 24 个年头了，如今身在广东，却还要进京面圣，所以李鸿章一再拖延北上的日子，直到 10 月 11 日，才到达北京。此前的 8 月 7 日，李鸿章已经被任命为与列强和谈的全权大臣了。一辈子与洋人打交道的李鸿章到达北京后，住进了贤良寺。联军立刻宣布贤良寺为联军承认的清国之地，多少显示出了列强对李鸿章的“尊敬”。接下来就是漫长的谈判过程。虽然是 77 岁的老人，但谈判技巧还是一流的，并没有老糊涂，他总是慢慢来，“以拖待变”。机会来了，俄国人按捺不住了，想把东三省变为它的第二个布哈拉。俄国人的野蛮行动，引起了日、英、美等国的不安，他们急切交出了《议和大纲》。1901 年 1 月 15 日，李鸿章和奕劻在《议和大纲》上签字画押。再接下来又是半年的具体条款的谈判。此时的李鸿章倒是希望谈判早点结束，列强早点撤军。但列强的态度是，必须亲眼看到祸首被惩办，必须把赔款的数额定下来，否则不撤军。李鸿章在与他们的谈判，特别是与俄国的谈判中，可谓耗尽了他的心血，身心疲累，最后倒了下去。李鸿章本来对俄国抱有希望，长期主张联俄牵日，可野心勃勃的俄国，并没有给这位老人一点回旋的余地，当《辛丑条约》签订后，俄国人还要与中国另立新约，承认东三省全属俄国势力范围。这事无疑在刚刚动大手术的伤口上撒盐巴，引起了全国士民的誓死反对，李鸿章再次成为众矢之的。“老来失计亲豺虎，却道支持二十年！”“杨三已死无昆丑，李二先生是汉奸。”都是时人对李鸿章亲俄政策的不满。但就是在这样的情况下，在李鸿章将油尽灯枯的时刻，俄国人还是不放过李鸿章一马。据说在李鸿章“吐血大渐”时，俄国公使还闯入李的病房，催他在条约上画押，“闻薨之前一点钟，俄使尚来催促画押”。同俄国的条约，成了他的催命符。1901 年 11 月 7 日，李鸿章在北京去世。

李鸿章这位中国近代历史上最具独特的人物走了。人们在谩骂的同时，多少怀有一份敬意。当远在河南的慈禧得报李鸿章逝世时，“震悼失次”，为之流涕。各省赶来吊唁的人更是络绎不绝。在中国近代史上，“没有哪一位帝国大臣像他一样在帝国的历史上占据着如此重要的位置。他对大清帝国历史的影响远远超过了帝国的国界。晚年的他更是支撑着这个摇摇欲坠的庞大帝国的主梁，他的一举一动不但决定这个帝国的国家命运，而且几乎涉及整个世界东方近代史的走向。”[①] 这样一位大人物倒下了，追随他二十多年的袁世凯再次被推到了公众的视野中。

就在李鸿章去世的当天，慈禧下了三道谕旨，其中一道就是令袁世凯署理直隶总督兼北洋大臣，未到任以前，由周馥暂行护理。李鸿章前脚刚走，袁世凯马上就能接班，确实不易。后来不少笔记小说，甚至严肃的重要史籍，大都说，李鸿章在去世前，向朝廷举荐了袁世凯，说是因为清廷接受了李氏遗折荐袁而擢升袁世凯的。“据说李鸿章在临终前请求清国皇帝任命袁世凯为直隶总督，结果袁获得委任担当了这个重要职位……”[②]“李鸿章遗折，力保袁世凯才堪代己。”[③] 袁世凯研究专家骆宝善先生认为此说不可信。骆先生认为，就在李鸿章病重期间，慈禧对李之病情有预感，“接任其职务的人自

① 王树增：《1901 年——一个帝国的背影》，海南出版社 2004 年版，第 484 页。
② [美]托马斯·F. 米拉德：《清国铁腕袁世凯采访录》，载郑曦原编：《帝国的回忆——〈纽约时报〉晚清观察记》，李方惠等译，当代中国出版社 2007 年版，第 139 页。
③ [日]佐藤铁治郎：《一个日本记者笔下的袁世凯》，孔祥吉、村田雄二郎整理，天津古籍出版社 2005 年版，第 75 页。

图 3-5　李鸿章去世后，各国公使前来吊唁。

然有所考虑”[1]，所以能在李鸿章去世的当天就任命袁世凯接任。清末“学校举人”徐一士也云：“外传种种，实不足信。世凯虽资格尚浅，而以戊戌告变，帘眷已隆。拳乱保障地方，声誉亦著。兼有荣禄为奥援，其擢督畿辅，固不必有鸿章遗折之保荐也。”[2]

袁世凯接任直隶总督兼北洋大臣，乃李氏衣钵之传之必然结果。李去世时，能接这个职位的，也只有刘坤一、张之洞可以与袁世凯竞争。但袁显然比他们更为外国政治势力所倚重，时德国公使穆默专程跑到武汉，督促张之洞上奏朝廷，说明各国“众口一词”，希望由袁世凯继任。荣禄、庆亲王等也极力推荐袁世凯。袁氏“既熟悉洋务，为洋人所信赖，办事又多魄力，对朝廷一片忠心，加之又是李鸿章的老部下，属于淮系集团”[3]，所以袁世凯以李鸿章衣钵继承人的角色坐上了显赫的直隶总督兼北洋大臣的位子。平心而

① 袁世凯原著，骆宝善评点：《骆宝善评点袁世凯函牍》，岳麓书社 2005 年版，第 142 页。

② 徐一士：《一士谭荟》，中华书局 2007 年版，第 123 页。

③ 周溯源：《北洋军阀鼻祖袁世凯》，黑龙江人民出版社 1997 年版，第 83 页。

论，袁世凯确实也是当时李鸿章衣钵的最佳继承人，他熟悉洋务，在朝鲜十二年，与列强交往甚多；办事果敢、得力，深得朝廷赏识；练兵有功，手握重权；地方督抚锻炼，应对自如；思维活跃，推行新政，力求变革，善于汲取西法；为人处世得体，善于团结、吸纳人才，在朝中有口皆碑。事实上，袁世凯接李鸿章衣钵后，也确如李鸿章之魄力、之作为，成为近代中国无法回避的重量级人物，甚至扮演了更为重要的角色。时日本记者就说：“虽然曾（国藩）、李皆论定之人物，袁尚不能预定。就其思想与魄力言之，袁尚在曾、李之上。成就固未可限量，是又不能因袁无知人之明，遂轻视之也。使袁所行之政策，皆能达其目的，则支那雄长东方，为地球强国，袁之功业，又非曾、李所能望其项背也。”①

1901 年 11 月，袁世凯带着家眷、属员和武卫右军，从济南北上，去迎接他的新天地。时直隶总督府暂设保定。袁世凯到达保定后，很快进入了角色。时两宫正在回銮途中。迎接两宫回銮成了他上任后的第一件大事。他先是将自己的行辕腾出来，作为慈禧和光绪的行宫加以布置。当两宫到达直隶省界时，袁世凯率部到省界恭候迎接，异常隆重。喜好场面的慈禧甚是满意。慈禧和光绪在保定待了三天，袁世凯精心侍奉。袁世凯这人，既有度量，又心细，行宫的布置是不惜代价的，连小节也不马虎，精心布置，甚至连马桶、慈禧化妆陈设

图 3-6　位于河北保定的直隶总督府

① ［日］佐藤铁治郎：《一个日本记者笔下的袁世凯》，孔祥吉、村田雄二郎整理，天津古籍出版社 2005 年版，第 207 页。

都颇费一番心思；对慈禧是竭尽巴结，但也不冷落光绪；对两宫是跪着痛哭，以显流亡时自己不能分担之痛苦，但又巧妙地把责任推向义和拳，推向“乱臣”。由于袁世凯的“殷实”表现深得慈禧的欢心，“时两宫之视袁世凯与岑春煊如左右手”[①]。袁世凯并没有因庚子事件给慈禧留下把柄，反倒因“共保东南疆土，尽心筹划，卓著勋劳，自应同膺懋赏……著赏加太子少保衔”，接着又赏穿黄马褂并紫禁城骑马。袁世凯在朝中可以说已经完全站稳了脚跟。

袁世凯接任直隶总督兼北洋大臣后，另一件大事就是与各国议谈撤兵之事。此事颇费时间，但最终袁世凯将八国联军占领的天津接收过来。这也多少给了中国人点面子。“两宫回銮后，安然无事，联军亦退出北京，复睹太平景象。西太后之信任袁世凯，及眷注之隆，得君之专，为从来疆臣所未有。”“然支那之朝野上下，经一番挫折，长一知识，一切要政皆任袁所为，并无阻力。至西太后之于袁，无不言听计从。”[②]袁世凯遂成为李鸿章之后，慈禧最倚重的大臣。袁世凯势力也因此大增。兼任督办山海关内外铁路大臣、政务大臣、督办天津至镇江铁路大臣、督办商务大臣、会办练兵大臣的职位等也随之而来。这也为他谋取更大的作为和权力奠定了基础，也为他延揽人才和扩充班底，进而发展成为袁世凯集团提供了机缘。

直隶总督兼北洋大臣，使袁世凯成为权倾朝野的大臣，权重位高。袁世凯这棵小树，在经历了朝鲜十二年、甲午战争、小站练兵、戊戌变法、巡抚地方、庚子之乱的风风雨雨后，现在已经长成参天大树了，不仅能荫庇一方水土，而且不少有才华者自愿求荫其下，更加盘扎牢固，更加肥沃茁壮，已经不是一般风雨所能刮倒的了。

① ［日］佐藤铁治郎：《一个日本记者笔下的袁世凯》，孔祥吉、村田雄二郎整理，天津古籍出版社 2005 年版，第 77 页。

② ［日］佐藤铁治郎：《一个日本记者笔下的袁世凯》，孔祥吉、村田雄二郎整理，天津古籍出版社 2005 年版，第 77 页。

新政主张，切而易施

1901年1月29日，还在流亡中的慈禧太后以光绪帝的名义颁布上谕，推行新政。“一切政事，尤须切实整顿，以期渐致富强。”这次新政的主张虽然来得有些迟，但却是从慈禧的内心里发出来的。经过庚子之变后，慈禧和朝廷，更加清醒地认识到，只有变法图强才有出路，只有新政才有将来。虽然，上谕宣布康、梁为乱党，斥责康、梁的变法为“乱法”，但并没有反对变法图强的意图，只是将新政与戊戌变法区别开来。事实上，这次变法比戊戌变法走得更远，改革也是全方位的，是一次以朝廷主导的彻底的改革运动。慈禧和朝廷改革图强的心意已决，但至于具体怎么做，怎样才能达到富强。朝廷并无具体、成熟的主张，因此要求军机大臣、大学士、六部九卿、出使各国大臣、各省督抚“各举所知，各抒己见，通限两个月内详悉条议以闻，再行上禀慈谟，斟酌尽善，切实施行”。袁世凯对新政是最为积极响应的，于是有了袁世凯关于新政的系统主张《遵旨敬抒管见上备甄择折》。

“新政”二字，当时的中国人对此可能还心有余悸。新政，必有西学之举、改革之举。西学，中国人向来是鄙视的，你一西学，就被人耻笑，甚至还背上“卖国”“汉奸”之类的称呼；改革，则涉及祖宗之法，祖宗的东西你都敢改，不得了了。对于西方文化、西方文明，你越鄙视，就说明你越爱国（同样的道理，对于西方列强，你越抵抗，就说明你越爱国，一旦议和，都被贴上了卖国贼的标签，李鸿章就是典型的下场）。就是号称近代开眼看世界的林则徐、魏源等开明士大夫，在谈及洋人时，也多流露出不屑的口气。林则徐就有自大、轻敌的思想。英国人来了，他给道光皇帝上奏折说没问题，我们能打胜，他认为：“第彼之所至，只在炮利船坚，一至岸上，则该夷无他技，且其浑身裹缠，腰腿僵硬，一仆不能复起，不独一兵可刃数敌，即乡勇平民竟足以制其死命，况夷人异言异服，眼鼻毛发皆与华人迥殊，吾民齐心协力，歼除非种，断不至于误杀。”[1] 这就是林则徐当时的看法。魏源，他在介绍西学的范本《海国图志》时，也不免要对西方文化进行诽谤，把基督教说成魔教，声称基督教徒把人的眼睛挖出来，配以铅粉，炼制白银。洋务运动时，一些慷慨激昂的顽固派官员也极端不屑与涉外官员为伍，以显示他们的气节和爱国情操。每次议和之后，议和者都遭谩骂。甲午战争后，特别是到了戊戌变法时，这种局面有所扭转，但采西学、制洋器，以及与洋人为伍，依然被斥责为卖国行为，以致“每办结一案，必多集一谤”。义和拳云起时，排外的心态更是盛行于朝野，以致主张议和者，还没等开战就被自己人砍首示众了（从这个意义上说，李鸿章、袁世凯可以称为真正开眼看世界的巨人）。所以新政求西学，“取外国之长，去中国之短”，是动摇“天朝”心态及其文化的根本，是一次彻底的革新。而且，新政求西学还提出要求西学之本源，“至近之学西法者，语言文字、制造器械而已，此西艺之皮毛，而非西政之本源也……舍其本源而不学，学其皮毛而又不精，天下安得富强耶？”[2] 西学之本源是什么呢？首当其冲应该是政治经济。以前学点“皮毛”，都遭诽谤和攻击，而现在还要学“本源”，可见阻力之大，也可见新政之决心。改革，对于当时的中国人说，也不是好接受的东西。改革必定对祖宗之法动刀，必定被说成是不孝子孙。而且改革必定涉及一部分人或集团的利益，你动它，就有人有意见，甚至牵动整个政权。上谕称新政将对朝章、国政、吏治、民生、学校、科举、军事、财政等进行改革，涉及面广，是对整个政权动刀了、动大手术。这样的改革，真可谓是史无前例。“如果不是白纸黑字，几乎不敢相信这番话是慈禧说出来的……诏书极其准确地剖析了中华帝国虚弱的原因，观点之精百年后依旧让人感到其锋锐。而更值得注意的是，诏书好像没有涉及如何学习外国科学技术等问题，直接着眼于帝国政

① 《林则徐全集》编辑委员会编：《密陈重赏定海军民诛灭英兵片》，《林则徐全集》第3册《奏折卷》，海峡文艺出版社2002年版，第440页。

② 参见《辛丑变法诏书》。

体的变革了。”[①]

正是因为新政的诏书重大，而且来得有些仓促，再加上戊戌变法失败的教训，以致很多官员都显得有些木讷了。而此时的袁世凯，敏锐地觉察到，新政可能是动真格的，遂最为积极响应。“袁世凯不仅在山东时期就积极联络当时负有声望的地方督抚刘坤一、张之洞等人努力促成清廷推行新政，而且在整个新政期间，他还以‘急进改革者’的面孔出现，不仅为推行新政出谋划策，并且身体力行，卓有成效。”[②]

对于袁世凯积极参预新政，后来的史学家并没有给予多少赞赏笔墨，多说袁世凯敏感善变，抓住时机，随机应变，或改换门庭，推行新政而已。其实，这多少有点受后来袁世凯的所作所为所误导，是看人说话，不是就事论事。其实，袁世凯巡抚山东时，就已经开始了他的“新政”了（这在上文已有所涉及），更为重要的是，袁世凯已经意识到，王朝衰落，如果不谋求改革，王朝的统治将面临危机，改革是解决这个问题的唯一出路。所以巡抚山东后，他就在自己的实验田里推行了一系列改革，成效明显。庚子事变后，他知道，朝廷将有新的举措，在新政上谕颁布之前，他就告诉张之洞，“不日将有明谕，举行新政”[③]。新政上谕颁布后，他就起草了十项条陈，准备上奏。为了稳妥，他致电张之洞、刘坤一，希望张之洞能拟大纲，联名上奏。就在此时（1901 年 4 月 21 日），清廷谕令设立督办政务处，作为办理新政的中枢机构，设立督办大臣领办事务，由庆亲王奕劻，大学士李鸿章、昆冈、荣禄、王文韶，户部尚书鹿传霖充任。湖广总督张之洞和两江总督刘坤一则为政务处参预大臣。由于张、刘已为参预大臣了，情况发生了变化，而且朝廷也不愿看到各省督抚联衔上奏，更愿意看到各自真实的意见。于是袁世凯于 4 月 25 日单独上奏了著名的《遵旨敬抒管见上备甄择折》条陈。

---

① 王树增：《1901 年——一个帝国的背影》，海南出版社 2004 年版，第 548 页。

② 楚双志：《变革中的危机——袁世凯集团与清末新政》，九州出版社 2008 年版，第 26 页。

③ 劳祖德整理：《郑孝胥日记》第 2 册，中华书局 1993 年版，第 782 页。

《遵旨敬抒管见上备甄择折》分十项条陈：

（一）慎号令

“号令者，国之大权，臣民之所钦仰也。”袁世凯认为，要谨慎号令，一旦“择定施行，便成万钧不移之势，无论如何为难，亦必坚持定见，始终不渝”，只有这样，才能真正推行新政。新政不是儿戏，不是玩玩的，当持之以恒。改革没有回头路，就是这道理。慎号令，同时还要求整顿朝纲，以好的号令号召全国，推行新政。

（二）教官吏

官吏者乃新政的中间力量，没有好的官吏，新政的推行只能是句口号。过去官吏大多“用非所学”“拙于政事”。若推行新政，当让官吏学习“一切西政、西史”，或“派令出洋游历”，或“分设课吏馆，专就吏治、时务、交涉等项，择要辑书”，发令官吏学习。今后任用官吏，也当求“必广求兼通古今中外之人”。教官吏还当严格考核，以便推行。

申報
號外

图 3-7　清末近代报刊开始出现，知名者有《申报》《万国公报》等，这些报刊为传播新思想、开民智起了一定的积极作用。图为《申报》样报。

（三）崇实学

袁世凯向来主张学以致用，主张实学（这也是他极力反对科举的原因之一）。“作养人材，实为图治根本。”而要实学，就必须“多设学堂，或仿照各国学校章程，区分等次，以次推广……择中外有裨实用之各项书籍及各国著有成效之各种学术，延师讲授，分门肄习”。只有实学人材兴，新政才会兴。

（四）增实科

要实学必要实科。袁世凯认为，要新政，就必须废科举，增设实用学科。“其旧科中额，每次递减二成，实科递增二成，以六成为度。使士子知所趋向，争自濯磨，皆渐勉为有用之材，以求奋于功名之路。迨三科之后，学堂中多成材之士，考官中亦多实学之人，即将旧科所留四成帖括中额概行废止，一并按照实科章程办理。”

（五）开民智

袁世凯认为，民智未开，不了解西学，隔膜甚深，这是推行新政的最大障碍。而要改变这种状况，就必须开民智，设立报馆，公开政务，以舆论引导民智，以民商生计推动民众参与。

（六）重游历

此游历非简单地去外国游玩，而是切实的留学考察。晚清以来，游历者虽不多，但多能心怀国家，在西洋各国认真以对，考察思考，学成回国，推动国家进步。袁世凯很看重这些有游历经验的人，认为他们是交通中外，推行新政不可或缺的人才。

（七）定使例

出洋考察，出使他国，不仅有“重谙交涉”之务，而且还有“重习商务”之责。袁世凯认为，当考选使臣，以利洞悉外情，为新政服务。

（八）辨名实

袁世凯认为，办理新政，必须杜绝官吏的贪污中饱，从根本上解决官吏贪污腐败的问题。“各官廉俸，从优厘定，计足以资事畜。……其散职冗员，无所事事者，分别裁并，节其薪俸以供挹注。而经手理财之员，不妨格外从优以杜侵蚀。……有坐赃者尽法痛惩不贷。”袁世凯主张高薪养廉，主张精简冗长之员，主张严惩贪污。这些直到今天都是相当可取的。

（九）裕度支

袁世凯认为，商务乃“保利权而厚民生”，是新政“亟兴”之务。但发展商务，必须扫除在官习气，使官商一体，通力合作，“以与洋商相角逐”。同时，要查访各国税章，“择其裕国而不病民，可以推行中国者”。这样富国就有可能。

（十）修武备

兵学乃袁世凯专长。袁世凯认为，新政中，当裁旧练新，增强军力，自力更生，自造军火器械，“自强之要，不外是矣”。

这十项条陈，是袁世凯新政的行动纲领，也是袁世凯一贯务实作风的体现。虽然此条陈没有像张之洞、刘坤一的“江楚会奏三疏”那样成为系统性改革文件，但袁世凯的条陈比张、刘等更早，而且也“切而易施”、实际务实。“历史表明，后来袁世凯集团在新政中的所作所为，基本上没有超过这10条主张的范围。……前十条加上后一条（指主张立宪政体），构成了以袁世凯为首的袁世凯集团在清末新政中的指导思想和行动纲领，袁世凯集团在新政中所以能够做得轰轰烈烈，办理新政成为各省的楷模，究其根源实与袁世凯提出的这些政治主张及行动措施有着十分重要的关系。”①

整饬吏治，革新痼弊

吏者，国之筋也；士者，国之肝胆也。官吏能不能有番作为，能不能为民所系，为民所为，直接关系到国家兴盛存亡。士大夫们有没有为民请命，心怀民意，启蒙民智，也直接关系到国家强弱存亡。晚清以来，虽有不少心怀社稷、心怀百姓者，但私心重者、无所事事者比比皆是——上至皇族，下至大小官吏，贪污腐败，勾心斗角，欺压百姓，不求作为。官吏代表着国家政权的形象，官吏腐朽了，那整个政权就腐朽了。清从入关以来，虽多次整饬吏治，查处贪官，但到了晚清，官吏之腐败已经成为普遍的现象，而且官场潜规则，特别是只谋钱权，不谋事业者愈演愈烈。“误国家者在一私字；祸天下者在一利字。”可谓一针见血。袁世凯虽也有私心，虽也腐败，但他绝不是一个好好先生，绝不是一个庸俗之辈。他看重官吏、士子之“才”、之作为。有才者，定创设平台，让他展示，以求作为；碌碌无为者，绝不假事权。这在一定程度上，优化了官吏的素质，促进了官吏的觉醒，也为新政的实施，为新政

① 楚双志：《变革中的危机——袁世凯集团与清末新政》，九州出版社 2008 年版，第30—31 页。

服务国家、惠及百姓提供了可能。

“在近代中国的关键时刻，反复出现‘非袁莫属’的历史格局绝非偶然。”[①] 袁世凯在关键的时刻，总有权贵之人鼎力相助，上至最高统治者慈禧太后、光绪帝，中间有重量级人物李鸿章、荣禄、奕劻，下有相当具影响力的同僚，如张之洞、刘坤一等。当“千年未有之变局”展现在面前时，袁世凯总能得各方赞许，出任对他来说最适合的位子。因为适合，才会长久，也才有发展空间。因为得各方赞许，才能稳固其位，才能不断壮大，以至一呼百应。“非袁莫属”一者说明袁世凯确实为能臣，“中国最有能力的人物”[②]，再者也说明拥护袁世凯者众多，袁世凯善于经营人才网络，善于团结人才，善于用人，关键时刻大家都愿意为他保荐，为他卖命。

袁世凯作为晚清重臣，在用人上，确实有一番自己的策略。对于能者，袁世凯基本上是不论出身，不惜代价笼络的。当年，阮忠枢曾在李鸿章幕下效力，充任袁幕僚后，袁极为重视。时阮忠枢看上天津一妓女，想纳为小妾，无奈老鸨竟要价三千两，阮没钱赎。袁世凯知道后，把那妓女赎了出来，并把阮请到天津，为他和这妓女办了喜事。阮遂对袁世凯感恩戴德，终生跟随袁世凯，为袁出谋划策。

袁世凯善于用人，但对人也极其严格，对吏治有自己的套路。袁世凯重才，对庸俗之官员，对无能之辈，多是不屑的。从朝鲜监国以来，他就这样。到了山东，他加大了吏治的整饬（上文已提及）。朝廷推行新政后，袁世凯以此为契机，整顿吏治，革新痼弊。在吏治整饬、建设上也作出了相当的贡献。归纳起来，主要体现在以下几个方面。

（一）大胆起用人才，让有才者得以崭露头角

袁世凯的爱才，在当时是有口皆碑的。他广泛结交，待人亲善和蔼。

---

① 李刚：《大清帝国最后十年：清末新政始末》，当代中国出版社 2008 年版，第 74 页。

② 赫德语，转引自李刚：《大清帝国最后十年：清末新政始末》，当代中国出版社 2008 年版，第 74 页。

"其虚怀下士，有不可及者。"[①] 时人许指严，与袁世凯有一次谋面的机会，他入袁舍，甚为紧张。袁正在看书，见客至，掷书而起，走就中楹之一长桌旁肃客坐。"袁氏丰下微髭，目光炯炯，然态度殊甚朴诚。……其时左右绝无仆从，似预告戒令暂避者。予心怦怦然，以为苟欲行事，此岂非绝好机会。顾彼如此诚恳，且有礼贤下士风，绝不似前此所传之奸恶。……百闻不如一见，古今同轨。"[②] 世人多传袁世凯奸恶，但见了面，才知道袁世凯乃"礼贤下士"之典范。时赵秉钧乃袁世凯手下级别很低的官员，袁世凯见他有才干，就委以创办巡警的重任，并命其担任保定巡警局总办，同时还奏保为知府加盐运使衔。虽然，赵乃花钱买得道员的头衔，但袁世凯不计较这些，以才干论英雄。赵在天津经营警务，颇有成效。袁世凯遂对其更为赏识，后来推荐其为巡警部右侍郎，袁世凯主政民国后，赵更是青云直上，先后任内务总长、代理国务总理、国务总理。有人或许会说，赵秉钧算什么人才呀，不就是谋杀了宋教仁吗？但能位居总理者，有几个，如果非一般能力，能坐到这位子上吗？当年梁士诒，在朝廷举行的经济特科考试中，初试得了一等第一名，但因怀疑其是维新党，复试时就被刷掉了。袁世凯知道后，就把梁收为幕僚，委梁为北洋编书局总办。梁在袁手下得心应手，受袁赏识，是民国初年财政、交通系统的领袖人物，最后也官居总理之位。

图 3-8　梁士诒

有人说，袁世凯用人无外乎是任人唯亲，但与袁世凯交往密切者都说，袁世凯用人首先看中的是才干。如无才者，即使是亲戚也不能用，"所用无私人，族戚来求

① 张一麐语，转引自楚双志：《变革中的危机——袁世凯集团与清末新政》，九州出版社 2008 年版，第 41 页。
② 许指严：《新华秘记》，中华书局 2007 年版，第 13 页。

食者，悉以己俸食给月廪，不假事权”。[①] 正因为袁世凯的爱才，大胆起用人才，并礼贤下士，“各方人才奔走于其门者如过江之鲫”[②]。这些有才干者，唯袁世凯马首是瞻，形成合力，为新政的实施提供了人才保障。

（二）派遣官员留学考察，拓展视野，祛除痼弊

袁世凯把派遣官吏留学考察视为吏治的重要手段。袁对西政多为赞赏，他认为要推行新政，官吏必须懂西政、西史。因此，他任直隶总督后，先后派遣吴汝纶、黄璟、周学熙、凌福彭等府道大员和士绅赴日本游历访问。光绪三十一年（1905 年）六月，袁世凯更是明确规定：嗣后直隶州县实缺各员，无论内选外补，未赴任者，饬令先赴日本游历三个月。袁世凯要官员赴国外游历，绝非只是外出玩玩，更不是今天所认为的一种福利待遇。那时没飞机，交通不便，加上语言不通，出国绝非是人人都争着去的。不像今天，出国考察成了一种待遇，成了旅游的代名词。袁世凯要出国游历者，考察该国行政及司法各署并学校、实业大概情形，期满回国后，还要呈游历日记，各陈所得，经审察确有收获以后，才能接印饬赴新任（考察是在赴新任之前，是为了更好地服务新任的工作，不是在任了，借助手中之权去玩玩）。

袁世凯派员外出留学考察，学有所成后回国，并给予提拔重用，这也给官场之庸、懒、昏、无为者以警醒，进而祛除官场之弊端，给官场带来了清新的气息，注入了活力。

（三）设立培训机构，提高官吏从政水平和素质

袁世凯非常重视官吏的从政水平和素质。在山东期间，袁世凯就在官员中开设相应的培训机构，培训官员。就任直隶总督后，袁世凯更是加大了对官员的培训，开设课吏馆、直隶法政学堂、幕僚学堂、仵作学堂、吏胥学堂、北洋法政专门学堂、看守学堂等，对官员展开大规模的培训。以北洋法

① 张一麐语，转引自楚双志：《变革中的危机——袁世凯集团与清末新政》，九州出版社 2008 年版，第 41 页。

② 张一麐语，转引自楚双志：《变革中的危机——袁世凯集团与清末新政》，九州出版社 2008 年版，第 41 页。

图 3-9　北洋政法专门学堂旧址

政专门学堂为例，虽然此学堂较晚才成立（1907 年开课），但影响颇大，为国家培养了政法方面的专门官员。最初学堂设专门科，仿效日本明治维新时期的法律学校规制，学制 6 年（预科 3 年，本科 3 年），本科分法律、政治两系，另设职、绅两班，职班为司法科，绅班为行政科，学制一年半。每年招 120 人（后增收山东等五省举贡 100 人），正科课程有大清律例、大清会典、交涉约章、政治学、宪法、行政法、刑法、民法、商法、国际公约、国际私法、刑事诉讼法、民事诉讼法、裁判所构成法、应用经济、财政学、警察学、监狱学、统计学、中外通商史、日语、演习裁判等，绝大部分由日本教员讲授。毕业后分优劣委派差缺。法政学堂附设幕僚学堂，专教幕僚。可以说，所培训的知识是相当全面的。袁世凯让在职与候补的官、幕、佐乃至佐杂人员都参加培训，以提升他们的素质和执政水平，取得相当可喜的效果。北洋法政专门学堂也因此被指定为全国各省同类学校的表率和样板，清政府还颁布《北洋法政学堂章程》，通咨各省照办。

“袁世凯倡设的这些学堂和机构，都在不同程度上提高了官吏的从政水准，开通了社会风气，提高了官员的认识水平，这对于开办直隶新政，促进清末直隶社会全面近代化方面皆起到了不可估量的作用。”①

（四）淘汰冗员，裁撤胥吏，提高效力

冗员实为吏治民生之害，供养加重百姓负担不说，效率低下更是误国误

① 楚双志：《变革中的危机——袁世凯集团与清末新政》，九州出版社 2008 年版，第 58 页。

民。胥吏，本是掌理案卷、文书的小吏，无官无品，社会身份微贱，但拥有实际权力。“黑衣下贱之流，而操天下之大柄”，“堂官牛，司官鳅，书吏剔嫩不得休”。晚清以来，官衙中书吏差役相互勾结，鱼肉百姓，为人民所痛恨。袁世凯也认为，“胥吏实为衙蠹，前人譬之为虎狼，未有若辈不加荡涤而能清吏治之源者”。所以，在直隶期间，袁世凯对胥吏进行裁减、清除。从光绪二十八年（1902 年）九月至光绪二十九年（1903 年）九月，袁世凯在天津县进行了两次较大规模的裁汰精简工作。据天津县令章师程禀称：“县署家丁、书吏、差役之众，甲于通省，历任以来，所用不下三千余人。该令奉饬认真整顿，首先裁去门丁不用，其司事家人，照旧额裁半，仅用五十余名。书吏则详加考验，分别去留，共用百名。差役之积习过深者，悉数革退，选募壮丁六十名，皂役四十名，此外不许另用散役一人……民间乐于去弊……交口称便。自上年八月试办起以迄今日，官无废事，役无婪索，民无扰累，业已著有成效，禀恳奏请敕部立案，以资经久。”天津县精简淘汰胥吏的举动可谓大刀阔斧。袁世凯加大治懒治庸力度，着力解决官员管理不严问题。健全了官员退出机制，切实解决了官员能上不能下、能进不能出的问题。

在精简裁汰书吏差役方面，袁世凯将之区别对待，划为三等：“性情狡猾习染最深者锄而去之；老弱无能身有烟癖者汰而去之；此外年力尚壮谨饬少过者酌量留用，倘仍破坏法律随时革除。”这样的做法既达到了裁汰书吏差役的目的，又照顾到了当

图 3-10 中国古代官员讲究排场，“坐轿子”是他们的最高政治理想。图为英国人眼中的“八抬大轿”。

时的实际情况，没有因为改革力度过大过快而出现“操之太蹙，转蹈川壅溃防”的局面。可以说，袁世凯在改革精简冗员蠹吏的做法上是成功的。

从光绪二十八年（1902 年）至光绪三十三年（1907 年），袁世凯在直隶全省裁撤了大批的冗衙冗员，这对于整顿官员队伍、促进新政发展方面起到了比较重要的作用。

在汰冗员、裁蠹吏的同时，袁世凯还在直隶地区设立了一些适应新政发展需要的新的机构，例如“宣讲所”“新民局”等。这些新设立的机构与裁去的冗衙冗员相对照，构成了清末直隶地区精简裁汰冗衙冗员后的一道风景线，它们与精简的机构和冗员相辅相成，是新政期间袁世凯整顿吏治的一个大手笔。

（五）惩治腐败，端正官风

清末官场腐败，世人皆知。袁世凯自己也腐败，行贿受贿不在少数。按理说，像袁世凯这样的人，是无权谈什么惩治腐败的。但袁世凯位居直隶总督后，还是比较重视官员队伍建设的。他在直隶设立了吏治考验处，负责官员的考核选拔，规定“凡初次到省及新选新补应行甄别人员，无论何项出身，除道府大员由本部堂延见考问外，余须经该处考验方能出具勘语，分别委以差缺”。这就有点像今天的组织人事部门，对拟选用的官员进行考试、考察，考验科目有五项：一是阅历；二是批判，如公牍文字等；三是律例，如新旧法律、各国宪法等；四是行止，如举动静躁，是否吸食鸦片等；五是口力，如对答是否详明、有无条理（相当于今天的面试）。这些对于提升官员素质，抵制腐败，起到了一定的作用。在设立考验处的

图 3-11　新政时期的袁世凯与官员合影，前排中间者为袁世凯。

同时，袁世凯还设立了吏治调查处。调查处的职权相当大，负责“凡有关官民相讦及一切明察暗访事宜”。这就有如今天的纪检监察部门。调查分为平时与临时两种。平时主要了解官吏政绩、采访舆论；后者查办奏参要案、总督指交事件、各官互相禀讦事件、绅民控告官吏事件等。这些对于查处贪污腐败起了重要的作用。

官风不正、官场“陋规”盛行，也是推行新政的阻碍之一。袁世凯深切地感到其危害性：“近世仕习日坏，吏治日偷。其贿赂潜通者，或尚慑于公议、怵于人言，而不能公然以婪索。其有明目张胆，昌言不讳，与之而俨成为例，取之而不觉其非者，则莫如收受陋规一事。”“陋规”又称“规礼”，指年节时令下级向上级奉送“常例”的金钱和礼物。清代官员俸禄微薄，办公用度浩繁，不得不行此举。但长官为饱私囊，无不取之多多益善；属员为保禄位、谋肥缺，无不非分钻营、搜刮贡献。袁世凯认为吏治一定要废“陋规”，以整官风。他采用提陋规、改公费的老办法：即按各官向来所得多少，明定等级，酌给公费，多者月给一千两，少者一百两或五十两，不得私相授受，否则严加治罪，以养官之廉，止官之贪。袁世凯的这种办法及措施得到了朝廷的认同和赞赏，并把之作为模范向全国各地加以推广。此外，对新官上任，下属要为其修建官房宅第；上级官员过境，当地官员需付护送费等陋规，袁世凯都下令给予废除。在清末腐败的官场中，这些到底能起到什么效果，不得而知。但袁世凯毕竟在破除官场陋规、端正官风上做出了努力。①

总的来说，新政时期，袁世凯对直隶吏治大刀阔斧地整顿，借以消除吏治方面的积弊，取得了一定的成效。这对于改善直隶的政治环境，推动直隶全方位的近代化具有十分重大的意义。从这一点上来看，袁世凯督直时期直隶举行新政负全国模范之名，不是没有缘由的。

---

① （四）、（五）部分的内容参考楚双志：《变革中的危机——袁世凯集团与清末新政》，九州出版社 2008 年版，第 58—63 页。

扩充北洋，强盛军力

军队乃国家之柱石，晚清以来，特别是甲午战败以来，编练新军，强盛军力，成了朝野的共识。清末推行新政后，军队建设再次被摆上重要的位置。义和拳运动和庚子事变，都警示着统治者，要保住统治地位，就必须有强大的军事力量。而要有强大的军事力量，就必须编练新军，以新替旧。清末新政时期的编练新军，是在小站练兵的基础上，对军事领域进行全方位的、系统的改革和提升。这个时期，从西式武器的购买、制造，到新式陆军、海军的编练，以及近代型军事人才的培养，近代军事制度的建立和完善等，都更加系统、科学，从而初步建立了一个近代国防体系。尽管这个体系在当时是内战有用，外战无用，但它毕竟是中国军事现代化的开端，在中国近代化、现代化进程中具有重要的历史意义。袁世凯作为练兵会办大臣，以他独有的方式和开创的精神，为中国的近代、现代军事建设做了自己的努力。

袁世凯创办新军，对于清之军事改革有着不可忽视的作用，是为清之军事走向现代军事的先声。袁世凯小站练兵时，日本记者佐藤铁治郎就给予了极高的评价。他说，在甲午战争之前，“战事最剧烈者，惟洪、杨之乱。曾国藩、李鸿章辈，不过同室操戈，互相残杀而已。当时所谓湘淮两军者，亦第朝成军，暮御侮，以乌合敌乌合，无所用其训练也”。[①] 在佐藤铁治郎看来，在袁世凯之前清之军队，乃乌合之众，军之作战也只不过是同室操戈、互相残杀而已。这点的确如此，晚清以来，国之军队，不是为了抵御外侵，而是为了维护自身统治而同室操戈、互相残杀；或者说在抵御外侵时总是软弱无能，甚至投降了事，而在镇压国内反抗力量时却多能威猛善战，杀同胞而后快。在佐藤铁治郎看来，袁世凯小站练兵大有别于清之前之军事，有大创之

① ［日］佐藤铁治郎：《一个日本记者笔下的袁世凯》，孔祥吉、村田雄二整理，天津古籍出版社 2005 年版，第 117 页。

意义（其实，军队乃国家统治之工具，有抵御外侵、保国之完整之责，也有镇压反抗力量，维护其统治之责。辛亥革命爆发后，袁世凯就用他所训练的军队来对付革命军，也是同室操戈，互相残杀）。

推行新政后，袁世凯的编练新军也“有大创之意义”：

一是征兵制度。小站练兵时，虽然也对招募士兵作了标准规定（上文已经介绍），但其招募士兵仍沿用湘、淮军之招募制。新政时期的编练新军，袁世凯更重视士兵之招募。过去招募士兵，属于雇佣，军人地位低。袁世凯特创征兵制度，重视军人资格，使军人家族与绅衿平等。1902 年 2 月，袁世凯在新建陆军募兵章程的基础上，修订成募兵格式八条，严格了入伍新兵的选拔。同时修订募练新军章程十一条，率先在中国仿行外国的征兵制度，开始招募新军，使士兵具有了义务兵性质。征兵制度首创以来，一直延续至今，虽有不断修改，但大体精神依旧，这也足以看出其意义之所在。“征兵制度，既有成效，清廷遂谕各行省仿行……支那征兵制度之能行于全境者，当推袁世凯为首功也。”①

二是开办军事学堂。小站练兵时，袁世凯已经开始开设官兵学堂，培养军事人才。但相对而言，这个时候的军事学堂，数量有限，培训性质较重。而新政时期的军事学堂，军事院校的性质明显，而且广设学堂，直接促使了军事教育体系的形成。保定参谋学堂、北洋陆军武备学堂、保定测绘学堂、北洋陆军师范学堂、陆军军官学堂等皆在袁世凯手上创办，培养了许多著名的将领。此外，还设立了军医学堂、马医学堂、经理学堂、军械学堂、电讯学堂、宪兵学堂等专科学堂和陆军小学堂、讲武堂、学兵营等基础学堂，形成了一个等级与门类都比较完整的军事教育体系。从“为救时之用”逐步走向完善，从培养带兵勇将逐步走向培养高层次军事人才，军事教育进入常规化、制度化，加速了军事人才的系统培养。

三是建立完备的军制。光绪二十八年（1902 年）6 月，袁世凯效仿德国

① ［日］佐藤铁治郎：《一个日本记者笔下的袁世凯》，孔祥吉、村田雄二整理，天津古籍出版社 2005 年版，第 133 页。

图 3-12　1905 年清军阅兵及训练

常备军制度，制定《北洋常备军营制饷章》，把军队分为常备兵、续备兵、后备兵三种。服现役的称为常备兵，服役三年，支给全饷，每月饷银四两二钱，有如现在的现服役军人；三年后退伍回家，列为续备兵，月支饷银一两，平时在家各就其业，每年十月操练一次，以一个月为度，操练时发给全饷，有如现在的退伍军人；再三年列为后备兵，月饷为续备兵之半，每隔一年操练一次，四年期满，退为平民，停止饷银。遇有战事，续备兵、后备兵须听从征调入伍。常备兵的编制，以两镇（相当于后来的师）为一军，每镇辖步队两协（相当于后来的旅）、马队一标（相当于后来的团）、炮队一标、工程队一营、辎重队一营。营下为队（相当于后来的连），队下为排，排下为棚（相当于后来的班）。这一军制的建立，一改旧军以营为单位的编制，建立了更为科学的军营建制。这军营建制经过不断发展完善，一直延续至今。

光绪二十八年（1902 年）初，袁世凯派王英楷、王士珍等人分别到直隶正定、大名、广平、冀州、赵州等地，选募壮丁六千人，编为十个营，集中保定训练。这支军队被称为“新练军”。是袁世凯新政时期编练新军的开始。随后，袁世凯在这“新练军”的基础上，增加了两个营，同时又陆续添充马队、炮队各一标，工程队、辎重队各一营，这样就编成了北洋常备军左镇，后来改称北洋常备军第一镇，驻迁安。光绪三十一年（1905 年），又改称第二镇，驻保定、永平。光绪三十年（1904 年），日本和俄国为宰割中国东北地区而发生尖锐冲突，东北局势紧张。袁世凯与奕劻会商后，决定以原北洋新军为基础，并到河南、山东等地招募新兵，组成北洋常备军右镇，后改称北洋常备军第二镇，驻马厂。光绪三十一年（1905年），又改称第四镇。光绪三十年（1904年），袁世凯派员到北方儿省大量招募新兵，编成北洋常备军第三镇，先驻保定，后驻山海关至奉天一带。光绪三十一年（1905年）一月，袁世凯将驻北京的武卫右军和自强军编成北洋常备军第四镇，驻扎南苑、海淀一带。后改称第六镇。同年四月，袁世凯又以山东武卫右军先锋队为基础，另招募了一些新兵，合编成北洋常备军第五镇，驻济南及潍县一带。同年五月，袁世凯将此前编练的京旗常备军（光绪二十八年，即1902年，袁世凯从北京挑选八旗壮丁三千人，分四营，进行集中训练，称京旗常备军，以铁良为编兵翼长）扩编成独立的一个镇。先驻保定，后移驻京北仰山洼，这样，在短短的三四年里，袁世凯就完成了北洋新军六镇的编练工作。

图3-13 北洋新军在训练

与此同时，清廷还保留着相当数量的旧军，旧军主要有满八旗、绿营和巡防营三大类。满八旗共二十五镇，号称二十五万，实际仅十八万三千人，分驻于北京、南京、广州、福州、西安、荆州等城市。除驻北京的神机营、火器营、健锐营、圆明园八旗三营等使用新式枪炮外，大都仍旧使用刀矛弓箭。旗营官兵为世袭制度，生而吃粮，颓废不堪，甚至有的不识弓弩为何物，已腐化为一种专靠俸禄过活的寄生虫。全国绿营经多次裁减，到光绪三十一年（1905年）仍有四十四万四千人，据记载，此种兵丁散驻各州县，半皆其土著，平时绝不操练，枪械衣帜率皆霉敝不堪……不必说应战事，即捕缉盗贼亦难得力，甚有全营空额，并无此兵。巡防营稍微好些，它是光绪二十七年（1901年）以后从绿营中“挑选精壮”陆续编成的，大部分则是由防军和练军改编的。自李鸿章镇压捻军以后，湘淮军等勇营驻防各省要地，称为防军。所以巡防营也可以说是防军和练军之变名。巡防营由各省督抚提镇统率，是地方的军队。如当时广西龙济光和陆荣廷，奉天张锡銮和张作霖，以及张勋等人所统率的巡防营，都是这类军队。巡防营从旧军中脱胎而来，军官多是行伍出身，仍以统带官的姓氏为旗号，但使用新式武器，练洋操。所以算是半旧半新式的军队。但这三类军事力量，与袁世凯的北洋六镇皆不可比拟。第一，袁世凯的新军表面上改变了旧军“兵为将有”的情况，打破了旧军以营官的姓氏为旗号的旧规。第二，与旧军军官出身于行伍，不少目不识丁，对新式武器陌生，对测绘、行军、水路工程等更是一窍不通相比，新军各级军官，尤其是中下级军官，大部分经过各种武备学堂长期或短期训练，掌握了一些近代军事技能和现代军事知识。第三，旧军各营所用武器十分庞杂，既有大刀长矛，也有洋枪洋炮。新军禁止使用刀矛，装备完全近代化。如北洋各镇都装备有近代大炮，除第一镇步兵使用日本制造的麦及枪外，其余五镇都用新式毛瑟枪，带刺刀。军服为蓝色（后改为土黄色），仿欧式，标红色徽号。军官在帽檐上加标军阶级别。表面看去整齐划一，与组织涣散、缺乏训练、衣冠不整的旧军比较起来，迥然不同。第四，士兵质量不同，旧军入伍没有一定条件，素质较差，而且来去无恒，兵不足额，新军入伍条件严格，素质自然就提高。总之，袁世凯的北洋六镇在当时的全国各省新军中人数最多，官兵达七万人之多，而且训练正规、装备先进，战斗力强，“可以说是当时中国最强大的一支现代化武装力量”[①]。当朝权贵们也一致把袁世凯的新军视为擎天柱石，“客观地说，袁世凯在其中起了突出的作用”[②]，并且在北洋新军和袁世凯的带动下，清政府推出了分省限年编练新军三十六镇的庞大计划（到清朝灭亡前夕，实际上只编成十四个镇和十八个混

① 楚双志：《变革中的危机——袁世凯集团与清末新政》，九州出版社2008年版，第65页。

② 周溯源：《北洋军阀鼻祖袁世凯》，黑龙江人民出版社1997年版，第101页。

成协，总计十七万余人，北洋六镇约占三分之一），国家军事力量得以强盛，军事现代化得到迅猛发展（当然，这支军队后来成为镇压革命军的重要力量，但这并不是军队缔造者的初衷）。

警察制度，一手操办

“警察”二字，对于今天的我们来说并不陌生。但在一百多年前，警察，对于大多数人来说还是个新鲜的事物。自1829年英国创建近代西方历史上第一支职业警察队伍以来，西方各国相继建立了职业警察制度。但我国在警察制度建设的探索上，却是姗姗来迟，可以说是在内困外患的被动状态下才开始的。在晚清新政前，我国的治安问题，主要通过保甲制度来推行。保甲制度是我国封建王朝长期延续的一种社会统治手段，它的最本质特征是以“户”（家庭）为社会组织的基本单位，而不同于西方的以个人为单位。儒家的政治学说是把国家关系和宗法关系融合为一，家族观念被纳入君统观念之中。正因为这样，保长牌头成了宗族势力的代表，有的借机借端鱼肉众户。19世纪中叶后，外国列强不断侵略中国，使原本脆弱的保甲制度受到了冲击，在这种形势下，团练在仓促之下应急产生。团练，比起保甲，更是有过之而无不及：一方面，地方豪绅借团练之名，将一部分军费负担转嫁到极端贫困的乡民头上；举办团练的士绅有时又把团练作为发财手段，他们甚至不惜与贪官勾结，向交不起“团练费”的乡民勒索“免狱费”，然后二者分而食之；或者与盗匪勾结，与匪首坐地分赃。另一方面，有的团练不仅不维护治安，反倒对当地的动荡局面推波助澜。庚子之役后，外国军队进驻北京。在内外双重挤压下，中国的治安就变得一片混乱。为了维护统治，于是有了中国近代警察制度的诞生。袁世凯正是这“石破天惊”事情的倡导者。

中国近代警察制度的发端，本是为了接替八国联军在北京的占领区设置的所谓的“安民公所”的职责。当年联军撤出北京，为了收回管辖之权，清政府于光绪二十七年（1901年）设立了“善后协巡营”，不久改为“工巡总局”。对于朝廷推行警政，身为直隶总督的袁世凯最为积极响应，在各省中率先开办警察局。光绪二十八年（1902年），袁世凯在保定创办巡警。稍后，袁世凯在天津又招募三千人，充为巡警，并编列十局。对于袁世凯创办巡警之起因，当时的日本记者佐藤铁治郎是这样理解的：袁世凯初调北洋，值天津海河一带盗贼蜂起，与各国缔结善后条约，距天津六十里，不准驻屯军队。时天津尚未交还，袁驻保定，未雨绸缪，以闾阎不靖，无兵焉能捍卫？袁就计于西人某君，在西人的指点下，袁世凯遂创设巡警，并聘粤人英籍之王昆士等警官教授警察大义。[①] 依佐藤铁治郎之理解，袁世凯乃因看到天津缔结给外国人，不能驻屯军队而不能自保，遂萌生创办巡警以捍卫主权之举。袁世凯此般为国之心，此般图强之举当为国人所景仰。但是我们国内的史学家们大多是不赞同此说的，多称：袁世凯创办巡警之目的是袁世凯为了加强自身权力而为的，袁视警察和军队乃政权中的两大支柱。其实，袁世凯创办警政的原因，在《创办保定警务并添设学堂拟订章程呈览折》中已经有明确的概括了：“中国自保甲流弊，防盗不足，扰民有余，不得不改弦更张，转而从事于巡警。”“查各国警察，为内政之要图，每设大臣领其事。盖必奸宄不兴，而后民安其业，国本既固而后外患潜销。且国家政令所颁，于民志之从违，可以验治理之得失，而官府所资为耳目，借以考察舆情者，亦惟巡警是赖。”“直隶自庚子以来，民气凋伤，伏莽未靖，非遵旨速行巡警，不足以禁暴诘奸，周知民隐。”天津“尤虑华洋交替之行，非徒乘间思逞，情形较内地尤为紧要，是非举办巡警无以靖地面而清盗源”。[②] 袁世凯认为，保甲制度流于弊端，当以改革，转而从事于巡警；

---

① ［日］佐藤铁治郎：《一个日本记者笔下的袁世凯》，孔祥吉、村田雄二整理，天津古籍出版社2005年版，第139页。

② 廖一中、罗真容整理：《袁世凯奏议》（中），天津古籍出版社1987年版，第604—605页。

而且国外的警察制度经过实践，卓有成效，可以效仿；警察制度的设立可以“清内匪”，达到“治内”的目的。袁世凯的此般认识，应该说是客观的，也是与当时的实际情况相吻合的。“袁世凯在奏请创设保定警务局、警务学堂的奏折中，根据现代国家概念的需要，建议把国家武装力量分成常备军和巡警军，前者‘御外侮’保卫国家安全，后者‘清内匪’维护地方治安。这样的观念，已跟当时西方国家接轨了。”[①] 捍卫主权也好，为了自身捞取权力也好，警察制度毕竟在袁世凯手上创办了。袁世凯创办警察制度，是袁世凯在清末新政中的一项重要而又有一定成效的内容，它加快了中国警察制度近代化的进程，而且“袁世凯当时对巡警职责范围的规定已具现代警察的职责特征”。[②]

为了真正推行警察制度，提高警察队伍素质，从警察制度设立之始，袁世凯就非常注重警员的教育与培训工作。袁世凯深知“学堂实为全省警务基础”，遂向光绪帝上奏：“臣于四月间，查办西法，拟订章程，在保定省城创设警务总局一所，分局五所，遴委官员筹办，挑选巡兵五百人，分布城厢内外，按照章程行之两月，地方渐臻静谧，宵小不至横行，似已颇有成效。但事属草创，非精益求精不可，拟更添设警务学堂

图 3-14　天津租界巡捕房巡警

① 赵焰：《晚清有个袁世凯》，广西师范大学出版社 2009 年版，第 76 页。

② 康大寿、康黎：《袁世凯与清末法制改革》，载苏智良、张华腾、邵雍主编：《袁世凯与北洋军阀》，上海人民出版社 2006 年版，第 202 页。

图 3-15 巡警在操练

一所，责令巡兵分班学习，并令警务各官弁入堂讲习。”[①] 袁世凯深知要在较短的时间内造就新式警察，就必须依靠教育和培训。在对警员的教育和培训上，袁世凯可谓不遗余力。他“在津设立警务学堂，饬令各巡局弁兵丁分班肄业，延订洋员充当教习，编译外国警务诸书，立定课程，为之讲贯，务令一兵一弁皆由训练而成”[②]。亲自组织翻译，输入专门学问，为后人享用，“在能译警察学之书籍，输入专门学问，以享受社会。使后之学者，苟能因既有之学，专心研究，以继长而增高之，其进步尚有穷极耶？”[③]

光绪二十八年（1902 年），袁世凯于保定首开巡警学堂，接着又设天津警务学堂。光绪二十九年（1903 年），保定巡警学堂归并于天津，更名为北洋巡警学堂。对于开办警察学堂，有如新式教育一样，困难和压力是非常大的。由于当时国内警察教育师资严重匮乏，权宜之计，袁世凯请来日本人充当教习，一些学堂的管理因此几乎掌握在日本人手中。袁世凯自然

① 廖一中、罗真容整理：《袁世凯奏议》（中），天津古籍出版社 1987 年版，第 605 页。
② 廖一中、罗真容整理：《袁世凯奏议》（下），天津古籍出版社 1987 年版，第 1056 页。
③ ［日］佐藤铁治郎：《一个日本记者笔下的袁世凯》，孔祥吉、村田雄二整理，天津古籍出版社 2005 年版，第 143 页。

不会允许日本教习一直垄断中国警察教育，他积极派遣留学生前往日本学习警务，目的之一就是要收回警务学堂管理权。在等待的过程中，袁世凯首先责令亲信赵秉钧管理警务学堂事宜，培养巡警官弁。北洋巡警学堂设立后，规模不断发展壮大，而且管理权掌握在中国人手中，遂对全国的警察教育制度产生了示范性作用，各省纷纷效仿袁世凯，开办警务学堂，如署理四川总督、广东巡抚岑春煊认为办理警政应以警察教育为先导，因此他在四川创办警政之前，首先在成都设立了一所警察学校。他在一道奏折中写道："现在京师及直隶均开立警察学堂……臣谨师其意，先与成都创立四川通省警察学堂挑选文武官吏五十名，择聘教习，就四川民情之所能安而为四川警察官之必所学者，编辑课本，不矜繁博，简易速成。三月毕业，定于十一月初三开学。俟有可任之人，即先行之省会。如尚无窒碍，而复宽筹款项，明夏秋之际，续选第二班学生更教以精深之法，以推广于各州府县。"[①] 光绪三十一年（1905 年）左右，京师和各省派往日本学习警务的留学生陆续回国，警务学堂师资匮乏的问题得到缓解，光绪三十二年（1906 年），趁与日本教习合同期满之机，清政府成功地收回京师警务学堂的管理权，一度以日本教习为主的教学岗位上出现了不少接受过新式教育的中国教习，一批品学兼优的留日学生承担起警察学科的教学工作。至此，权宜之计带来遍地开花的结果。

袁世凯作为警察制度和警察教育制度的首倡者，对整个警察制度建设多亲自草拟奏章，以求顺利推行。袁世凯在考察日本警察教育制度的基础上，草拟了《警务学堂设立主旨》，详细规定了警察教育各肄业学期以及学习功课等事，并且指出，此主旨虽略尽警务大要，然究属应一时之急需，学期既促，造诣亦浅，未免涉于粗略，须俟北京警察办有规模，及警务人员充实之后，再设高等学科，展长期限，于警察官吏中择取品学兼优者，授以深奥学业，俾得培养贯通原理，深明警务之警察官吏，以备大清政府推广警察之

① 光绪二十八年十月二十八年岑春煊奏折，中国第一历史档案馆馆藏档案。

图 3-16　天津警察总局旧址

用。此外，袁世凯还草拟了《警务局章程》《警务学堂章程》《保定警务局站岗规矩》《直隶警务处试办章程》《天津四乡巡警章程》等，从制度上，草创了警察制度框架。他做事肯定一板一眼，按照既定的规矩办事。作为一个多年的职业军人，袁世凯深信只有秩序才能带来效率。《剑桥中华民国史》精辟到指出：他迷恋规章制度和程序规定。这样的袁世凯制订各项警务章程也就不足为奇了。《警察局章程》分五章，从“招募”“局制”“职守”“办法”“赏罚”五个方面，规范了巡警的充任条件、警务的管理、警察的职责、警察的赏罚等。《警务学堂章程》则对警察教育目的、学堂要求、学时、课程设置、学员管理等都做了明确的规定。《直隶警务处试办章程》则对警察编制做了具体规定。有些规定相当细致，例如“职守”中规定了警务局中官职的大小。“总办为各局表率”，“各分局以巡官主之，归总局管辖……清理街面，保卫人民是其专责”。巡官之下又有巡弁和巡记。巡弁管理本局巡长、巡目、巡兵。巡兵负责“站街、巡街”；巡记管理本局账目、户册、文牍、卷宗。“办法”中规定了警察从事日常工作的办法。“警察入手以清查户口为先，清查有二法：曰定时清查，曰随时清查。”清查之时更是规定了诸多条件，如“凡查户应于士绅、平民之外有分别者……”“凡查户应详记册档……”“凡查户最宜著意者……”大小巨细，无所不备。清查户口之外，“巡兵当差，有站街，有巡街，有休息。”除了以上两项常规任务，虽然“应防应查之事，不能预定”，但袁世凯还是列举了很多情况作为执行任务的标准。例如“凡有关于往来行人及夹带物件者，尤须加意……”“凡有关于道路、桥梁、沟渠急宜查看者……”“凡夜间宜加意查看之事……”等等。这些都成为清政府推行警政有规可循的法律依据，也都为近代警察制度的健康发展奠定了基础。

袁世凯在重视警察教育的同时，还十分重视警察学术。袁世凯督直期间，《直隶警察杂志》办得有声有色，实际上被各省奉为楷模。《直隶警察杂志》的特点是：（一）刊数多。每月两期，初一、十六发刊。（二）读者面广。该刊采取文言与白话兼有的方式（以前我们都以为白话文是五四运动的产物，没想到袁世凯督直时，就已经有了，不知道这是不是袁世凯开明文化观念的体现），文言所以备警员之研究，白话所以增巡警之学识。这对于不同文化水平的警察官员都能适用。（三）内容丰富、形式活泼。该刊不仅有宣传官方的文件、政策之内容，而且很注重采集各地的警察信息，翻译、介绍各国的警察制度和理论，尤其是用白话编演关于巡警、侦探极有机智之短篇小说，以使巡警足以开豁心思、振动灵机为宗旨。它对推动清末直隶警察教育和学术的提高具有十分重要的意义。[①]

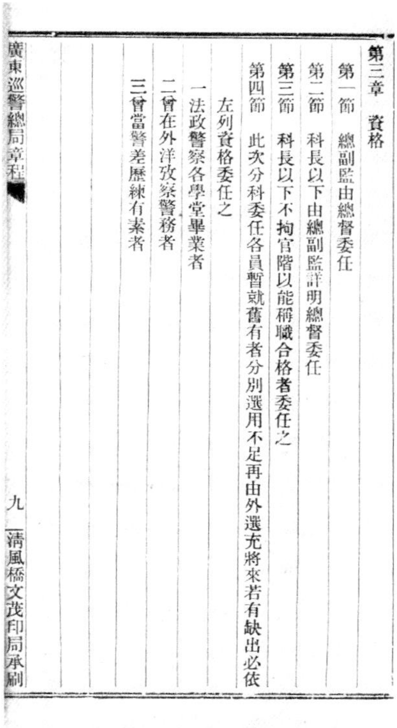
第三章　資格
第一節　總副監由總督委任
第二節　科長以下由總副監詳明總督委任
第三節　科長以下不拘官階以能稱職合格者委任之
第四節　此次分科委任各員暫就舊有者分別選用不足再由外選充將來若有缺出必依
左列資格委任之
一法政警察各學堂畢業者
二曾在外洋攷察警務者
三曾當警差歷練有素者
廣東巡警總局章程　九　清風橋文茂印局承刷

图 3–17　广东巡警总局章程部分目录

袁世凯对于警察制度建设的另一贡献就是对“反腐”的重视。保甲鱼肉人民，被人民所痛恨；警察手中有权，贪污腐败在所难免。如果不加以严格防范，那警察制度也将流于弊端，为人民所抛弃。在袁世凯初行警政时，有唐绍仪荐曹家祥负责具体事宜。曹家祥贪污腐败，家资暴富，还与唐绍仪等

① 楚双志：《变革中的危机——袁世凯集团与清末新政》，九州出版社 2008 年版，第 88 页。

开公司以权谋利。“当时袁受唐绍仪等蒙混，曹之劣行概不知也”。[①]袁世凯知后，就撤了曹家祥，并遣赵秉钧“锐意改良，处处考核，不稍松懈”，袁世凯更是“常于晚间微行，至警察出张所考查”，“故天津警政乃大有可观”。北京之警政，“亦大有文明景象焉”。[②]警察之腐败，袁世凯自是知道，在当时的中国哪个部门没有腐败呢？何况手中还有特殊权力的警察呢？袁世凯撤了曹家祥也算是警示，至于真正的效果，就不得而知了，但不管怎么说，警察制度施行，以及在端正警风上，袁世凯的确也做了些工作，不能完全抹杀。“凡事皆难于图始，而警政为支那从来未有之文明，创始尤难。乃袁当创之初，即为曹家祥所破坏，其势几难再振，而袁独百折不回，力求进步，竟能于破坏之余，得收美备之效果。”[③]

光绪三十一年（1905年），在前面试办警政的基础上，袁世凯建议清廷设立巡警部，并任命袁世凯的心腹署兵部左侍郎徐世昌为尚书、直隶候补道，同样为其心腹的赵秉钧为右侍郎，以内阁学士、原工巡局总监毓朗为左侍郎。巡警部的成立，意味着中央最高巡警指挥机构的建立。光绪三十二年（1906年），清政府又发布上谕，将巡警部改为民政部，下设四科：行政警务科、高等警务科、司法警务科、警学科。民政部设立之后，中央的警察机构大体完备和定型。光绪三十三年（1907年），清廷谕令内阁设立巡警道。巡警道设立以后，各省所属厅、州、县均设有警务长一员，并将管辖地方划分为若干区，分设区官若干员，在巡警道及地方官的指挥和监督下管理各该地方的警政。巡警道受民政部监督。这样，地方警察机构大体趋于一致，地方受制于中央。至此近代警察制度完全确立。袁世凯作为警察制度的草创者，对近代警察制度的建立作出了贡献。“总的看来，警政的推行是袁世凯督直

① ［日］佐藤铁治郎：《一个日本记者笔下的袁世凯》，孔祥吉、村田雄二整理，天津古籍出版社2005年版，第139页。

② ［日］佐藤铁治郎：《一个日本记者笔下的袁世凯》，孔祥吉、村田雄二整理，天津古籍出版社2005年版，第140页。

③ ［日］佐藤铁治郎：《一个日本记者笔下的袁世凯》，孔祥吉、村田雄二整理，天津古籍出版社2005年版，第143页。

时期人所称道的主要政绩之一。虽然袁世凯在直隶与京师创办警局和推广警政主要是出于镇压和消弭人民革命，稳固清王朝统治的需要，发展自己集团的势力，但直隶与京师警政的发达客观上对于稳定直隶

图 3-18　警察学员的合影

与京师地区的社会秩序也起到了一定的作用。自光绪二十八年（1902 年）四月直隶推行警政以后，直隶的社会秩序是比较稳定的。另外，袁世凯引进西方资本主义警察制度，这本身就是中国向近代化道路上迈出的重要一步。”[①]

司法改革，首推其功

古代中国是个封建君主专制国家，对法律的漠视是世人皆知的。法律对于统治者来说，也几乎是杀人偿命、谋逆株连九族等简单的理解。清朝作为我国最后一个封建王朝，在“法”的建设上，似乎还有点成效。鸦片战争前，为了适应经济发展和扩大统治的需要，满清统治集团的有识之士就主张积极吸收汉族法制文明的成就，先后制定了《大清律集解附例》（这是清朝通行全国的第一部成文法典）、《刑部现行则例》、《大清律集解》、《大清会典》等。同时还针对少数民族聚居区的管辖，制定颁布了一些适用于少数民族聚居地区的单行法规，如《蒙古律例》《理藩院则例》《回疆则例》《钦定西藏章程》《西宁青海番夷成例》《苗疆事

① 楚双志：《变革中的危机——袁世凯集团与清末新政》，九州出版社 2008 年版，第 88 页。

宜》等。这些法律维护了统治集团的利益，特别是保障了满族贵族的统治地位。鸦片战争后，随着西方司法体制传入中国，有识之士日益认识到法律对于治理社会的重要意义，特别是晚清新政时，司法制度建设，也成了新政的重要内容。袁世凯对近代司法制度建设、司法改革提出了系统主张并进行了卓有成效的实践。

1908 年 4 月，美国记者托马斯·F. 米拉德采访袁世凯，当问及大清国当前最需要改革什么时，袁世凯说："我们的财政制度、货币流通体制以及法律结构。只有做好了这些事，大清国才能恢复完整的主权。……"[①] 对于法律建设，袁世凯的确比当时的一般官员更具充分认识、更具开阔思维、更具前瞻思想。早在新政之初，袁世凯就说："窃维经世宰物之方，莫大乎立法。律例者，治法之统纪，而举国上下胥奉为准绳者也。"[②]

《辛丑条约》后，法制改革的呼声被提到议事日程上来。光绪二十八年（1902 年）四月，袁世凯与张之洞、刘坤一联名奏请朝廷，要求改良法制。云："我朝律例，邃密精深，本无可议。但风会既屡有迁嬗，即法制不能无变更。方今五洲开通，华洋杂处，将欲恢宏治道，举他族而纳于大同，其必自修改律例始。查泰西各国，区域虽分，而律例大都一致。其间有参差者，亦必随时考订，择善而从。如造车者之求合辙，务期推行无阻而后已。遐稽法、德，近考日本，其变法皆从改律入手。而其改律也，皆运以精心，持以毅力，坚苦恒久，而后成之。故能雄视全球，得伸自主之权，而进文明之治，便民益国，利赖无穷。"[③] 在袁世凯等人的奏请、保荐下，朝廷下旨："现在通商交涉，事益繁多，沈家本著派沈家本、伍廷芳将一切现行律例，按照交涉情形，参酌各国法律，悉心考订，妥为拟议。务期中外通行，

---

① ［美］托马斯·F. 米拉德：《清国铁腕袁世凯采访录》，载郑曦原编：《帝国的回忆——〈纽约时报〉晚清观察记》，李方惠等译，当代中国出版社 2007 年版，第 142 页。

② 廖一中、罗真容整理：《袁世凯奏议》（中），天津古籍出版社 1987 年版，第 475 页。

③ 廖一中、罗真容整理：《袁世凯奏议》（中），天津古籍出版社 1987 年版，第 475 页。

有裨治理。”[①] 沈家本乃当时法学界的鼻祖，他长期任职于刑部，不仅熟悉历代帝王典章、刑狱档案，“是谙熟中国古代法律、并在一定程度上给予批判总结的著名法学家和改革清朝法制的执行者”[②]，而且他还热心介绍和探索西方法律和法理精义，是当时中国比较全面地了解西方法制的代表人和企图改革中国封建旧律的法律专家。在沈家本的主持下，修订法律馆翻译了日、美、德等十余国的数十种法典和法学著作，其中，刑法学方面的主要有德、俄、法、意、日等国的刑法，法理学方面有日本的《法律学纲要》《法学通论讲义》等，宪法学主要有《列国政要》《法意》《各国宪法大纲》《英国宪法论》《立宪论》《法兰西宪法》《宪法精神》等，诉讼法和司法机构组织方面的有《日本刑事诉讼法》《日本刑事诉讼法论》《德国民事诉讼法》《德意志旧民事诉讼制度》《美国刑事诉讼法》《法国刑事诉讼法》等。沈家本在将外国法典、法学著作介绍到中国的同时，也把西方的司法制度移植到了中国，中国近代司法制度由此发展，并最终形成体系，奠定了中国的法制基础和基本走向。

袁世凯举荐沈家本等人主持法制改革，使清末法制改革卓有成效，这是袁世凯对近代司法制度建设的第一个贡献。其实，袁世凯这个人，虽然自己本事一般，但他最大的优点就是礼贤下士，善于发现人才，尊重人才，并大胆重用人才。在司法改革中，他除了举荐沈家本以外，还保举、重用了金邦平、杨度、沈曾植等人。这些人后来大多成为袁世凯推行司法制度改革的先锋，在近代司法制度建设中作出了不用程度的贡献。此外，袁世凯还大力培养新式司法人才，建议清廷设立修律馆，“广储精通法律方面的人才”；创办直隶政法学堂等，培养专门人才，以施“良法”；选派官绅，出洋学习政法，并重用学成归国者；等等。

袁世凯对近代司法制度的另一贡献是提出了系统的司法主张。学者楚

---

① 《清德宗景皇帝实录》卷四九五，中华书局 1987 年影印本，第 537 页。

② 张晋藩语，转引自王先明：《袁世凯与晚清地方司法体制改革》，载苏智良、张华腾、邵雍主编：《袁世凯与北洋军阀》，上海人民出版社 2006 年版，第 210 页。

图 3-19　沈家本

双志做了很好的概括，其中包括：主张按照西方法典，民刑分开；主张司法独立；主张建立检察官制度；等等。[①] 在民刑分开上，袁世凯认为："各国诉讼，民刑二事，办法迥乎不同，盖民事只钱债细故，立法不妨从宽，刑事系社会安危，推鞫不可不慎。日本刑事案件，多由检事提起公诉，以免冤狱而省拖累，采取此制，可期庶狱之敉平，而旧日之藉端讹诈，及觗法私和等事，亦即不禁自绝。至起诉之后，所有搜查证据，逮捕人犯，必非一、二承审官所能为力。是以特设预审一官，以为承接机关。盖既经预审，则案中节目，必已成竹在胸，然后移送公判，众证确凿，供招较易。此慎重刑事之实在情形也。"[②] 袁世凯这一主张具有相当的前瞻性，长期以来，中国的法律是民刑不分，要么把简单的案件复杂化，要么对危害甚深的案件轻易放过，量刑没有章法可循。民刑分审，这对整个法律制度建设是相当大的突破，奠定了中国现代法律建设的基础。在司法独立上，袁世凯也相当积极，他指出："司法独立，万国通例。吾国地方官兼司听断，救过不遑。近今新政繁兴，诸需整顿，亟宜将司法一事，分员而治，各专责成，以渐合立宪各国制度。"[③] 袁世凯主张司法独立，是相当有预见性的。司法权的责任在于公正裁断纠纷，这种思维上的判断权极易受外界干扰。古代司法在行政的卵翼下，未形成独立系统，正当程序难以萌生。这是因为在皇权专制社会，权力的结构和功能缺乏分化和独立

① 楚双志：《变革中的危机——袁世凯集团与清末新政》，九州出版社 2008 年版，第 173—174 页。

② 廖一中、罗真容整理：《袁世凯奏议》（下），天津古籍出版社 1987 年版，第 1493 页。

③ 转引自康大寿、康黎：《袁世凯与清末法制改革》，载苏智良、张华腾、邵雍主编：《袁世凯与北洋军阀》，上海人民出版社 2006 年版，第 204 页。

所致。作为程序正义的灵魂，分化与独立是指一定的结构和功能演变成两个以上的组织或角色作用的过程，并要求分化后的组织或角色能独立实现其价值，于是明确其相互之间的活动范围、权限等。司法独立是政体结构正义的首要原则，具有根本性。反之，司法不独立，程序正义就无从谈起。袁世凯的这一主张，是司法理性的开端，对传统司法的现代转型具有重大而深远的意义。光绪三十三年（1907 年），袁世凯设立天津高等审判分厅、天津县地方审判厅，府县合设检事（检察）局，天津城乡分设乡谳处四处，同时将原衙门的捕役改为司法警察。从制度架构上完成了司法体制的现代转型，是对旧的行政、司法合一制度的历史性革命。在建立检察官制度上，袁世凯也积极主张，“似应据奏定法部官制，一律改用检察官”。检察与审判分开，有如我们今天的检察院与法院各司其职。检察官重在对法律的监督，以求法律程序的正当、审判的公正；法院重在审判，以求惩办犯罪分子，解决民事纠纷，保护公民合法权益，维护社会秩序。把这两者分开，本身是对司法体系的自我完善，具有深远意义。加上袁世凯创办的警察制度，形成了警察、检察、审判（有如现在的公、检、法）三位一体的司法架构。这为清末司法改革，为现代中国司法制度的构建奠定了基础。

袁世凯对近代司法改革的第三个显著贡献是对治外法权收回的实践活动。近代以来，西方列强通过不平等条约取得在中国的治外法权，横行霸道，《辛丑条约》签订后，在华外人更以治外法权为护身符，在中国横行不法，引起民愤。常被人称为洋人走狗的袁世凯，其实对怎样收回治外法权进行了思考和实践。袁世凯推行司法改革的目的之一就是“中国……不谙公法，又屡次订约……权宜迁就，听人所为。国权既渐侵削，民利尤多亏损，浸寻至今，国威不振，几难自立。近者交涉益繁，应付愈难。教士纷来，路矿交错。游历

图 3-20　直隶天津地方检察厅印

之辈，足迹几遍国中。通商之议，乘机而图进步。我如拘守成例，不思亟为变通，则彼此情形，终多扞格。因扞格而龃龉，因龃龉而牵制，群挠众侮，我法安施，权利尽失，何以为国”，“故编撰法典，统一治权”。[①] 也就是说，袁世凯是因为看到中国法制落后于西方，且因此没有治外法权，遂萌生编撰法典，统一治权，以求收回治外法权。袁世凯的这一动因也有人把它说成是受列强迷惑，迎合列强所需。[②] 但不管怎样，袁世凯毕竟对治外法权给予了关注并进行了积极的探索。袁世凯在天津设立审判厅后，审理了不少涉外案件，有些案件是领事衙门投禀的，有些案件则是外国人直接来投诉的。“外人于过堂时则脱帽致敬，于结案时则照缴讼费”。体现了对中国法律的基本尊重。另外，那些“不先赴该国领事投禀而径赴该厅起诉者，实为将来撤回领事裁判权之嚆矢”。[③]

袁世凯既对司法改革提出了系统主张，也身体力行，努力实践；在司法改革过程中，对大的、方向性的问题，有远见性的建议，对细的、枝节性的问题也含糊提出了自己的建议。康大寿、康黎在《袁世凯与清末法制改革》一文中说，在法律修订的过程中，袁世凯积极参与各种法典内容的讨论，并提出了很多很好的修改意见，表现出了他所具有的近代法学思想。例如，1906 年，清廷将沈家本等人编定的《刑事民事诉讼法草案》下发各将军、督、抚、都统等征求意见，袁世凯对其内容提出了自己的看法。《草案》第 24 条规定：“如有殷实之人，指控道路之人犯罪，巡捕不持拘票，即将所指之人捕送公堂审讯。”袁世凯对此指出，“殷实”二字，范围太广，“若从表面而言，舆台走卒，裳衣华于士夫，羁旅孤寒，枯槁同于下贱。证据非甚明确，安知非故状观瞻，姓氏可以诡为，安知不翻为欺绐。”他认为法律条文中的这种表述不准确，建议只能是“分情罪之重轻，决逮捕之可

① 转引自康大寿、康黎:《袁世凯与清末法制改革》，载苏智良、张华腾、邵雍主编:《袁世凯与北洋军阀》，上海人民出版社 2006 年版，第 194—195 页。

② 参见赵天宝:《论清季十年的法制改革及启示》，《兰州学刊》2008 年第 12 期。

③ 转引自康大寿、康黎:《袁世凯与清末法制改革》，载苏智良、张华腾、邵雍主编:《袁世凯与北洋军阀》，上海人民出版社 2006 年版，第 206 页。

否”。袁世凯的这一主张应该说部分地符合现代意义上的逮捕条件。此外，康大寿、康黎还举例说袁世凯对《草案》第130条的意见，符合中国的国情，这表明袁世凯在清末法制改革中既主张学习西方的先进制度，但又要兼顾国情，不盲目照搬的改革态度。[①] 司法制度建设是袁世凯在晚清新政中的显著作为之一，其意义已经被后人所记载。“袁世凯在清末法制改革过程中，确是身体力行、积极参与。虽然他一生中有着‘复辟帝制’及其他许多劣行，但我们却不能因此而否定其在清末法制改革中推动当时中国封建法制近代化进程的积极作用。”[②]

狱政改良，风气之先

监狱作为执行刑罚的场所，是体现人类文明程度的重要标志。在中国长期的封建社会中，监狱始终被看做是野蛮和黑暗的象征。虽然我们也讲“礼法”，从道德的高度去要求统治者，希望能给犯人以尊严，但现实中，一旦成为阶下囚，尊严就无从谈起，而且没人会觉得这有什么不妥当，甚至会认为这是因果报应，监狱失去了它作为改造犯人思想、行为场所的意义。清末新政后，随着司法改革的推进，作为司法改革重要内容的监狱改良思潮随之兴起，以新式模范监狱建设为目标的监狱制度改革也提上了议事日程。规范的监狱管理以及监狱管理人才的培养，使清政府的监狱改革取得了一定的成效，推动了近代西方监狱管理思想在中国的传播，为中国监狱的近代转型奠定了基础。袁世凯作为晚清重臣，对狱政改良积极参与，留下了浓厚的一笔。

① 康大寿、康黎：《袁世凯与清末法制改革》，载苏智良、张华腾、邵雍主编：《袁世凯与北洋军阀》，上海人民出版社2006年版，第195—197页。

② 康大寿、康黎：《袁世凯与清末法制改革》，载苏智良、张华腾、邵雍主编：《袁世凯与北洋军阀》，上海人民出版社2006年版，第206页。

图 3-21　监狱曾经就是人间炼狱

监狱是司法体系的末环节，广义的监狱指关押一切犯人的场所，包括监狱、看守所、拘留所等。长期以来，监狱是以刑罚执行来威吓犯人，以达到惩罚、维护统治的目的。随着近代监狱制度的兴起以及监狱功能的改变，监狱逐渐向罪行法定、罪刑相适应、刑罚人道化靠拢，实现对罪犯实行惩罚和改造相结合、教育和劳动相结合的原则，并将罪犯改造成为守法公民。

狱政改良是清末新政的一项重要内容，也是袁世凯大力整顿，并且产生积极成效的改革之一。在中国传统的观念中，人们只简单地把监狱理解为关押、惩治犯人的地方，犯人在监狱中服刑、受罪，那都是罪有因得的，没有人会抱以同情，更没有人想把其中的犯人改造成良民。监狱是罪恶的代名词，是为人们所鄙视的。清末法制改革兴起后，袁世凯等有识之士，在考察西方监狱制度的基础上，结合中国实际，对狱政进行改良，探索出了一条改造罪犯的新路——注重惩罚和改造结合、教育与劳动结合，并将罪犯改造成守法、有一技之长、出狱后能自谋生活的公民。袁世凯认为："民之为盗，或迫于饥寒，或奇于游惰。当其初犯，不过鼠窃狗偷，罪止枷杖，乃释放之后，饥寒如故，游惰如故，因而偷窃亦如故。故驯至心胆渐肆，善气梏亡，由偷窃而途抢、强抢无不为矣。当其身罹重辟，欲救之而无方，何若及其初犯，教以工艺，俾可启其悔悟之心，异时有业营生，或能勉为善良之辈，似亦教养之一端也。"改良狱政，"总期化顽迁善，涤其旧染之污。即将来各犯省释之后，既有一技专长，亦可藉资糊口，自谋生业，不致再流为匪，且可稍释各犯囹圄之苦，并安各犯逃逸之心，兼可少得余利，藉赡其身家。似亦体恤罪囚教育普及之一端也”。[①] 在这一思想的主导下，袁世凯对改良狱政进行了大胆实践。

一方面，袁世凯先后多次派员到日本考察监狱情形，以期为狱制改革提供可资借鉴之用。被派往日本考察监狱体制的官员首推天津府知府凌福彭，他曾先后数次出使日本考察监狱体制，随后他提出，保定、天津可参酌日本模式建立犯罪习艺所。袁世凯意识到改良监狱与修订法律、稳定内政外交的重要关系，于是札饬天津道会同南北段巡警局商议办理。直隶省主管行政和司法的布政使司与按察使司也受命详议有关筹办习艺所事宜。接着，袁世凯发动社会各商贾财团及社会名流募捐，筹措银两，同时又划拨城郊外操兵练武的校军场作为建造习艺所的基地。光绪二十九年（1903 年）五月，天津习艺所正式破土动工，次年六月竣工。由天津府、县监狱调拨数百名罪犯至习艺所，关押习艺。天津府知府凌福彭兼任首任总办，南段巡警总办赵秉钧、日本法学家村田宜宽等人为该所办事官，并任命了典狱长、会计警戒、教诲、医务、看守等官吏。1904 年，基本完工的习艺所内部建筑有：教诲室、医务室、会议室、办公事务室、监禁室、炊事房、传染病隔离室、接见所、食堂、浴室、体育场以及小学校、工场、仓库、工艺品陈列室、工长住房、看守官宿舍、看守兵住房等。监舍共分三排，第一监舍有四排监房，呈扇面形，分别以“知、过、必、改”四字作为各排的名称，每排监房均隔甬道相对，共 8 间，每间监禁犯人 8 名。监房中厅有走道通接每排监房，门口设有警戒室或监察所。第二监舍设置监房四排，呈扇面形，各排监房分别为“得、能、莫、忘”，羁押 64 名犯人。第三监舍包括普通监、自新监、分房监，其中普通监的建筑呈十字形，以“教、养、兼、施”四字作为东、西、南、北排监号的名称。此外，另设自新监，则是专门收押官犯的场所，呈一字形建筑模式。为了防止犯人逃跑，还建造了新式的围墙——双围墙，即

① 转引自楚双志：《变革中的危机——袁世凯集团与清末新政》，九州出版社 2008 年版，第 175 页。

近 4 米高的外围围墙内还有一道 2.55 米的围墙，两墙相距四五米，中间为平坦的甬道，使犯人难以逃脱。所内设皮毛、制衣、木器、地毯等 7 所作业工厂；制定收所习艺、教诲作业、狱政管理、日常生活起居考核、生产劳作考核以及所内狱政官吏看守制度等管理规则，事无巨细，无一遗漏。监狱管理体系初步建立，同时“罪犯习艺所的设立，是清末狱政的一个重大改革，它开创了近代改造罪犯的一条新路”[①]。

另一方面，袁世凯在监狱的刑罚理念上进行了大胆实践。为了更好地推行监狱作为改造罪犯的功能场所，袁世凯在《天津府凌福彭调查日本监狱习艺详细情形呈直隶总督袁禀》中进一步肯定了监狱对于改造罪犯的功能，先后组织制定了《直隶天津监犯习艺所章程》《天津监狱习艺所办法》《天津监狱习艺所办理事务章程》《天津监狱习艺所看守兵差务规则》等一系列法规。对监狱的管理、罪犯的改造等方面进行了规范。其中《直隶天津监犯习艺所章程》对罪犯的关押、习艺课程、作业工资待遇、监犯衣食之给予、通信及会见、监犯死亡及疾病之矜恤、赏罚之规则、教诲与改过迁善等内容进行了详细规定。如工场要区别不同监狱及成年人、未成年人囚犯劳作的强度和工种；监房和工场必须阳光映射、空气流通，以合卫生防疫、易于防救水火风雨等非常灾害为要；区别罪名轻重，因人施教；对囚犯制定了一定的奖惩措施，以使管理行为趋于规范。习艺所对那些能谨守规则、努力作业，而且自知悔改者，发与赏牌，得赏牌三次的犯人，可酌减监禁年限。如果触犯监规制度，则视情节轻重给予处罚，其方式主要有：罚站，不超过两个小时，然后照常工作；做苦工，不得超过两个月；减食粮，每月减三分之一或二分之一，但不得超过一个月；入暗室，闷坐不给卧具且要减食，不得超过五昼夜。凡处罚犯人时，由医官检查，不准伤害身体，等等。特别是对罪犯的改造上，在新式监狱中，都设有专门的教诲师，遇有礼拜及休息时间，则由教诲师对犯人进行道德教育，促使其改过自新。

---

① 康大寿、康黎：《袁世凯与清末法制改革》，载苏智良、张华腾、邵雍主编：《袁世凯与北洋军阀》，上海人民出版社 2006 年版，第 203 页。

对于年幼的囚犯，还教授小学课程，以增进其文化素养。这些看似形式主义，但刑罚理念深远，意义重大。为了更好地凸显改造、教育罪犯的功能，袁世凯在推行狱政时，大力实行了专门的监狱人才培养计划。一者在京师及各省法政学堂内增设监狱学专科，二者在模范监狱和高等巡警学堂内附设监狱学堂、看守养成所等教育机构，并且采用西方的教学方法和课程来培养学员。长期以来，狱吏一直被视为低贱的职业，任此职者多为沈家本所说的“悍吏蠹胥”。要改变这种情况，就必须培养新式的监狱管理人才。而监狱学堂的开办，无疑是最好的人才培养方式。这些经过专门训练的狱吏，虽然还不能完全摆脱旧式的管理思维，但毕竟受过近代资产阶级的刑罚理念的教育，在管理上更具了人道性、科学性，这为近代监狱制度的改良创造了根本的条件。

再者，袁世凯对游民进行了管理。流氓乞丐的管理，一直是政府头疼的事情，时至今天，这问题依然存在。袁世凯在直隶期间，从狱政改良的角度，对流氓乞丐的管理也进行了探索。袁世凯见流氓乞丐较多，多有窃贼，于是进行“收丐防窃，教游从善”。光绪三十二年（1906 年）五月，袁世凯在天津设立游民习艺所，收容游民、盲流及亲属扭送的忤逆不孝者，“本所之设，专以习艺为宗旨”。游民习艺所凡分为五部，即儆惰部——主要收留社会上的游手好闲、沿街乞讨及不安分者；惩顽部——主要收留社会上顽固懒散、不从父兄教训的年轻子弟；拘禁部——主要收留地痞、恶丐、无赖之徒；邮留部——主要收留流落于本市的外地人且在津无亲友投靠者；收养部——年幼无亲人收养者，10 岁以上迷路儿童，由目击情形者代为具禀，或由各官署局送来。五部所收留的游民，年龄为

图 3-22　天津游民习艺所

10 岁至 50 岁，并且须检查身体，若有残疾或不治之症，先留所 3 个月考验再定去留。凡入所者必须是有习艺能力，否则仍送归原处。凡确定收留的游民，再经体检、洗浴、换衣等程序，并有可靠保人签字，且均须详细登记。入所后，先进宿舍 3 日，再根据年龄长幼、个性智愚分科习艺。依规定，在所游民每日两餐米麦杂粮咸菜，饮食费每月银 2 两，有因回家治丧（最多停工 7 日）过期不回者，由其保人缴还饮食费（有如我们今天的收容救助站）。入所后每人发给被褥一套；夏日发给衣裤、鞋袜；冬季给棉衣裤、棉坎肩、棉鞋袜等。农历每月初一、十五放工日分班洗澡，每星期剃头一次。有病由本所医生治疗或送医院。游民凡 25 岁以内，要参加普及教育的学习，以 16 岁为界，分两个班；游民习艺只许专攻一科，也可自愿选科；每科就业人数约 30 人以上，由工师一人教学，工作时，须听工师指教，不得犯禁。习艺成绩计算依百分制，100 分为优等，80 分为上等，60 分为中等，40 分为下等，考试 50 分以上为及格，每月出榜一次，考列优等 3 次者，提升工徒，不愿留所者，准出所自谋生计；中等者酌情发给工资或上等饮食；下等者无奖，不安本分而又无名者，给予惩处。所习工艺内容分为织布、织毯、缝纫、木器、种植、造纸六科。习艺所专门设有陈列室，产品也向社会销售。入所者根据习艺及其他表现的好坏，或有破坏行为，或有脱逃违规者，酌情给予奖励或惩罚。习艺 3 年，经派员考核及格者，发给毕业凭照，再在本所尽义务工作 3 个月，愿留者听便，并酌定工资。游民习艺所内严禁吸食鸦片、聚众谈笑、公私不分、延滞公读，要求“共保秩序，各专责成”，否则轻则记过，重则罚薪。[①]

袁世凯清末新政中的狱政改良，办得轰轰烈烈，有开风气之先，“许多方面的做法已经与我们今天相差无几”。[②] 从设立警察制度，到司法改革、推行近代法制思想，再到监狱改良，袁世凯构建了系统的法制思想，这对近代中国的发展产生了深远的影响。袁世凯虽然后来逆历史潮流称帝，但他在清

---

① 参见刘志松：《清末天津习艺所创办始末》,《中国监狱学刊》2009 年第 3 期。

② 楚双志：《变革中的危机——袁世凯集团与清末新政》，九州出版社 2008 年版，第 177 页。

末整个法制体系建设上所进行的努力还是应该被我们所重视。一个人不能因为他后来犯了错误，就一笔勾销他前面的贡献。

废除科举，兴办教育

中国的科举制度创建于隋朝。科举制度在一千三百多年的历史长河中，对中国教育制度、政治制度产生了广泛的影响。门第不高的读书人，可以凭才华做官；选拔官吏的权力，也从地方集中到中央。科举制度，使士人用功读书的风气盛行，推动了文学艺术的发展。隋唐时期，中国文化在科举制度的刺激下，达到了高峰。宋元明清，科举制度继续朝前发展。作为一种选拔制度，它的存在是历史的需要。晚清后，随着西方教育制度的推行，科举制度的弊端日益凸显。相比西方教育制度，科举制度在选拔人才上重虚不重实。随着西方科技革命的到来，人才的培养重“实”，即对技术、实用学科、实用基础的重视，但中国的科举制度依然在四书五经中寻找才华，虽然也对处理实际问题提出了要求，但多在虚拟中进行，还是虚的。虚实的矛盾，使科举制度走向了泥潭。戊戌变法时，废科举是光绪帝颁发的改革内容之一。戊戌变法失败后，科举又苟延残喘了几年，到了晚清新政时，科举制度在袁世凯等人的呼吁下，正式寿终正寝。科举制度的终结，开启了中国新式教育的时代，意义深远。

在大多数历史学家的眼中，袁世凯在近代中国一直是个反面、反动的人物，是个小丑，关于他正面的贡献、功绩和努力的记录几乎是看不到的。但废科举、兴教育这一项，倒是常常被人提起、被人赞赏，当科举制终于在1906年被明令废除后，“新兴学堂得以高速发展。这可算袁世凯一生中做过的一件好事”。[①]“当这一持续了约1300年之久的科举制度完全被废除时，它

① 周溯源：《北洋军阀鼻祖袁世凯》，黑龙江人民出版社1997年版，第107页。

确实是一件划时代的大事”。[①] 早在山东巡抚期间，袁世凯就兴办各种学堂，以图教育之普及（上文已有介绍）。“袁世凯凡举办一事，必兴一学堂，以求其学问，尤必编译书籍，以输入文明。（练兵有武备兵官等学堂，即有练兵要则之编纂；办警察有警察学堂，亦有各种警察书之编译。）凡此皆其识见过人处，绝非支那官场以敷衍塞责者，所能梦见也。”[②] 作为科举制度的受害者（袁两次科举均名落孙山），袁世凯对科举自当十分厌恶，自知其中之弊病。但废科举谈何容易，“毕竟，这要触发数百翰林、数千进士、数万举人、数十万秀才、数百万童生之怒，会彻底摧毁无数人毕生的努力和追求。因此，虽然废科举一直有动议，但谁也不肯当这个‘出头之鸟’，唯恐树敌过多，也怕动摇制度的根本”[③]。但袁世凯知道，科举不除，新式教育就难普及，于是就接下了这烫手山芋。光绪二十九年（1903 年）二月，袁世凯与张之洞联衔上疏，称“致治必赖于人才，人才必出于学校”，“科举一日不废，即学校一日不能大兴”。[④] 建议将各项考试取中名额按年递减，分两、三科减尽。以往举贡、生员按不同情况，令其分别入新式学堂、速成师范学习，或另给其他出路。袁世凯的这一主张一出台，就被朝廷一些保守官员所抨击，大学士兼军机大臣王文韶反对最强烈，最后只能暂时搁浅。光绪三十一年（1905 年）七月，袁世凯领衔与赵尔巽、张之洞、周馥、岑春煊、端方联名上折，指出目前“危迫情形”，“实同一日千金”，“纵使科举立停，学堂遍设，亦必数十年后，人才始盛”，“如再迟之十年，甫停科举，学堂有迁延之势，人才非急切可成，又必须二十余年后，始得多士之用”。[⑤] 因请立即停止科举，推广学校。为了稳定情形，袁世凯对在读士子们的出路做了安排，例如选派他

---

① ［日］市古宙三：《1901—1911 年政治和制度的改革·教育改革》，刘坤一译，载费正清、刘广京编：《剑桥中国晚清史》（1800—1911 年，下卷），中国社会科学出版社 1985 年版，第 372 页。

② ［日］佐藤铁治郎：《一个日本记者笔下的袁世凯》，孔祥吉、村田雄二整理，天津古籍出版社 2005 年版，第 143 页。

③ 赵焰：《晚清有个袁世凯》，广西师范大学出版社 2009 年版，第 72 页。

④ 参见舒新城编：《中国近代教育史资料》，人民教育出版社 1961 年版，第 49 页。

⑤ 廖一中、罗真容整理：《袁世凯奏议》（下）天津古籍出版社 1987 年版，第 1187 页。

图 3-23　科举入仕是旧时中国知识分子的唯一道路。图为举行乡试的广东贡院闱场，内有 7500 间考房，以千字文编排。

们赴国外留学，或者入学堂继续深造，对学堂毕业者给予任职机会，实现了制度变革的“软着陆”。光绪三十一年（1905 年），清廷下旨，废除科举，宣布从光绪三十一年（1905 年）始，所有乡、会试一律停止，各省岁科考试同时停止，科举制度退出历史舞台。

废除科举是袁世凯兴办教育的具体举措，也是袁世凯系统的近现代教育思想的一个环节。废科举的目的是兴教育。袁世凯认为人才乃立国之本，“国势之强弱，视乎人才，人才之盛衰，原于学校。诚以人才者，立国之本，而学校者，又人才所从出之途也。以今日世变之殷，时艰之亟，将欲得人以佐治，必须兴学以培才”。[①] 兴学培才，是袁世凯的一贯主张，早在小站练兵时，袁世凯以提高将士素质为目的，开设陆军行营武备学堂，开展新式军事教育。“陆军行营武备学堂的开办，是袁世凯早期军事教育思想形成的一个重要标志。”[②] 随后，巡抚山东，他极力发展教育事业，创办山东大学及中小

① 转引自赵焰：《晚清有个袁世凯》，广西师范大学出版社 2009 年版，第 84 页。

② 楚双志：《变革中的危机——袁世凯集团与清末新政》，九州出版社 2008 年版，第 118 页。

学堂，卓有成效。在山东末期，时逢晚清新政，他提出十项新政建议《遵旨敬抒管见上备甄择折》，其中有六项与教育有关：教官吏、崇实学、增实科、开民智、重游历、修武备。“这篇《遵旨敬抒管见上备甄择折》，是体现袁世凯变法思想的一个重要文件，也是他形成较为系统的教育思想的一个重要标志。”[①] 新政大力推行后，袁世凯更是大兴教育，呼吁废除科举。“新政时期，袁世凯基本上形成了比较系统的普遍教育主张。”[②]

袁世凯的教育主张主要体现在以下几个方面：

一是废科举，兴学校，推行普及教育。对于科举制度的弊病，袁世凯已经多次在奏章中提及了，其核心就是“科举为阻碍学堂之事”[③]，而学堂乃人才培养之场所，乃普及教育之必然。科举不废，学堂即学校教育就不能兴。袁世凯认为，大清之所以不能强盛，就是没有人才，人才是国家强盛的基础，而人才的培养，仅仅通过科举的培养、选拔是不够的，应该让更多的具有条件的人接受教育，让更多的人才得以出现，即推行普及教育。为了兴学校，推行普及教育，袁世凯在教育学制上，在教育的层次上都做了探索，以求人才培养的针对性和科学性，“而袁世凯的 18 年学制从年限的阶段划分上与我们现在的学制已经相差不远，便于普及教育和快出人才”[④]。

二是重教育制度建设，规范教育教学。袁世凯做事向来有板有眼，兴一物，必先定其制度、立其章。在兴办教育过程中，当时各类学堂，均由袁世凯创订章程，先行试，迨有成效后，奏明立案。在袁世凯手上，各类学校章程一应俱全，小学、中学、大学均有。有影响力的如《直隶师范学堂小学堂暂行章程》《直隶中学堂暂行章程》《山东试办大学堂暂行章程》等。这些

---

① 楚双志：《变革中的危机——袁世凯集团与清末新政》，九州出版社 2008 年版，第 119 页。

② 楚双志：《变革中的危机——袁世凯集团与清末新政》，九州出版社 2008 年版，第 118 页。

③ 转引自袁世凯原著，骆宝善评点：《骆宝善评点袁世凯函牍》，岳麓书社 2005 年版，第 151 页。

④ 楚双志：《变革中的危机——袁世凯集团与清末新政》，九州出版社 2008 年版，第 120 页。

"章程"，从制度上为兴教育提供了保障，促进了教育的发展，特别是在袁世凯、张百熙等人的推动下，制定了《奏定学堂章程》，使教育问题达成全国一致的共识。同时，袁世凯在督直时，就设学校司，从行政管理角度，为兴学保驾护航。随着科举制度的废除，光绪三十一年（1905 年）下旨设立学部，并将原国子监事务，归学部管理，致使从中央层面完成了教育行政机构设置，为近现代教育的发展奠定了基础。

三是重学习西方教育理念、教育制度。袁世凯对于西学向来是重视的，他绝不像中国一般的士大夫那样对西方文化冷淡漠视，相反，他更具世界眼光，更善于向西方学习。在兴办教育的整个过程中，袁世凯始终把西学放在显要的位置，学习先进的教育理念、教育制度、教学方法，乃至学科设置等，尤其是多向日本学习。日本在明治维新后，教育迅速发展，已经建立起了现代的教育制度。袁世凯对于日本教育制度情有独钟，多次派遣官员考察日本教育（如派吴汝纶、严修等）。袁世凯大胆借鉴日本教育模式，从行政机构设置到学校章程内容拟定、教育纲要制定、课程设置，等等，都以日本为样本。"有意义的是，这个受日本影响的晚清系统沿用到 1922 年，除了 1912 年废除儒学教义外，并没有重大的改变。到了 1922 年，就改为采用美式教育结构及系统了。"[①] 袁世凯重学习西方教育理想念、教育制度，这大大缩短了中国从传统教育向近现代教育转变的进程。

四是重实学。袁世凯主张废除科举的一个重要原因就是科举不"实"，与国家日益发展需要的"实"学不相符合，"词章之学，不能大俾实用"。袁世凯主张根据国家发展需要，饬重实学，开办各类学堂，培养专业人才，使"经济才艺能收实用者"脱颖而出。在袁世凯手上创办的各类学堂甚多，有工业学堂、经理学堂、商业学堂、电信学堂、警务学堂、政法学堂、矿业学堂、农业学堂等专门学堂。这些学堂多重实学，推动了国家发展。为了确实重实学，袁世凯在学科设置上也进行了大胆实践，增设实科，以实科带动实

---

① ［美］任达：《新政革命与日本：中国，1898—1912》，李仲贤译，江苏人民出版社 2006 年版，第 150 页。

图 3-24　教育是近代中国变化很大的文化领域之一。科举制度废除后，新式学堂如雨后春笋般出现，西学东渐，带动了思想启蒙。图为教会学校的学生跟着洋人教习学习拉丁文。

学，以实学发展实科。法学、算学、地理、制造、机器、商务、农务、水利、邮政、物理、地质、生物、化学、医学、矿学、外语等新兴学科都在袁世凯手上得以开设。这些学科的开设，奠定了近现代学科教育的基础，对中国近现代科学技术和教育的发展，产生了积极的、深远的影响。

五是重游历。袁世凯自己有开眼看世界的胸怀，对于“开眼者”也格外重视。在推行近现代教育的过程中，袁世凯非常重视游历，非常重视对留学者的培养和使用（这在下文会讲到）。这些有游历背景且真才实学者，为近现代科技、文化的繁荣，乃至为五四运动以及 20 世纪二三十年代科技、文化、思想的繁荣奠定了基础。

六是重视培训教育。袁世凯对于教育的培训功能非常重视。他知道，当时的许多官员或出身科举，或出身行武，没有开拓的眼光，思想保守，知识老化，效率低下。对这些官员加以培训，提升他们的素质非常重要。所以在袁世凯创办的各类学堂中，就有针对官员的培训班或速成班，此外还办有针对官吏培训的课史馆、幕僚学堂等。这些都为提升当时整个官员队伍的素质无疑起到了积极作用。另外，各类学堂中开设的一般培训班或速成班，为培养师资，缓解人才紧张，也起到了一定作用。这也是当科举制度废除后，整个中国近现代教育制度能在短时间内得以快速建立并发展的原因之一。

此外，袁世凯的教育主张还包括重视道德教育，重视师范教育，因材施教，保障教育经费等。“新政时期，袁世凯基本上形成了比较系统的普遍教育主张。"[①] 袁世凯大力推行新式教育，兴办各类学堂，在直隶产生了重大影响，"袁在直隶提倡之教育，仍当推为各行省之冠，亦不得不赞袁之功"[②]。从袁世凯督直到光绪三十三年（1907年），直隶办有：专门学堂12所，实业学堂20所，优级师范学堂3所，初级师范学堂90所，师范传习所5处，中学堂30所，小学堂7391所，女子学堂121所，蒙养院2所，总计8723所，学生16.4万余人。[③] 袁世凯直隶兴办教育的实践在全国产生了示范性的积极影响，从而推动了整个中国近现代教育的发展，特别是随着普及国民教育制度的建立，逐渐形成了一个完善的近现代教育体制：从幼稚园、小学堂、中学堂、高等学堂，直到大学堂，以及职业教育、社会教育、师范教育、留学教育等。另外，袁世凯的教育实践，开拓了知识阶层的视野，活跃了他们的思想，客观上为资产阶级民主革命运动的广泛发展创造了有利条件。这些都是不应该为我们后人所忘却的。

图 3-25　1906 年创办的北洋女子师范学堂旧址

注重人才，鼓励留学

唐朝是公认的中国封建社会的鼎盛期，那个时候，中国的文化和技

① ［美］任达：《新政革命与日本：中国，1898—1912》，李仲贤译，江苏人民出版社2006年版，第118页。

② ［日］佐藤铁治郎：《一个日本记者笔下的袁世凯》，孔祥吉、村田雄二郎整理，天津古籍出版社2005年版，第146页。

③ 楚双志：《变革中的危机——袁世凯集团与清末新政》，九州出版社2008年版，第124页。

术正源源不断地向世界其他国家输出。到了清朝，康乾时期虽然也出现了盛世的景象，但此时中国的文化、科技，思想、制度都已经不再是向世界输出的主要“产品”了。到了晚清，国人更是恍然大悟：中国落后了，在技术、思想、制度各个领域都落后了。于是西学东渐成了时代的最强音。那怎样西学东渐呢，开眼看世界者进行了各种实践，其中留学成了最主要的途径。洋务运动时，就选派了120名幼童前往美国留学，后来他们中的大部分人因“沾染洋习”要严加整顿被“召回”，但他们中一些人或成了近代中国矿业、铁路、通讯的鼻祖，或成了李鸿章的幕僚，或成了袁世凯的顾问，为中国的近代化作出了贡献。维新运动兴起后，留学的风气开始渐行。但从朝廷到士大夫阶层，对留学重视还是不够的，留学者也不算太多，政府对留学者重用还不够。但与西方打交道甚多的袁世凯认为，留学是寻求西方式富强的奥秘和捷径，留学对于培养人才，对于推进中国近现代化进程是“事半功倍”的举措。所以袁世凯非常重视留学，对留学有成者，也是给予重用，这直接促成了晚清新政时期留学风气的盛行，也对近现代思想运动产生了深远的影响。

留学教育之倡导与袁世凯兴学之主张是一脉相承的，留学乃兴学之组成部分。袁世凯自知留学之重要，自知向西方学习之意义，遂思奖励留学者。当时留学者少，且政府不予重用，毕业归国后多流入歧途，留美幼童归国后一度被视为囚犯就是一例。袁世凯遂呼吁政府重视留学，并调查留学有成者，恳请朝廷给予奖励。在袁世凯的倡导下，留学成风，尤其以留学日本最多，“而我国（日本）各种专门学校，无一校无支那学生”。[①] 以直隶为例，在光绪二十五年（1899年）以前，天津北洋二等学堂和水师学堂有12名学生赴日留学。袁世凯莅临直隶后，直隶大规模留学日本的活动开始了。袁世凯上奏朝廷：“欲因时之宜，以收折冲之效，自非派员出洋肄业不为功。”“自强之计

① ［日］佐藤铁治郎：《一个日本记者笔下的袁世凯》，孔祥吉、村田雄二郎整理，天津古籍出版社2005年版，第150页。

当以储备将才为第一要义，而欲造就将才，自非多派学生迁赴外洋学习新法不可。”[1] 光绪二十八年（1902 年）三月，袁世凯选派了 55 名北洋武备学生赴日，进入日本陆军学校学习。同年还选派学习师范的学生 20 名赴日本留学。

袁世凯的留学主张，得到了朝廷的响应，留学教育在各地迅速兴起，一时间出现了海外留学热潮。其中，留学日本人数激增。光绪三十一年（1905 年）留日学生达到数千人，第二年接近一万人。因为人数增加过快，有三千多人甚至无法正常入学。

留学之风盛行后，袁世凯又制定政策，对学成回国者或有留学之背景者委以重任。袁世凯提倡奖励留学生，“处心积虑，谋取科学文明之输入，实为急救要图”[2]。袁世凯对留美十年的唐绍仪的重用、把留学德国的段祺瑞收为心腹、让留英归来的伍廷芳修订法律、让留美归来的詹天佑修铁路、让留日学生金邦平处理文案……袁世凯大胆提携留学者，使这些留学归来者迅速登上了政治舞台，加速了他们的建功立业。这对近代中国之发展之意义是不言而喻的。更为可贵的是，“袁世凯对于留学生的支持并非局限于个别人员。在归国留学生的影响下，袁世凯采取了一系列的积极措施，推动了中国留学事业的发展和留学生群体的壮大”。[3]

图 3-26　1902 年袁世凯派遣留学日本的学生

袁世凯主张留学，不只限于在校学生，也鼓励

① 陈学恂：《中国近代教育史资料·留学教育》，上海教育出版社 1991 年版，第 327 页。

② ［日］佐藤铁治郎：《一个日本记者笔下的袁世凯》，孔祥吉、村田雄二郎整理，天津古籍出版社 2005 年版，第 150 页。

③ 姜新：《晚清袁世凯与归国留学生关系浅析》，载苏智良、张华腾、邵雍主编：《袁世凯与北洋军阀》，上海人民出版社 2006 年版，第 187 页。

官员出洋留学。先有派遣吴汝纶、周学熙等官吏和士绅赴日本游历考察。1905年，他更是明确规定：以后所有新任州县官员必须出国游历三个月，考察回国验收后，才能正式接印上任。此举虽不是正式留学，但扩大了留学的声势。把留学与取仕结合了起来，这为留学的发展壮大提供了强大的基础，也在保守势力中打开了大大的缺口。

关于留学，还有一点许多历史学者有意忽略了——留学引发了思想的激荡，留学者成了晚清的掘墓人。袁世凯鼓励留学，本想为朝廷效力，但随着事态之发展，在国内学堂的反清运动遭遇镇压后，留学生的反清运动不断发展，尤其是留日学生。袁世凯虽不赞同倒戈皇室，但与留学生多有密切往来，且暗中支持。晚清学人许指严在《新华秘记》中说，凡新自留学东西洋归国之学生，袁世凯多能“竭意延揽，而于东洋归国之昌言革命自由者，尤嘉纳无忤，且私有所馈遗甚厚”。当袁退居彰德时，出洋留学者，更是“必绕道谒袁”，“袁分别其才之高下以为待遇”。[①]

袁世凯与留学者秘密往来，这多少与他崇尚西学，与他思想开阔，与他出身经历等有关。学者姜新考察了袁世凯与留学生走到一起的结构关系，非常有意思。袁世凯与留学生的“互动”，是“社会联合”与“社会流动”的结果。袁世凯奉旨新政，且掌握巨大的权力，是“上强”的代表。而要新政，就必须西学。西学，就给留学者登上政治舞台创造了机会，留学者成了“外强”的代表。当“上强”与“外强”采取某种方式结合，必将形成巨大的社会力量。这就是“强强结合”。同时，袁世凯与留学生的结合，又是“弱弱结合”。袁世凯科举不第，只能靠军功出人头地，军功比起正统的科举，只能是旁门左道。所以他对被同样视为旁门左道的西学者多有同情，而西学者也视袁思想开放，相互吸引，视为同路。对比袁之前曾国藩、李鸿章与西学者的联系，袁世凯更进一步了。曾与容闳对传统文化的态度大相径庭，李与马建忠的社会地位天壤之别，因此，他们之间的联系较为松散。在金兰之

① 许指严：《新华秘记》，中华书局2007年版，第11页。

图 3-27　袁世凯任大总统时的唐绍仪内阁全部十二人，其中九人为留学生，一人在外国工作过。前排右起：总理唐绍仪，留美；署理外交总长胡惟德，长期在驻英国使馆工作；海军总长刘冠雄，留英；署理工商总长王正廷，留日、英；教育总长蔡元培，留德。后排右起：国务院秘书长魏宸组，留比、法；司法总长王宠惠，留日、美；陆军总长段祺瑞，留德；交通总长施肇基，留美；农林总长宋教人，留日。

盟、翁婿之情、师生之谊的背后，袁世凯与留学生的联系既包含着意识的共鸣，又反映了利益的互补，故而他们的结合要比前辈默契牢固得多。在"社会流动"方面，袁世凯重视留学者，奖励留学者，促成了这些留学者归国后得以施展才华，从下层流向上层，甚至入主中枢，促进了上层社会的瓦解。同时，袁世凯与留学者密切联系，掌握舆情，使得自己的新政更适应社会发展。而留学者也自觉依附袁世凯，与"权""官"结合，借"官"的权威，宣扬自己的主张。于是这两者之间形成了"上下流动"的良性状态。[①]

袁世凯重才兴学，鼓励、重用留学有成者。留学风气遂大兴。留学兴，思想兴。留学促成了晚清新旧思想的碰撞。由于远离国土，相对隐蔽，也更容易得到保护。虽然说留学生"为削弱以至推翻清政府作出卓越贡献"有夸大其词之嫌疑，但革命的舆论确实主要由留日学生完成的，所以"最后，在日本的中国学生团体自然而然地成了反清运动的核心"[②]。当这股势力强大到不可阻挡的时候，清朝的落幕也就不远了。不能过分强调留日学生对于辛亥

① 姜新：《晚清袁世凯与归国留学生关系浅析》，载苏智良、张华腾、邵雍主编：《袁世凯与北洋军阀》，上海人民出版社 2006 年版，第 189—192 页。

② [日]市古宙三：《1901—1911 年政治和制度的改革·教育改革》，刘坤一译，载费正清、刘广京编：《剑桥中国晚清史》(1800—1911 年，卷下)，中国社会科学出版社 1985 年版，第 376 页。

革命的意义，但清朝最后断送在自己鼓励培养的留学生手中也是不争的事实。不知道这算不算袁世凯给近代中国的前进客观上立了一功呢？

发展经济，倡导实业

晚清时期，中国的社会经济发生了重大变化，其最显著的特征就是从自然经济走向商品经济。伴随社会经济的变化，晚清时期经济思想跌宕起伏，商品经济观念在传统与近代的激荡下嬗变更新。思想家在继承了中国古代商品经济思想遗产的基础上，加深了对自由放任和国家干预经济活动的认识，同时为适应时代条件的变化，回应西方资本主义的强劲挑战，发展了商品经济观念，在若干领域突破了传统经济思想的窠臼。其中实业救国有如一股强风，吹扫农本商末的传统经济观念。早期倡导实业的代表人物有王韬、郑观应、薛福成、马建忠、陈炽等人。他们或倡导实业，介绍商业思想，或自己经营洋务，著书立说，倡导“富强救国”思想。甲午战争后，发展经济、倡导实业再次被当时朝野所重视。张之洞倡导实业，以官办实业著称。张謇更是大举“实业救国”的旗帜，并身体力行，在通州实现了他的梦想。袁世凯作为晚清新政的红人，在发展经济、倡导实业方面，虽没有得到后世给张謇般的显赫评价，但事实上袁也是实业救国的倡导者和推动者。

早在朝鲜期间，袁世凯对于发展商务就显示出了浓厚兴趣，也做了很多努力。袁世凯督直后，对于发展经济，发展实业，也是极为热心的。清朝最后二三十年，国内相对稳定，但经济几乎没有什么大的发展，这在一定程度上是由于当时农业经济占主导地位，而农业经济发展相对缓慢，加上受到自然条件等的影响甚大。而要发展经济，就必须调整产业结构，巩固农业，发展工业、商业、贸易，以实业推动经济发展。袁世凯很早就注意到这一点，这从他的《维新万言书》就可以看出。袁世凯督直后，更是身体力行。光绪二十九年（1903 年），北洋官营实业总机关——北洋工艺局成立。其宗旨是："通商惠工，扩张实业，挽自有之利源，开小民之生计。"在袁世凯的支持下，周学熙"始任总办，继任督办，前后五年，悉意经营，遂开鲜艳之葩"。

周学熙，近代著名实业家。字缉之，号止庵。安徽东至人。同治四年十一月二十六（1866 年 1 月 12 日）生。其父周馥与袁世凯交往密切，关系深厚。周馥长袁世凯 23 岁，与袁世凯的叔父保龄是至交。袁世凯使朝期间，周馥对袁世凯多有关照和呵护。"袁世凯的使朝之命，也有周馥竭力促进的因素在内。"[①] 甲午战争时，周馥负责前线军队供给，周竭力请袁任其副手，两人配合默契。袁世凯督直前，周馥以直隶布政使身份临时护理直隶总督，袁到任后不久，周升任山东巡抚，随后又任两江总督、两广总督等职，直到光绪三十三年（1907 年）以 70 高龄退休。"周在封疆大吏之位有六七年之久，奉袁为政治领袖"。[②] 周学熙是周馥的第四子，早在袁世凯巡抚山东时，就以山东候补道员入袁的幕下。袁督直后，随袁来天津，主持北洋实业。光绪二十八年（1902 年），经袁世凯委派总办银元局。光绪二十九年（1903 年）赴日本考察工商业，归国后任直隶工艺总局督办，并创办北洋工艺学堂（今河北工业大学），兼任督办（校长）。光绪三十一年（1905 年），出任天津道，办商品陈列所、植物园、天津铁工厂、滦州煤矿公司、天津造币厂、唐山启新洋灰公司、天津高等工业学堂等。其中光绪三十二年（1906 年）创办启新洋灰公司、滦州煤矿公司，获利颇丰。随后任长芦盐运使、直隶按察使。

图 3-28　周学熙

① 袁世凯原著，骆宝善评点：《骆宝善评点袁世凯函牍》，岳麓书社 2005 年版，第 98 页。
② 袁世凯原著，骆宝善评点：《骆宝善评点袁世凯函牍》，岳麓书社 2005 年版，第 102 页。

图 3-29 周学熙创办的北洋银钱局

周是袁世凯在直隶实行新政最为得力的助手。以周氏为代表的华北财团，被史家称为袁世凯集团的经济基础。

实业乃辟利源而资生计，增财政而富国家。袁世凯自己处于高位，不可能事事躬亲，对于实业，更不能自己操作，但他善于重用有才者。他知道周学熙的才干，就大胆使用，不遗余力，不像有些当权者，对手下总要制造些“试金石”，考验考验，或有所保留，总担心后来者超过自己，将来不好驾驭。袁世凯虽然善于权术，但对属下多能礼贤下士，大胆提携。光绪二十八年（1902 年），袁世凯就饬周学熙办银钱局，先鼓铸铜圆，以代替制钱。周学熙利用天津机器局残存的铸钱设备，在大悲院设厂，日夜鼓铸，仅用了 72 天的时间便铸出铜圆；到年底共铸出铜圆 150 万枚，不久又加铸银圆，年获利七八十万两。不但稳定了市面，而且充裕了北洋财政，袁世凯非常满意。后来清廷见北洋银钱局成绩显著，遂把中央的造币机构——户部造币厂设在了天津。

光绪二十九年（1903 年），周学熙被派往日本考察工商业，他看到日本在明治维新以后迅速由贫转富，其原因不外是举国上下致力于练兵、兴学、制造这三件事。回国后袁世凯采纳了他的意见，委任他总办北洋工艺局，主持天津的实业建设。该局初设城内草厂庵，后移至玉皇阁，下设工艺学堂、实习工厂和考工厂。后来，工艺学堂迁址河北窑洼，改名为直隶高等工业学堂，成为中国最早的一所工业专科学校；考工厂初设北马路，后改名劝工陈列所，迁至河北劝业会场，是中国最早的一所工业展览馆。

北洋工艺局为了“开工艺先声，挽利权而便民用”，还直接办厂。光绪三十一年（1905 年）开办北洋官造纸厂；同年开办教育品制造所，设金、木、纸、漆、画、玻璃、印刷各科，制作力学、水学、气学、声学、光学、热学、电学、化学、生理学等仪器，动、植、矿物标本，幼稚园玩具，小学手工和体育器械。翌年开办北洋劝业铁工厂，设分厂于大沽船坞，内有机器、木样、铸铁、电镀、铆锅等车间，生产车床、刨床、钻床、起重机、织布机、轧棉籽机、石印机、水泵、磅秤、电风扇等；厂内还附设图算学校。该厂除生产各种新式机器、受到社会的广泛重视外，还为天津培养了大批的技术工人和技术人才。北洋工艺局还通过多种方式劝导、推动工商业振兴；派工业学堂教员到街头讲演，劝工委员分赴各地调查各州、县出产及工业情况；劝导官绅合办工厂；号召各界人士“同心努力，急起直追，或独出资财创办工场，或纠合同志设立公司”，“推广工业，大辟利源”，并代为筹划“一切开办之法、保护之方”，举办展览会；试办工业售品所，出售所属工厂产品，办理本省寄售业务，但不代售洋货；考核鉴定厂矿企业，光绪三十一年、三十二年（1905 年、1906 年）评定模范工厂 75 家，颁发金奖牌 38 枚、银奖牌 47 枚；派人带工徒赴湖北学习织造麻织品，赴江西景德镇学习制瓷，赴日本考察造纸、织布方法；呈请农工商部批准给予轧豆榨油机、机器轮磨、折叠桌、黑胰发明者以专利权等。这些均使“实业”二字深入人心，“学界中人有工业教育之想，商工界人有工艺创造之思”，创办的企业有织染缝纫公司、造胰公司、牙粉公司、玻璃厂、机器造纸有限公司、万益有限公司（织造毡呢等物）、电灯有限公司、济安自来水有限公司、北洋劝业铁工厂、实业工艺厂、北洋烟草公司、唐山启新洋灰公司等。

光绪三十二年（1906 年），周学熙在袁世凯的支持下，将原被英国人侵占的细绵土厂收回，重组为启新洋灰公司，并以“龙马太极图”为商标，在农工商部注册立案。由于生产规模不断扩大，“马牌”水泥独占了半个中国，最终成为华北地区最大的民营企业。

光绪二十八年（1902 年），袁世凯督直期间发现开平煤矿及所拥有河道、口岸、土地等落入英国之手（实为庚子事变期间，开平煤矿矿局督办张翼图谋私利，欺蒙清廷，同德国人德璀琳和英商墨林等人签订契约，将该矿改为开平矿务有限公司，中外合办，在英国注册，实为英国骗占矿权），立即同英国驻华公使交涉，并再三诘责张翼、德璀琳，同时上奏清廷，请饬外务部向英切实声明，断不承认所签私约，尤不能把口岸、河道、土地移交英国公司管理，开平矿权不属英国，如英人必欲合办，必须另订章程，以使“我之产地、利权不至凭空断送于外人之手”。清廷勒限张翼两个月收回，经半年仍无眉目，袁世凯又几次奏参张翼盗卖矿权，等等。临城煤矿亦系钮秉臣、龚照玛擅自与比利时人沙多私立草约，将该矿产业、房地统交沙多管理，名为合办，实同盗卖。光绪三十一年（1905 年），袁世凯奏请将原合同作废，派唐绍仪、梁敦彦先后与沙多重新订立中外合办章程，最后议定借款 300 万法郎（合银 92 万多两）合办，将矿产主权收回。光绪三十三年（1907 年），周学熙在袁世凯的支持下，成立了滦州矿务公司，紧接着设立了滦州矿地公司，将开平矿上及周围的土地全部收买或租用，取得了矿区的地上权，用以限制开平矿的发展。英国人则用跌价竞争的办法，打击滦矿，最终英国人无奈，只好将两矿合并，组成中英合资的开滦煤矿，但经营权控制在了华商手中。袁世凯在其中起了总指挥的作用，先是不断与英人交涉；公司成立后，又将自己的部下推荐到公司任董事和职员，使公司掌握在自己人手中。

光绪三十三年（1907 年），袁世凯向慈禧提出筹建自来水公司的意见，并举荐周学熙“任之”。次年，慈禧同意兴办自来水业，于是下旨自来水也官督商办，并由袁世凯“统筹兼顾”，周学熙任公司经理。经过一年多的努力，至宣统二年（1910 年），北京自来水正式供应。所建水厂及铺设的管线构成了北京市供水网的初步格局，其产水和供水设施在此后近 50 年的时间里发挥了重要作用。“这是清末袁世凯集团兴办的近代民用企业中最直接惠民的一个”。①

袁世凯倡导实业，积极推动实业发展，这“直接促进了直隶实业风气的

① 楚双志：《变革中的危机——袁世凯集团与清末新政》，九州出版社 2008 年版，第 98 页。

形成，使直隶近代工业的发展进入了一个‘黄金时代’”[1]。天津也因此成了华北商贸集散中心，出现了繁荣的景象。宣统二年（1910年），著名实业家张謇在南洋劝业会上参观了直隶馆后，颇感袁为直隶之能任事，此人毕竟与人不同，工艺殊有擅胜处，江苏不及也。他认为袁才调在诸督上。张謇是很有成就、声望甚高的实业巨子，而且原先对袁多有批评之辞，他能这样评价袁世凯，这说明袁世凯在推动实业方面确实做了不少努力。从晚清新政以来，袁世凯创建了军事工业企业、民用工业企业，以及开矿、交通、通讯、金融业设施和企业，这些都成为中国建立现代化经济体系的基础。更重要的是，在袁世凯的努力奏请下，清政府还制定、颁布了一批适应或有利于建立、发展近代工商业的政策和法规，它也是中国建立近代经济体制的起点。当然，袁世凯的实业倡导，多半是官商结合，在推动经济发展的同时，也滋生了一些社会问题，特别是对清末的私人企业产生了一定的影响。

图3-30　北京首座水厂——东直门水厂旧址

财政金融，样样作为

鸦片战争后，中国进入近代史。近代史是个时间概念，不等于近代化。近代化是指工业革命后人类社会所发生的巨大变化。工业革命发生在鸦片战争之前，但中国开始迈向近代化则是在晚清的最后三四十年。

① 楚双志：《变革中的危机——袁世凯集团与清末新政》，九州出版社2008年版，第98页。

其中李鸿章是先驱人物，他在近代化方面做了诸多努力和实践。而要进行近代化建设，就必须要有钱，也就是要有财政的动力支持。在一定程度上而言，政府汲取和运用财政的能力对本国工业化进程具有决定性的意义。而财政又与金融联系在一起，政府通过发展经济，促进资本发展，进而增强宏观经济调控能力和运用水平。清代，财政制度前后发生了变化，前期，中央财政是纯粹的财政，由户部统理收支。后期，由于外来力量的介入，特别是随着近代化的推进，财政制度发生了变革。随之，金融体系也发生了根本性改变。明末清初以来，经济往来主要是靠票号、票庄、汇号或汇兑庄进行。道光四年（1824年）“日升昌”在山西平遥设立，中国从此有了专营银两汇兑的金融机构。对于经营大宗贸易的众多商家来说，有了专营汇兑并兼营存放款以及贴现业务的金融机构，使银两携取方便、安全可靠、换算公平，无疑是一重大事件。“日升昌”之后，平遥、祁县、太谷三县商人继起，将原来由商号兼营的汇兑业务划出或重新集资设立票号，垄断了长城内外、大江南北的商家银两汇兑，形成山西人独占的一大新兴行业，通称“票号”或“山西票号”，在此后近一个世纪中，成为当时所有商家认可，没有银行之名却具备银行之实的近代银行的“乡下祖父”，外国人直接称之为“山西银行”。但山西票号流通速度过慢，期票一般要七天或十天之后才能付款，而且必定如期照付，这在竞争时带来了诸多不利。随着外国银行在华成立，票号渐渐由盛转衰。晚清新政后，袁世凯率先在直隶成立银行，从此山西票号日渐退出历史舞台。

晚清财政是相当困难的，特别是庚子赔款后，财政更是不堪重负。单庚款一项，自1902年至1904年，每年就要偿付1800余万两，到1911年更是增加到了2256万两。面对如此沉重的赔款和债务负担，户部无奈，只好请旨硬性摊派给各省。而各省能做的也就是采取增加税收的办法来解决了。于是就出现了田赋加征、厘金加课、盐斤加价、药税加征等现象，实际上是增加了百姓的负担。对于这些，新政时期的袁世凯也逃脱不了依靠增税以强财政的做法。早在任山东巡抚时，袁世凯就立主整顿税收，以强财政，其中对烟酒就重征，“其烟、酒二项为民间嗜好所需，无关养生本计……重征尚无妨碍”。[①] 但相对而言，袁世凯采取了尽量避免因整顿税收而产生扰民的做法。袁世凯对西方国家财政上“事事核实、推诚布公，故重取于民而民不怨，多为之名而民不扰”十分羡慕，他反对借机巧立名目，增加百姓负担。袁世凯主张税收“尤须力戒烦苛，下恤闾阎生计”，“如有不肖官吏借端科派，巧立名目，勒罚侵渔者，即行随时纠参，从严惩办”。所以“袁世凯整顿税收的一大特点和措施是不增添新税种，专对旧税中的漏洞加以挖掘，划分税项，统一税权，并对各种旧税率的比例加以调节”。[②] 晚清时期，税收非常混乱，税目极为繁杂。以福建为例，该省各州县以学堂、警察、公益、慈善等名义开征的杂捐达 70 多种，其中除征于粮户、屠户、船户、牙户、盐商、木商等捐税外，还有社仓捐、善社捐、桥会捐、会捐、学费捐、喜庆捐、慈善捐、公业捐、学堂捐等。相比而言，袁世凯的做法算是“体谅民情”的了。此外，“袁世凯厘定税目、更新税制，将厘金、土药税、契税等大加整顿，也取得了很大的成绩”。[③]

在解决财政困难上，袁世凯还主张发行国债，以利国利民。光绪三十年十二月（1905 年 1 月），袁世凯因陆军五、六两镇经费紧缺，奏请试办公债。袁世凯认为，国用不敷，可向民贷款，也就是国债。国债当以惠国利民，严守信实，“示信之道，非可空言，又宜预筹的款，备偿本息，无论何项，不得挪用……”由于准备充分，诚信为本，说到做到，这次国债发行获得成功，一改过去“行不践言，斯后难为继也”的局面，获得可观的经济效益和影响。此后，国债的发行多采取袁世凯的办法。“北洋公债之所以发行成功，主要

① 廖一中、罗真容整理：《袁世凯奏议》（中），天津古籍出版社 1987 年版，第 627 页。

② 楚双志：《变革中的危机——袁世凯集团与清末新政》，九州出版社 2008 年版，第 111 页。

③ 楚双志：《变革中的危机——袁世凯集团与清末新政》，九州出版社 2008 年版，第 111 页。

图 3-31 清朝向欧洲发行的债券

在于袁世凯的决心大、用人得力以及袁世凯集团广大主要成员的积极响应等方面。”[①] 一百多年前，袁世凯发行的国债，已经类似于我们今天的国债了。国债对于财政的意义，是不言而喻的。袁世凯对于财政制度的建设也贡献了自己的智慧。

袁世凯对财政金融制度建设的另一个重大贡献是设立了银行制度。本来，财政问题与金融问题是两个领域，两者交叠的不多。但是在晚清财政陷入极度困难的情况下，清朝中央及地方各级政府常把金融手段与财政手段紧密地联系起来。中国最早的银行是中国通商银行，是盛宣怀奏请朝廷后在光绪二十三年（1897 年）于上海设立的。设立之初，组织管理及营业规则，皆参照外商银行成例办理，特别多以汇丰银行为准。多借重外才，征用客卿，聘任英人美德伦为洋大班，沪上钱业领袖陈笙郊为华大班，借以融通中外金融。业务盛极一时，在北京、天津、保定、汉口、广州等地设立分行。庚子事变后，京行首遭焚毁，天津分行亦随之收束，业务渐告不振。对于银行的意义，袁世凯早在 1895 年呈光绪帝的新政万言书中就提出了“铸银钱，设银行，造纸币”的意见，“窃维国之本计，财政为先，财之管枢，银行为要”。袁世凯督直后，更是力主在天津设立户部银行，也就是设立国家银行，整顿金融秩序，促进国家经济发展。袁世凯认为：国家银行有行钞铸币之权，“上以利益公家，下以扶植商业，内足运输国计，外足驰逐诸邦，洵善制也”。为了能在天津设立户部银行，袁世凯费了不少心血，他认为“非规模闳大，

① 楚双志：《变革中的危机——袁世凯集团与清末新政》，九州出版社 2008 年版第 110 页。

不足以握利权；非条理精密，不足以防弊患；更非得才识通敏，魄力沉毅之人，不足以创宏基而收捷效"[①]。为此，袁世凯选中毛庆蕃负责筹建。光绪三十年（1904年）户部银行正式创立，总部后改设北京。这是当时中国人自办的一家最大的银行并代理国库（1908年改名为大清银行，1911年又改为中国银行，是中国最早的国字号银行）。

图 3-32　大清银行旧址

国字号银行的设立，对于金融体制的建设产生了深远的影响。在户部银行设立之前，国家没有一个独立的货币金融管理机构，只是在库藏管理制度中设立了从中央到地方的各级银库。库藏有地方和中央之分。中央库藏又分为内府库藏和户部库藏。前者专为皇室提供钱物，后者主管中央各部及地方各省的经费收支。地方库藏又根据种类、职能不同，分布政使司库、按察司库、粮道库、河道库等。由于没有统一的货币金融管理机构，产生了很多弊端，例如铸币权分散。按清制规定，金融权属于户部钱法堂，由户部右侍郎具体负责。但铸造、发行，则由宝泉局、宝源局负责。钱法堂与宝泉局、宝源局分属不同的部门，前者隶属户部，后两者则属工部。与此同时，为了减少运输上的困难，政府又允许边疆省区和产铜省份，如新疆、西藏、云南等自铸钱币。这样就造成了有清一代货币的铸造与发行长期处于分散的状态，同时也为各省自立官银钱号，自铸钱币，在制度上找到借口。此外，库藏内也是钱物不分，有银库，也有皮库、衣库、颜料库等，管理上也极为混乱。这些都与近代金融制

① 转引自楚双志：《变革中的危机——袁世凯集团与清末新政》，九州出版社2008年版，第112—113页。

图 3-33 大清银行五两币

度有着根本的区别。户部银行设立后，从制度上颠覆了过去现银与实物并存的封建金融制度，开创了具有近代意义的银行制度，逐步形成了近代金融管理体系。户部银行设立后，发行了银两票、银元票、钱票 3 种纸币。银两票的面额有 1 两至 1000 两共 28 种；银元票为 1 元、5 元、10 元 3 种；钱票有 2、3、4、5、10 吊 5 种。这些纸币的发行，被赋予了法定货币的一般职能，流通广泛，影响较大。银行制度的建立，特别是具有国家银行性质的银行的创立，对于晚清及后来的金融管理体系都产生了重大而深远的影响。

随着银行制度的创立，袁世凯对币制也进行了改革。袁世凯提倡使用纸币，力主国家统一货币，以维护国家威信和便于流通。袁世凯督直后，令周学熙总办北洋银圆局，以铸铜圆，目的就在于以铜圆取代制钱，并且在袁世凯的推动下，户部加强了对铜圆铸造的管理，铜圆取代制钱渐成定局。随后朝廷对币制进行了改革。当时的银元重量单位有一两和七钱二分两种。前者渊源于传统的银两制度，后者模仿流入市场的外国银元。袁世凯主张以一两银重量为单位，统一铸造。袁世凯的主张在当时虽然没有得到大家的认可，仍有不少省份继续使用七钱二分制度，直到光绪三十四年（1908 年）才统一一两银制度。货币统一是国家统一的象征。袁世凯视改革币制为要政，并且在实践中也积极作为。

从晚清财政建设，到银行制度创立、统一货币等改革，袁世凯作为倡导者和实践者，都算是有远见和有作为的。这些改革虽然不能从根本上扭转晚清日益衰败的局面，但对于财政制度建设、金融市场、金融制度建设等都起到了积极作用，也促进了社会经济相对健康的发展，“总之，晚清货币金融的改革，积极作用是十分明显的”[①]，并且，袁世凯作为这些制度的草创者或

① 邓绍辉：《晚清财政与中国近代化》，四川人民出版社 1998 年版，第 322 页。

参与者，其草创的制度，影响直至今天。

振兴农务，极为尽力

农业是国民经济的基础。以农为本，重视农业，是中国政府的开明政策，即使到今天也不例外。中国是个农业大国，农民占人口的大多数，农业的发展直接关系民生，关系社会稳定问题。晚清以来，虽然大兴工商，推动经济发展，但农业的基础地位始终是牢固的。太平天国后，虽然外患仍不断，但国内相对稳定，人口在缓慢、但可以觉察到地增长。人口的增长，带来了人均耕地日益减少的问题，加上几次大饥荒，农民生活异常困难。但中国农民从来都是有着强大的牺牲精神和忍耐力的，他们不到万不得已，绝对不会起来闹事的，而是默默地听从政府的无形指挥，努力劳作，养活自己。任何有良知的政府，都应该看到中国农民的这种牺牲精神，更加自觉地为民解困，为民着想。在清朝的最后几十年，虽然政府腐败日益严重，但在发展农业上，也做了一些尝试，特别是在发展农业经济方面做了些努力。袁世凯虽然一贯重视工商发展，但对农业问题也是相当重视的，而且已经有了发展现代农业的思想。

晚清的最后十几年，人口不断增长，但耕地面积却没有增加，人均耕地面积也就随之不断缩小，加上义和拳起事后，农业设施又遭破坏，农业发展面临着相当大的困难。袁世凯督直后，对农业问题极为重视，他上奏云："直隶地瘠民贫，非讲求地利，振兴农业，不足资生计而裕度支。查外洋虽以工商立国，而尤注重于农务。"[①] 袁世凯事事主张西学，不是只看表面，不是人云亦云的。他绝对是一个优秀的领导者，面面顾及，决不偏重。他是立主发展工商的，但对农业也能如此看法，显示出他强烈的全局意识。一个领导者

① 廖一中、罗真容整理：《袁世凯奏议》（中），天津古籍出版社1987年版，第577页。

没有全局意识，就可能在决策上发生偏颇。袁世凯从不把事情想简单了，总能“顾彼兼此”，故能成就一番事业。

在振兴、发展农业上，袁世凯认为当从五个方面入手。一是建立农业主管的专门机构，以推动农业发展。二是发展现代农业，提高农业科技水平。三是设立农业学堂和农业研究机构，培养农业人才和推动农业科学研究。四是发展经济作物，提高农业水平。五是减轻农民负担，提高农民生活水平。

在设立农业主管机构上，袁世凯主张向西方学习，西方国家为农业近代化而设“专部以统之，学堂以教之……精益求精”。于是，他于光绪二十八年（1902 年）在保定设立农务局，“委道员黄璟管理局务……”农务局作为农业的主管机构，在袁世凯的领导下，在推动农业发展方面做了大量具体的工作，促进了直隶农业的近代化。光绪三十三年（1907 年），在袁世凯的推动下，农务局联合官绅成立了农务总会。农务总会作为清末最早诞生的新式农业团体，起到了示范、标杆作用，随后各省纷纷效仿成立农会。这些农会在引导、指导农业生产以及兴修水利、改良种植、开垦荒地等方面都做了许多具体事情。可以说“直隶农务总会的成立对直隶农业生产的科学化、近代化及风气开化确实起了较大的作用”[1]。

在发展现代农业，提高农业科技水平上，袁世凯认为一要更新农业基础设施，二要将农业与科学结合，在农业试验的基础上，推动农业科学试验与农业生产的结合。光绪二十八年（1902 年），袁世凯在城西设立农事实作场一所，进行农业实验，并派黄璟赴日本购办农学器具，就场实验，设学教授，聘请日人指导。实验场经营保定郊区 200 余万株桑秧和小站 400 余顷稻田，卓有成效。到宣统二年（1910 年），农业实验场多达 32 个，并多与农业学校联合。农业实验场的设立和推广，提高了农业的科技水平，推动了农业迅速走向近代化。

在设立农业学堂，培养人才上，袁世凯更是积极作为。在袁世凯的努力

① 楚双志：《变革中的危机——袁世凯集团与清末新政》，九州出版社 2008 年版，第 93 页。

下，农务局附设农业学堂——直隶农务学堂。这是我国最早的一所高等农业学堂（河北农业大学的前身）。学堂分为速成、预备两科。首批速成科学生 20 名，预备科学生 40 名。速成科以教授蚕桑种植及糖酒制造之法为主，课程以一年为限。预备科教以英文、算数、理化、地理、历史、金石、动植物学及各种农学，限五年毕业，科目较备，讲习较精，为农学高等程度。农业高等学堂的设立，对于农业专门人才的培养，意义是明显的。如高阳农业学堂、宣化农业中学堂、河南荥阳浚县公立农业学堂的教师多来自直隶农务学堂。这些经过高等学堂专门训练的学生毕业后，被分送各地，或以求农业技术的普及和改良，或成了新的农业学堂的师资力量，这些都大大促进了农业的发展。此外，农务学堂还附设了林业专科。从光绪二十八年（1902 年）到宣统三年（1911 年），毕业了 200 多名学生。这些毕业生也被分配到全省各地，开展林业活动和教学，也促进了林业的发展。

图 3-34 山东农业高等学堂教室旧址

在发展农业经济上，袁世凯积极主张发展农业经济作物，如推广棉花种植等。在袁世凯的推动下，直隶地区的棉花种植大幅度增长，棉花和棉籽出口猛增。《天津海关十年报告书》（1902—1911）中说：1911 年“中国货进口的总值为 2450 万两，而本地产品出口的总值达 3925 万两，总计净值 11650 万两，为从本埠以来所达到的最高数字。在出口总值中增加的 1425 万两，主要是由于国外棉花的高价引起的原棉外运数惊人的增加所致”[①]。在 1909 年

① 苏全有：《袁世凯与清末民初的农业发展》，《青岛农业大学学报》（社会科学版）2007 年第 4 期。

以前，直隶、山东的一部分地区，加上河南、山西，出口的棉花数量不曾超过4000担，到1909年，一下子增到了25128担，到1911年，更是到了387441担。此外，在茶叶种植、养蚕、豆类种植等方面，也有了较大的发展。从20世纪初开始，直隶的豆类产品和植物油出口值激增，植物油大部分运往欧洲主要供制造肥皂之用，还向日本出口豆类、豆饼以及植物油。此外，袁世凯还积极组织开垦荒地，安州白洋淀淤地50万多顷就是1903年袁世凯组织开垦的。“垦荒即扩大耕地面积对农业的促进作用不容忽视”。[①]

在减轻农民负担上，袁世凯主张减免税收。光绪二十八年（1902年），袁世凯就上奏请求减免粮税：“应请自本年起，每岁办运六十万石，由臣分别给印照，凡经过沿途局卡及出口海关，均验明照内所填米数，免征厘税。”[②]袁世凯还主张均赋，对赫德条陈“言每亩令完钱二百者”，持“不可行”态度。他认为“地有高下，丁有众寡，田有腴瘠，是以科则有重轻”，“若不问等差，概

图3–35 土地历来都是农民赖以生存的根本，图为晚清农民在耕地。

① 苏全有：《袁世凯与清末民初的农业发展》，《青岛农业大学学报》（社会科学版）2007年第4期。

② 廖一中、罗真容整理：《袁世凯奏议》（上），天津古籍出版社1987年版，第464页。

令完钱二百，则额多而减少者，或以沃壤而输轻赋，额少而增多者，或以瘠区而供重征，苦乐不均，人谁乐从”。此外，袁世凯亦有惜农、护农之举。光绪三十年（1904年），袁世凯上奏要求推迟查办天津、通州二所的屯田，“臣查庚子之变，津、通一带，首当其冲，受害最烈。本年大水为灾，沿河居民尤为困苦。此项屯田，湘、鄂两省均已奏准免其缴价，其民浩劫余生，竟不能同邀旷典，未免向隅。至按地价计税，多数亦属无多，民间承种多年，相安已久，亦未便纷纷清查，致涉烦扰。合无仰恳天恩，俯念民力拮据，准将津、通二所屯田暂缓查办，嗣后如有转卖者，均照民粮地亩，一律税契以杜取巧”。[①] 袁世凯能如此惜农、护农，确实不易。想想如今一些官商勾结者，大量侵占基本农田，囤积良田，盗卖牟利，全然不顾农民利益，真是汗颜。

农乃国之本，工商发展也全赖于此。袁世凯兴农举措虽不多，但其基础已立，后续者如能赞成而提倡之，农业也可渐渐兴矣。可惜后来的许多做法都变了味，在商业利益的追逐下，农业的振兴依然只是美好的设想而已。但“清末直隶农业近代化的功劳簿上应该为以袁世凯为首的袁世凯集团记上一笔”[②]。

铁路交通，一番作为

铁路是跨越传统与现代的象征。修筑铁路，关系着一个国家的国计民生，在一百多年前，其意义更不待言。但修建铁路在近代中国引起的反对最为强烈，争论时间最长也最为激烈。同治三年（1865年），一个叫杜兰德的英国商人，在北京的宣武门外，沿着护城河，修建了一条只有一里长、用于“展览”的小铁路，它是在中国土地上出现的第一条小铁路。这件“展品”展出以后，引来了不少观众。因为新奇、没有见过，

① 转引自苏全有：《袁世凯与清末民初的农业发展》，《青岛农业大学学报》（社会科学版）2007年第4期。

② 楚双志：《变革中的危机——袁世凯集团与清末新政》，九州出版社2008年版，第95页。

所以人们想看个究竟。不久，清朝统治者便以“观者骇怪”为由，勒令将它拆除了。19 世纪 70 年代，开眼看世界的李鸿章不断提出修筑铁路的主张。1872 年，俄国出兵侵占我国伊犁，李鸿章以“我军万难远役”为由，提出修建铁路，以满足兵运。1874 年，日本侵略我国台湾，李鸿章再次借此提出修筑铁路，以便南北交通。但李鸿章的主张多遭遇顽固派的强烈反对，修筑铁路一而再、再而三被搁浅。顽固派们以“祖宗成法不可变”，担心铁路沿线人民因此起义，动摇国本，抨击修路“为列强谋”。但李鸿章不气馁，不断借机上奏，陈述修造铁路之意义，还动员刘铭传上《筹造铁路以图自强折》等。在开明洋务派的努力下，在中国大地上，终于有了铁路。光绪二年闰五月十二日（1876 年 7 月 3 日），吴淞铁路正式通车并投入营运（后又被当地官员以重金购去拆毁），开创了中国铁路的历史。随后，中国铁路事业开始兴起（虽然其中依然反对声不断），到庚子事变前，中国已经修筑了好几条大的铁路，大大改善了交通状况。除了吴淞铁路（上海到吴淞，长 14.5 公里）外，还有唐胥铁路（唐山至胥各庄，是中国自办的第一条铁路，1881 年建成，全长 9.7 公里。1887 年，唐胥铁路展筑至芦台，1888 年展筑至天津，1894 年天津至山海关间通车，改称津榆铁路，1888 年唐胥铁路展筑至天津时，李鸿章还亲自巡视并主持通车仪式），台基铁路（台北至基隆港，1891 年建成），台新铁路（台北至新竹，1893 年建成，台基铁路和台新铁路两段共约 107 公里），大冶铁路（1894 年建成，长 28 公里）等。此外，对中国虎视眈眈的列强，看到中国铁路事业的利益，就强行在中国领土上修建或直接经营了若干铁路，如东省铁路（俄国修建）、滇越铁路（法国修建）、胶济铁路（德国修建）等。李鸿章辞世后，袁世凯接过李鸿章的衣钵，对于修筑铁路，秉承了李鸿章的意志和愿望，极为努力，有了自己的一番作为。

甲午战争后，割地赔款，国力大损，英、俄、法、日、德、比、美等列强乘机对清政府施加压力，攫取中国的铁路权益。他们或强行擅筑，或假借“合办”，或通过贷款控制，1 万多公里的中国路权被吞噬和瓜分，形成列强掠夺中国路权的第一次高潮。随后，他们按照各自的需要，分别设计和修建了一批铁路，标准不一，装备杂乱，造成了中国铁路的混乱和落后局面。在清政府时期（1876—1911 年）共修建铁路约 9400 公里，其中列强直接修建经营的约占 41%；列强通过贷款控制的约占 39%；国有铁路仅占 20% 左右。对于这种状况，袁世凯从维护国家主权、维护国防的高度出发，与外国列强进行了艰苦的谈判和交涉。光绪二十七年十二月（1902 年 1 月），袁世凯兼任督办关内外铁路大臣，奉命与列强谈判接收铁路权回收事宜，在国内国际错综复杂的环境中，袁世凯展开了与英、俄的谈判。

谈判首先从英国占领的关内段开始，英国方面尽管设置了一些障碍和条件，但总的来说算是顺利的。接收铁路要涉及多个方面的事情，技术领域的验收至关重要，其中长期参与中国铁路修筑的总工程师金达（英国人）起了一定的作用，留美幼童詹天佑也成了袁世凯谈判团队的主要人员。詹天佑与金达一起，清点了英军所占铁路的所有设备和设施。光绪二十八年八月二十八日（1902 年 9 月 29 日），大清国的关内外铁路总局从英国占领军手中收回了从北京至山海关段的关内段铁路。

图 3-36　1876 年，英商怡和洋行在上海修筑了中国第一条正式的铁路——淞沪线，旋被当地官员以重金购去拆毁，后清廷又命盛宣怀再筑，于 1898 年完工通车。图为“先锋”号火车头运抵淞沪铁路时的情景。

到了收回俄军占领的关外段时，困难就要大得多。经过袁世凯的艰难谈判，虽然两国于光绪二十九年（1903 年）春在北京签署了《中俄交收东三省条约》，但在具体接收中，俄人不断刁难，企图阻止顺利接收。首先俄人不同意总工程师金达代表清政府参与接收工作，理由是俄国不同意别国工程师介入长城以北的铁路事宜，这样就使得谈判完全落到了袁世凯团队肩上。袁世凯明白，当初整体勘测和设计这条铁路的总工程师是金达，为此，他请詹天佑与金达暗中配合，对于一些核心技术上的事，主动与金达反复商讨，应对俄军铁路工程师的刁难与拖延。在俄军占领的铁路段，詹天佑看到许多铁路设施被拆走，桥梁被破坏，当年存放的铁路器材包括钢轨、机车、工具甚至石料，都被俄军运走，因为俄国当时已取得在东北修筑东青铁路的权益，很多东西都被掠去修筑东青铁路了。看着俄军占领下的残破的关外铁路线，詹天佑简直心都碎了，不仅仅是因为看到俄军在大清国领土上贪婪的卑劣行径，更看到当年自己与路工们亲手费尽心血修筑的铁路遭如此破坏，犹如母亲亲眼目睹自己的孩子遭受别人摧残一样痛心。他一面带着有关人员从俄军手中接收设施，一面还要带着路工加紧清点被破坏的设施，制订修复计划，报给梁如浩，经袁世凯批准后快速修复被俄军破坏的铁路线。接着俄军又对关内外铁路总局收回关外铁路不甘心，俄军提督巴希诺要求袁世凯亲自率员到山海关谈判，提出俄军在关内外铁路沿线享有驻军权、敷设电线权、经办邮政权。对于巴希诺的无理要求，袁世凯据理力争，坚决反驳。但俄军态度强硬，最后袁世凯不得不作出让步，与巴希诺签订了《中俄交还关外铁路条约》，承认了俄国在关内外铁路上享有驻军、敷设电线、经办邮政等权利。但事实上，接收回来后，俄军的这些权力得到了限制，铁路国有得到基本实现。

袁世凯在铁路交通建设上的另一大贡献是重视铁路经营管理。早在山东任上的时候，袁世凯就在《遵旨敬抒管见上备甄择折》中说：铁路为“生财之道”“各国财政，途径纷繁，大要在采矿产、造铁路、兴商务，通货币及一切生财之道”。[①] 他明确将筑路指为将来的利薮之一。袁世凯接收关内外铁路后，加强了对铁路运行的经营管理。在行政用人、物料采买等方面，袁世

① 廖一中、罗真容整理：《袁世凯奏议》（上），天津古籍出版社 1987 年版，第 274 页。

凯加强了管理，逐渐摆脱了常年亏损的局面，扭亏为盈。据肯德的《中国铁路发展史》报告，光绪二十九年（1903年）关内外铁路总收入为4658235.46两，至光绪三十二年（1906年）达到12191185.81两，增长了262%，获利颇丰，成为当时各铁路经营的典范。袁世凯之所以能在铁路经营管理上取得成效，一是袁世凯本身有很强的经济意识和管理意识，十分重视铁路的使用价值。例如在关外铁路的经营管理上，袁世凯根据线路的特点，采取不同的策略，广开渠道，提高铁路的运行效率。关外铁路从光绪二十九年（1902年）到光绪三十二年（1906年），运行效率不断提升，客运收入从1902年的645497.06两发展到1906年的2901442.73两，增长了将近5倍；货运收入更是从1902年的275396.46两增长到1906年的1956082.96两，增长了7倍多。二是袁世凯大胆使用人才，提高管理效力。袁世凯委派留美学生梁如浩总办关内外铁路，总理全权。聘请金达等洋、华工程师及技术骨干，按照西方先进的管理模式管理路务及材料、养护维修等，分门别类管理，提高专业水平。光绪三十年（1904年），又委任留日归国学生沈锟“赴山海关内外铁路总局委用”，随后派他到天津工艺学堂办理学务，培训铁路人才，以备使用。由于袁世凯的开放管理和对人才的重视，铁路经营管理发生了重大变化，“关内外铁路在袁世凯治下成为晚清时代第一条获得巨大经济效益的铁路，每年纯利润近千万元（约700万两），是直隶地丁田赋的3倍”。“关内外铁路成了袁世凯集团最大的金库。由此，在清末‘练兵筹饷’‘自强新政’的喧闹声中，袁世凯的声誉隆隆而上”。[①]

袁世凯对近代铁路建设的另一番作为是加大铁路网的建设力度。光绪二十八年（1902年），袁世凯奉旨主持勘修西陵铁路，限6个月完工。西陵铁路自新城县高碑店起，至易州良庄止，全长78公里。西陵铁路估勘约需60万两银子，户部只拨了30万两，另30万两由袁世凯筹措。袁世凯积极筹措，督办有力，提前两个月竣工。光绪二十九年（1903年），袁世凯对关外

① 楚双志：《变革中的危机——袁世凯集团与清末新政》，九州出版社2008年版，第107页。

铁路进行了展筑，修筑了沟帮子至新民厅的路线，全长300多公里。这段路线，打开了辽西地区的商务贸易。同年，关内铁路也展筑了天津车站西沽岔道和货栈、码头，以利货运交通，水陆并举。

袁世凯在铁路网建设上被历史铭记的当属修筑京张铁路。人们都知道，是詹天佑怀着爱国之心，修筑了京张铁路。京张铁路是中国人自建的首条铁路，从资金到人员，均由中国人自己完成。京张铁路起北京丰台柳村，经居庸关、八达岭、河北的沙城、宣化，至张家口，全长200多公里。对于筹建京张铁路，袁世凯可谓花费了很大心血。他在给朝廷的奏折中说："此路即作为中国筹款自造之路，亦不用洋工程师经理，自与他国不相干涉。"[①] 不干涉谈何容易，列强觊觎、纷争。袁世凯运筹帷幄，用心挑选人才，积极作为。光绪三十一年（1905年），京张铁路开工，袁世凯大胆任用詹天佑。詹天佑是光绪七年（1881年）被清廷强令中途辍学的"留美幼童"之一，回国后并没有得到重用，只在福州船政学堂和广州水陆学堂任教员，在修筑京张铁路前也还只是负责技术的铁路工程师。在接收关外铁路，与俄军提督谈判时，袁世凯就看中了詹与俄人据理力争的爱国情操。随后奏请詹天佑为州选用同知。京张铁路开工后，袁世凯更是大胆提拔詹天佑为候选道、京张铁路局会办兼总工程师，位在府州之上。詹天佑在袁世凯的支持下，修建的京张铁路创下多项壮举。青龙桥段铁路穿越军都山，南口和八达岭的高度相差约600米，坡度极大，在22公里线路区段内用折返方法，设计、修建了著名的青龙桥车站"人"字形铁路轨道。引进国外大马力机车，并使用双机牵引，解决了运输动力问题。开凿1092米长的八达岭隧道，曾经有诸多外国专家断言八达岭隧道工程如不使用外国的先进机械以及技术人员，仅凭中国人的力量不可能完成。在詹天佑的策划指挥下，八达岭隧道南北两头同时向隧道中间点凿进，同时中部开凿两个直井，分别向相反方向进行开凿，增加了工作面，并使用强力炸药爆破，依靠人力建成了这条中国筑路历史上的第一条隧道。京张铁路是袁世凯

---

① 廖一中、罗真容整理：《袁世凯奏议》（下），天津古籍出版社1987年版，第1153页。

图 3-37　詹天佑及他的中国自修铁路梦想

督办铁路大臣任内的得意之作，不仅唤起了政府和群众的民族自信心和自豪感，同时也开创了中国独立发展铁路事业的先河，并培养出詹天佑等一大批铁路技术人才。光绪三十三年（1907 年）四月，袁世凯上奏，称天佑“科学精深，名闻中外”，请求赐予詹天佑进士出身。这是清末少有的殊荣。袁世凯爱才，对詹天佑有知遇之恩，也成就了詹天佑，甚至可以说如果没有袁世凯就没有詹天佑，也就没有后来的“中国铁路之父”“中国近代工程之父”詹天佑了。2005 年 10 月 12 日，詹天佑的一座新铜像在张家口火车南站揭幕（1919 年，詹天佑逝世，同年在青龙桥车站竖立一座詹天佑全身站立铜像），至此，京张铁路两端均有詹氏铜像，詹天佑彪炳千秋。中国人至今仍热情传颂詹天佑修筑京张铁路的功绩，但多不记得或不了解这条铁路的决策、资金筹措，包括决定用中国人和中国资金修建等主要是袁世凯的作为，真是有些遗憾。

袁世凯对中国铁路事业作的再一个贡献是培养造就了一大批路政能员。唐绍仪作为袁世凯权力构架中的重要一员，参与了中国早期的铁路建设，如京汉铁路、沪宁铁路等。陈璧、梁敦彦、梁如浩、梁士诒等，长期掌管铁路交通系统，为推进近代铁路交通建设做了不少实际的事情。邮传部成立后，袁世凯更是委派下属充任要职，提供锻炼平台。这些路政能员，经过历练，后来都成为民国初期交通系统的骨干（民国后，袁世凯还曾一度委任孙中山督办铁路），为中国近代交通事业的发展奠定了基础。

在中国近代铁路事业发展史上，袁世凯是绕不开的名字，应该占有一席之地。

外交手腕，传李衣钵

“外交”二字对于近代中国人来说是尴尬的字眼。在1840年以前，中国是无所谓外交的。从汉以来，中国的封建统治者只知道有朝贡的国家、使臣，是礼部职责事务。鸦片战争后，中国统治者才从天朝王国的心态中惊醒——居然还有跟中国平起平坐的国家，于是有了所谓的外交事务。但即使在国门被迫开放后，当时的统治者还是不习惯跟洋人打交道，对洋人的心态要么是鄙视，满怀所谓的爱国之心，要把洋人赶出国门；要么是媚外，一味地巴结洋人。近代真正领悟到外交为何物的当属李鸿章。李鸿章可谓近代外交事业第一人。虽然他以夷制夷的外交策略，并不能根本解决当时中国的外交困境，但他毕竟让中国活跃于国际舞台。可以说，如果没有李鸿章的卓越外交才华，没有他的外交活动，中国近代的外交历史可能就空洞无物。有人称李鸿章是中国的Grand Old Man（元老），就像格莱斯顿（Gladstone，1809—1898年，英国政治家，于1868—1898年四度担任英国首相）是英国的、俾斯麦是德国的、加富尔是意大利的Grand Old Man一样。李鸿章去世后，谁人能接替李鸿章呢？纵观当时的中国，唯袁世凯是矣。袁世凯不仅务实、有政绩，辛丑年护驾有功，而且也善于与洋人打交道，善于外交事物，可以说袁世凯接替李鸿章，是中外都认可的。袁世凯也被列强视为当时中国唯一可以与李鸿章相提并论的人。袁世凯接过李鸿章的衣钵后，在近代中国的外交舞台上也的确扮演了不俗的角色。

袁世凯自从驻扎朝鲜以来，就与洋人多有往来。驻朝期间，为维护宗主国地位，他方刚气盛，难免对洋人有鄙视的心理，但还是崇尚与洋人交往的。甲午战败后，袁世凯更是看到了西方世界的强大，从内心深处萌生了西学救国的强烈愿望。袁世凯后来的改革为什么多主张向西方学习呢？这既与他在朝鲜的经历、历练、耳闻目睹有关，也与他开放的心态有关。处于国际浪尖的朝鲜，风云际会，袁世凯在这漩涡中，渐渐体味到盲目自大的恶果，明白了西方强大的根本动力，意识到中国要强大，就必须彻底更新，以西学推动进步。甲午战败更是直接的刺激因素，随后袁世凯对西学有了更迫切的要求。袁世凯崇尚西学，也多尊重洋人，这在义和拳运动中，已经很明显了。但袁世凯绝不是洋人的走狗，不会为了西学而媚外，在崇尚西学与处理外交事务上有着本质的区别。袁世凯处理外交事务，所思考的角度，多从维护国家主权利益出发，所展示的手腕，也多有李鸿章的味道。

袁世凯接任直隶总督兼北洋大臣后，就完全接过了李鸿章的衣钵，成为新政时期外交事务的主导者。袁世凯接任后，处理的第一件交涉事务，就是如何收回天津和关内外铁路（接收铁路，这在上文已经提及）。天津是庚子事变中，被八国联军强占的。光绪二十七年（1901 年），袁世凯以直隶总督身份在北京要求列强把天津交还中国。列强以慈禧还没回京，不予谈判交还为借口，企图长期强占天津。袁世凯从国家主权角度思量，不断从中斡旋，谈判取得进展，到光绪二十八年（1902 年）初，列强中除了德国的军事指挥官，以及俄国的态度不明朗外，都同意将尽快从天津撤出。在其他各国驻华代表的压力下，所有在华的军事指挥官最后于光绪二十八年（1902 年）四月十二日，在二十八项条件和两项建议之下，达成归还天津的协议。其后各国外交使馆再降低要求，袁世凯于七月同意接受，八月十五日列强所组成的天津临时政府正式将天津交还袁世凯。这是袁世凯在处理外交事务中交出的一张较为满意的答卷。

图 3-38　1896 年，在英国访问的李鸿章前往哈瓦登城堡拜会英国前首相葛兰斯登。

图 3-39　根据《天津条约》，外国人取得中国内河航权。他们沿着四通八达的水道渗透中国。图为江河之上的大型机动铁壳洋轮与岸边中国百姓的木制小船遥相对照。

袁世凯在处理外交事务中，其思维特点和外交策略，多从维护国家主权角度出发，有强烈的主权意识，典型的如东北问题。东北由于地理位置与丰富的资源，从 19 世纪末起就成了列强觊觎的对象。列强中又以日俄野心最大，尤其是庚子事变后，俄国更是大举入侵东北，日本也不甘示弱，企图强占东北。1902 年，日本与英国签订英日同盟，对抗俄国在东北的扩张。针对这种状况，袁世凯也在思考、寻求与欧洲列强的合作，共同开发东北，以对付日俄在东北的野心，维持中国在东北的主权。在 1903 年至 1904 年日俄战争期间，袁世凯的策略是联合英、日两强和美国，共同对抗俄国在东北的势力（袁对沙俄的野心，向有戒备——这点似乎比李鸿章看得更远）。为此，英日美希望中国能在东北开放更多的城市。不过，袁世凯却顾虑此举恐将引起俄国的报复，并影响中国的主权。所以直到 1903 年末，袁世凯才答应美、英、日等国，在中国的控制下，将开放“自开港”，以牵制俄国。袁世凯的这一做法有如当年李鸿章以夷制夷的策略，特别是联合美国，是袁世凯外交策略的一大进步。美国基于在华经济利益的考量以及美国国家长期形成的价值观念，会支持中国领土完整。纵观近代历史，美国是对中国侵略最少的国家，庚子赔款的钱也没有拿走，而是在中国建了所留美预科学校（清华大学前身）。1905 年日俄战后，袁世凯更是极力主张与美国来往，发展与美国的友好关系。袁世凯主张尽量减少与美国发生冲突，例如在 1905 年，清政府因美国在其国境内迫害中国侨民，因而支持国内抵制美货，但袁世凯力排众议，主张应该严禁抵制美货的行动。

1905 年 5 月，日俄战争结束，同年 9 月 25 日，在老罗斯福（Theodore Roosevelt）总统的调停下，日俄签订《朴次茅斯和约》，划分东北势力。日本为了迫使中国接受条约，于同年 11 月 7 日起派外相小村寿太郎和驻华公使内田康哉与中国的奕劻等代表进行谈判，经过 22 次的会商，最后于 12 月 22 日签订了《会议东三省事宜正约》三款及附约十二款。此次谈判中清廷的出席人员，包括军机大臣庆亲王奕劻、军机大臣瞿鸿禨、直隶总督袁世凯以及唐绍仪、杨士琦、邹嘉来、金邦平、曹汝霖等。中国的谈判代表，虽然以奕劻为首，但他于会议一开始，即说自己年事已高，不能常常出席。真正代表清政府谈判的是瞿、袁两人，其中发言最多的是袁世凯。在谈判中，袁世凯着重讲了两个方面的内容。一是将日本在东北权利的年限与范围缩小。袁世凯要求日本继承俄国在东北的权益时，如旅顺大连的租借，东清铁路的建设，必须扣除俄国已享之年限。而铁路附属地，日本人经商应有范围，驻兵应有限制。二是要求平等权。袁世凯向日方强调，中国与日方均有在东北兴建其

图 3-40　1909 年，中国开始利用美国退还的庚子赔款余额，派遣学生留学美国，此举对中国社会产生了重要影响。图为 1909 年第一批庚款留美学生与留美学务处总办周自齐（前中）、会办唐国安（前右）和范源濂（前左）合影。

他铁路的同等权利。这些都是袁世凯外交策略日益成熟的体现。

东北问题妥善解决后，袁世凯本想接掌东三省。东三省土地辽阔，离京甚远，可暂避政争。袁世凯的支持者庆亲王奕劻原本亦内定袁氏为东三省总督，不过慈禧却表示，东三省好比后门，北洋好比大门，袁世凯离开北洋，大门无人看守，徐世昌与袁世凯交好，于是改任命徐世昌为东三省总督。徐世昌出任东三省总督，既是袁世凯北洋势力向关外扩张的具体体现，也是袁世凯外交策略的胜利。后来，徐世昌在东北推行新政，为东北的稳定和发展作出了极大的贡献。这是专门话题，这里暂且不表。

光绪三十三年（1907 年），袁世凯任军机大臣兼外务部尚书。在这个平台上，袁世凯仍然把美国视为最重要的友好国家，极力发展同美国的友好外交关系。1907 年 10 月至 1908 年 4 月，他全力支持美国参与兴建东北铁路的计划。1907 年 9 月，他派伍廷芳取代梁诚为中国驻美公使。伍廷芳，广东新会人，获英国伦敦学院博士，是中国近代第一个法学博士。曾于 1896 年被清政府任命为出使美国、西班牙、秘鲁的公使。他善于外交事务，在列强中名望甚高。1907 年，伍再次出任美国公使，是袁世凯重视中美关系的体现。1908 年 10 月，袁世凯促成清政府同意伍廷芳与美国国务卿路特（Elihu Root）签订《中美公断专约》。1908 年 11 月，袁世凯派遣唐绍仪前往华府寻求美国的支持，以及热情接待美国访太平洋的海军舰队，以示中国对美国的友好态度等。袁世凯虽然处理外交事务的时间不长，经验也不多，但在 20 世纪初，他通过审时度势后，认为中国的力量尚不足以和列强相抗衡，要重视和平谈判的手段、

图 3–41　晚清外交官伍廷芳在美国

技巧，以解决与列强之间的纠纷，特别是他选择争取英、美两国的支持，以便联手来对抗日、俄在中国的野心的做法算是可取的，甚至于今天还有其借鉴意义。

袁世凯的外交策略主动，手腕灵活。除了在处理东北问题上展示了智慧和在联合美国上体现了高瞻远瞩外，在外交制度、培养外交人才上也做了一些努力和尝试。晚清以来，列强纷纷进入中国，无外乎为了谋取特权与经济利益。清政府无奈，外交事务基本疲于应付，谈判草率，机制落后。李鸿章虽做了种种努力，但仍不能与列强有平等的外交权力。庚子事变后，列强要求改革总理衙门，设立外务部，并列为所有部户之首。列强之所以要求清廷改组总理衙门，原因在于此一单位并不是实际的外交政策决定者，无法发挥应有的外交作用。外务部成立后，这种状况并没有多少变化，外交事务的决策仍由军机处掌握，外务部尚书还是由军机大臣兼任，在外交事务上，军机处依旧凌驾于外务部；外务部的职责单纯化，下设五个司处，并把原先的诸多职掌，如铁路、邮政、关税、工商业等，皆交由其他新设的中央部会；缺乏专业外交人才，整个外务部不但只有一位尚书，两位侍郎和三十五位低阶属员，而且都是接受传统教育者，也没有与西方接触的经验。如曹汝霖所言，外务部在袁世凯接掌前是“暮气沉沉”。

光绪三十三年（1907年）八月，袁世凯接任外务部尚书后，首先着手人事改革。一是大量引用留洋，尤其是留日与留美的外交人才，如唐绍仪、施肇基、颜惠庆、张荫棠、曹汝霖等人，这些人后来都在外交舞台上扮演了重要的角色。二是将旧日属员外放东欧小国，如瑞典、丹麦之类，让他们在学习中扩展视野，在实践中长才干。再次，袁世凯注重外交策略，注重外交制度建设，注重学习，注重与列强的互动关系，力争走平等外交之路。他善于应用国际条约以规范列强在中国的行为，为中国与列强的平等外交奠定了基础。总之，袁世凯的积极作为确实为外务部带来了全新的气象，也为近代中国的外交事业开辟了新的局面。袁世凯自己也因此赢得了国内外舆论的认同，这也为他后来能坐上中华民国正式大总统的宝座奠定了基础。

主倡立宪，开明政治

晚清新政是清王朝的自我挽救，但要是放宽视角来看的话，我们就会发现，晚清的最后十年是在完成一个国家的转型，而不仅仅是一个王朝的自我救赎，“晚清是一段比‘五四’更重要的‘转型时代’”[①]。在文教方面，废除科举，创办学校，派遣留学生，建立近代教育体系；在经济方面，确立“工商立国”方针，发展工商业，振兴经济，建立近代金融体系；在法制方面，废除酷刑，修改刑律，创办警察制度，建立审判机构，推行司法独立，建立近代司法体系；在军事方面，编练新军，改进训练，努力将军队国家化……这最后十年的改革，无论是清廷内部，还是官僚阶层；无论是知识分子，还是普通民众，都不乏孜孜追求帝国复兴、崛起者。当时的大清，虽千疮百孔，但绝非一个完全“无为”的时代，在灰色的世界里，隐约让人看到了曙光和希望。随着经济、文化、教育、社会、军事、官制等改革的推进，政治改革也被推到了浪尖上，而且来势凶猛，准备一改两千多年的封建制度，踏上近代民主的典型——君主立宪制。在这场立宪运动中，袁世凯虽有个人的小算盘，也不乏政治作秀的手腕，但他毕竟积极有为，克服阻力，为中国的开明政治付出了努力。

袁世凯是典型的封建官僚，但在历史的浪尖中，却思想开放，勇于实践。晚清新政最难啃的“骨头”莫过于政治改革。当年新政诏书云：“参酌中西政治，举凡朝章国政吏治民生学校科举军制财政，当因当革，当省当并……”袁世凯当权后，对吏治民生学校科举军制财政等进行了大刀阔斧的改革，推动了中国的近代化。朝章国政，关系到国之根本，关系到统治利益，有哪个统治者、哪个统治集团愿意把权力拱手相让呢？虽然，也知道晚

① 李刚：《大清帝国最后十年：清末新政始末》，当代中国出版社 2008 年版，“自序”第 1 页。

清以来西学者，只“语言文字、制造器械而已，此西艺之皮毛，而非西政之本源也”。[①] 但真的要学习西政之根本，谈何容易？时流行西政，有民主制和君主立宪制，习惯说了算的皇权，能轻易让百姓分享政权吗？能一改官吏奴才的德行吗？这在当时的中国是难以想象的，对于政治改革，袁世凯是最为积极的官员，甚至有点一意孤行。光绪二十九年（1903 年），当政体改革还无人问津的情况下，袁世凯就初步提出了立宪的建议，要求清廷在宪政、官制、地方自治三方面实行改革，其核心内容是宪政改革。这在当时，无疑是大胆、富有远见的。但袁世凯的建议遭到反对，引起一场轩然大波，最后只好搁浅。

图 3-42 立宪运动是清末政治改革的重头戏。图为户部改度支部后部分官员的合影。

日俄战争爆发后，特别是君主立宪制的小日本战败了庞大的君主专制的俄国，使人们更加清醒地意识到政治体制的优劣，遂朝野上下立宪呼声日盛，“立宪之声，洋洋遍于全国矣，上自勋戚大臣，下逮校舍学子，靡不曰立宪立宪，一唱百和，异口同声”[②]。“君主立宪者，政体之最良者也。”[③] 袁世凯知道时机已成熟，便联合两江总督周馥、湖广总督张之洞，奏请立宪。“简派亲贵，分赴各国，考察政治，以为改政张本。”[④] 在袁世凯的推动下，慈禧同意委派载泽、戴鸿慈、徐世昌、端方、绍英，分赴各国考察政治，以期

① 参见《辛丑变法绍书》。

② 转引自肖育雷、岳珑：《论清末立宪中袁世凯活动的原由与影响》，载苏智良、张华腾、邵雍主编：《袁世凯与北洋军阀》，上海人民出版社 2006 年版，第 238 页。

③ 梁启超：《立宪法议》。

④ 中国史学会主编：《辛亥革命》（四），上海人民出版社 1957 年版，第 12 页。

择善而行，袁世凯也慷慨“拨银十万两，解京应用”[①]，以示支持。

光绪三十一年八月二十六日（1905年9月24日），五大臣计划从北京出发，分赴各国考察政治。革命党人吴樾以自杀式炸弹阻止了他们的前行。不管立宪是不是皇权者的伎俩，吴樾的自杀式炸弹让原本不是十分坚定的政治改革雪上加霜，好在当时的慈禧，不知道哪里来的智慧，对考察立宪相当热衷。慈禧一生都在为权力奔波，晚年也不例外，但唯独立宪一项似乎还有点开明，从先期的立宪考察，到后来的预备仿行宪政等。这位风烛残年的老妇人，如果能多活若干年，立宪政体在中国的推行也许并不是梦想，相比革命党人那些自杀式的所谓的爱国行动，多少有点实际的东西。好在自杀式行动没有动摇慈禧的决心，一个月后，宪政考察团再次出发，而且这次规模更大，正式成员就有33人，分赴日、美、英、德、法、意、俄、丹麦、瑞典、荷兰、瑞士、挪威等十几个国家，前后历时半年多。对于这次考察，袁世凯是相当积极的，出发前，为以防不测，袁世凯对沿途进行了周密的布置；考察归国后，五大臣更是先“归至天津，世凯劳以酒”[②]。

图3-43　五大臣出洋时的合影

五大臣考察归国后，立宪的呼声更是高涨。当然也不乏反对者。熟稔、游刃于体制中的袁世凯，一方面积极呼应立宪，另一方面又主张循序渐进，以求改革不夭折。袁世凯是改革的倡导者、实践者，但不是激进派，他凡事都主张因时、因国情，循序渐进，而不是一个盲目主义者，有如后来胡适的改革主张。因为中国的事情，牵一发，动全身，各种利益错综复杂，只有循

① 印鸾章编：《清鉴》卷十五，上海书店出版社1985年版，第901页。

② 转引自夏兰：《袁世凯立宪活动的主要原因浅析》，《中华文化论坛》2002年第2期。

序渐进，才能有所成效。如果过于激进，往往以夭折告终。1906 年 8 月，在廷臣会议上，袁世凯称“以数千年来未大变更之政体，一旦欲变其面目，则各种问题皆相连而及。……其事皆极委曲繁重，宜于立宪以前逐渐办妥”[①]。这也就有了后来的“预备立宪”，并且确定预备期为十二年。

袁世凯虽然嘴巴上主张立宪当缓行，但在实际工作中，却极力为立宪的推进做铺垫，而且力度相当大。他看起来胸有城府，甚至有点老气横秋，但实际上气锐芒锋，敢于尝试。他先是在天津进行自治实践，拟定《直隶天津县地方自治公决草案》110 条，推行地方议会选举，进行民主自治实践，天津因此成为地方自治的样板。“……天津之自治既先成立……天津既可为直隶全身之模范，亦各省所急欲仿办者，是亦即全国自治之模范也。全国之自治成而立宪之基础成矣，此所以为中国前途贺也。”[②]天津自治在袁世凯的推动下，卓有成效，客观上推动了西方宪政思想、制度在中国的传播，加速了晚清立宪运动的推进步伐，意义不言而喻。

袁世凯虽为总督，却身处中央决策的高层，他知道，对于整个国家来说，要开明政治，君主立宪，绝非一蹴而就。立宪是个系统工程，而首要的就是推行官制改革。袁世凯主张取消军机处，设责任内阁，开议院。袁世凯的这一主张，在当时可以说是前卫的，也抓住了宪政的根本。当然，袁世凯的这些主张，可能有自己的小算盘，因为推行责任内阁，权力集中在内阁总理手上，而这内阁总理的位子，当时非奕劻不可，奕劻是袁世凯的铁杆哥们，关系密切、牢固。奕劻任总理，袁世凯准能谋个总理协理，也就是副总理的角色。这当然是个不错的算盘了，也是可以理解的。因为袁世凯从来就是一个热衷于权力游戏的人。但同时，他也是一个“以天下为己任的人”，从他的“思想轨迹来看，他并不是一个纯粹的投机者，推行君主立宪，的确

① 中国史学会主编：《辛亥革命》（四），上海人民出版社 1957 年版，第 16 页。

② 《天津议事会成立之日卢学使代督宪袁演说文》，转引自楚双志：《变革中的危机——袁世凯集团与清末新政》，九州出版社 2008 年版，第 154 页。

图 3-44 自雍正以来，军机处成了中枢权力机关，皇帝的权力也因此发展到顶点。清末，袁世凯主张取消军机处，成立责任内阁，自然引起各方反响，图为军机处办公旧址。

是他想做的”。[①] 特别是日本对他的刺激甚大，他早期在朝鲜期间就与日本人打交道了，小小的日本借着立宪，走上了富国强兵的道路，袁世凯也萌生了更为强烈的民族主义心理，他也希望大清能借助立宪，走上富国强盛的道路。可以说，正是这富国求强抵御外辱的思想和民族主义心理一直支撑着袁世凯，即使后来立宪主张四面楚歌时，袁世凯也没有放弃，始终坚持着。

因为倡导立宪，推动政治开明，导致了袁世凯个人权力的动摇。袁世凯主张取消军机处，这就等于直接削弱了皇权，慈禧当然不愿意，也多少对袁世凯产生了不信任。加上皇权等保守势力强大，袁世凯成了众多大臣的攻击对象。在官制度会议上，载沣等人强烈反对袁世凯，甚至到了几乎动武的地步。“弟（指袁世凯）主张立宪必先改组责任内阁，设立总理，举办选举，分建上下议院……不料醇亲王大起反对，不辨是非，出口谩骂。弟云：‘此乃君主立宪国之法制，非余信口妄议也。’……醇王闻言益怒，强词驳诘，不胜，即出手枪拟向余射放。”[②] 军机大臣铁良对袁世凯也是心怀怨恨，直接面奏慈禧，称袁世凯野心很大，结党营私，要慈禧削了袁世凯的兵权（后来，袁世凯的兵权被削去了，铁良成了陆军部尚书，袁世凯直接掌管的北洋六镇，也划出四镇归铁良掌控）。因为袁世凯的立宪主张，使自己四面受敌，

① 赵焰：《晚清有个袁世凯》，广西师范大学出版社 2009 年版，第 84 页。

② 转引自杨天宏：《袁世凯与清廷的矛盾》，《四川师范大学学报》1990 年第 3 期。

大到王公大臣，小到太监，个个都义愤填膺，恨之入骨，甚至有人准备策划暗杀袁世凯，有一次袁世凯被太监碰上，竟被团团围住殴打。“对于袁世凯来说，为了全力推进朝廷的政治改革，的确付出了很多……”[①]

光绪三十二年（1906 年）十月，上谕裁定了袁世凯提出的中央官制方案（此前一个多月，朝廷任命袁世凯为编纂官制大臣），内容包括：内阁官制、各部官制、各部官制通则、各院官制、军谘府官制、阁部院官制节略、法部节略等。学者赵焰将袁世凯提出的官制与旧官制作了比较，他认为有四处明显新意，值得肯定。一是，仿照西方国家官制，试行行政、立法、司法三权分立，于各部之外单独设立大理院（由大理寺改）、审计院和资政院。大理院专司审判（类似西方最高法院）；法部（由刑部改）作为单纯的司法行政机构；原都察院保留，行使监察权。这样，旧的三法司制度废除了，昔日的九卿科道会审制度也废除了。审计院独立各部之外，负责审理各部账目。二是采取西方责任内阁制，内阁为最好行政机关。三是各部建立单一的领导，实行一长负责制。四是按照现代政府的操作方式，合并了一些职能重复的官署。[②]应该说袁世凯的这份官制方案在当时来说是先进的、可取的，时至今天仍然有其可以借鉴的地方。

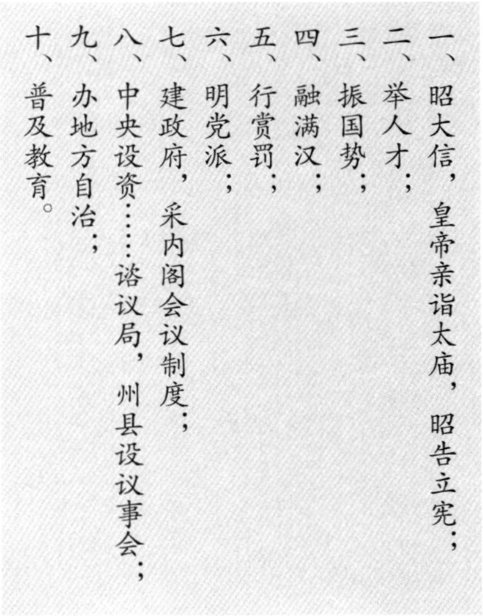
一、昭大信，皇帝亲诣太庙，昭告立宪；
二、举人才；
三、振国势；
四、融满汉；
五、行赏罚；
六、明党派；
七、建政府，采内阁会议制度；
八、中央设资……谘议局，州县设议事会；
九、办地方自治；
十、普及教育。

图 3-45 1907 年袁世凯奏请实行立宪所列陈十事

光绪三十三年（1907 年）九月四日，袁世凯调任外务部尚书、军机大臣。这是慈禧担心成立责任内阁后君权旁落，对袁世凯已生疑忌的结果，看似升迁了，实际则削权了，是个失宠的信号。袁世凯是个明白人，即使这样，他依然没有

① 赵焰：《晚清有个袁世凯》，广西师范大学出版社 2009 年版，第 85 页。
② 赵焰：《晚清有个袁世凯》，广西师范大学出版社 2009 年版，第 85 页。

放弃立宪的主张，而且似乎更为积极了，袁世凯成了众多立宪人士的精神领袖。《盛京日报》称："张（指张之洞）、袁晋京，同入军机，政府之前途将换一局，立宪之前途将放一光明矣！"[①]在袁世凯的推动下，再派大臣赴德国、日本考察宪法；诏设资政院；令民政部妥议自治章程，择地试办，以为招集议院准备；令各省速设谘议局；发布宪法大纲、议院与选举要领及九年预备清单。清政府在袁世凯入军机后的立宪举措明显急进了。[②]而军机立宪举措多出袁手，"枢桓各政，多系世凯主之"[③]。这本是很良性的开端，如果能给袁世凯稳固的权力，如果能按照袁世凯的改革设想办，立宪政体或许在当时可以平稳实现。可惜正当立宪沿着快速步伐前行的时候，1908 年 11 月，光绪帝与慈禧相继去世，差点一枪崩了袁世凯的醇亲王载沣摄政，袁世凯倒霉的日子终于还是来了，中国与立宪政体最终也因此擦肩而过。真是遗憾。

多事之秋，下野归乡

晚清新政，这场自上而下的改革运动，虽然在教科书上常常被一笔带过，甚至多有诋毁之意，但其实这短短的十年，是一个王朝图强革新的波澜画卷。在这画卷上，慈禧、光绪、袁世凯等，无疑扮演着重要的角色。在他们的指引下，让国人看到了一线曙光，让国家驶向了希望。从文化、教育、经济，到政治、军事、民主、法制等各个领域，出现了前所未有的景象，"似乎预示着中国一个新时代的黎明"[④]。正当这一切景象齐头并进的时候，掌舵的慈禧、光绪带着一丝的眷恋走了。中国是

---

① 《盛京日报》1907 年 9 月 21 日，转引自肖育雷、岳珑：《论清末立宪中袁世凯活动的原由与影响》，载苏智良、张华腾、邵雍主编：《袁世凯与北洋军阀》，上海人民出版社 2006 年版，第 241 页。

② 肖育雷、岳珑：《论清末立宪中袁世凯活动的原由与影响》，载苏智良、张华腾、邵雍主编：《袁世凯与北洋军阀》，上海人民出版社 2006 年版，第 241 页。

③ 转引自郑大发：《论清末统治集团内部的立宪派》，《江汉论坛》1987 年第 9 期。

④ 美国历史学家玛丽·C. 瑞德语，转引自李刚：《大清帝国最后十年：清末新政始末》，当代中国出版社 2008 年版，"自序"第 3 页。

个权力至上的国家，群臣、百姓习惯被舵手牵着走。这下，突然没了舵手，天似乎要塌下来了，中国何去何从，一片茫然。茫然之中，那些业已颇具成效的改革，似乎也随着这两位统治者的离去，渐渐消弭，中国再次被推到了历史的漩涡中，挣扎、徘徊，乃至最后瞬间倒地。袁世凯或许早就预料到结局，下野归乡已经是他最好的出路了。

光绪三十四年（1908 年），也许注定是不平淡的一年。这一年的 8 月 16 日，在全国“请速开国会”的请愿活动和呼声中，宪政编查馆资政院王大臣奕劻、溥伦等拟定了《宪法大纲》。《宪法大纲》共二十三条，规定了“君上大权”及“臣民权利义务”等。与此同时，又奏“议院未开以前逐年应行筹备事宜清单”，有如当年日本明治维新也搞预备，宣布宪政在明治十四年，而开国会在二十二年后。筹办事宜清单分九年，逐年有“厘定中央官制”“筹办地方自治”“编定法律”“成立审判机构”“普及教育”“化除满汉畛域”“调查户口”“试办财政预决算”等。第九年正式举行上、下议院选举，开国会。8 月 27 日，朝廷允准并颁布了《宪法大纲》。《宪法大纲》颁布的意义非同小可，它第一次在中国政治上提出限制皇权、否定专制和承认民权的概念，是中国历史上第一部宪法。今天的我们似乎很难想象这样一部法律对于当时中国的意义。中国几千年的封建制度，人们对法几乎没有概念。而作为一个国家的根本大法——宪法，更是稀奇的事物。《宪法大纲》的颁布在中国法制历史上、在中国政体改革探索上都具有划时代和里程碑式的意义，从此法制观念、民主观念、国体改革意识渐入人心，影响久远。

然而就在《宪法大纲》颁布不久，大清国又一次受到了重创。原本危机四伏、国脉甚弱的局面，在这次重创后，前途一片黯然。这年的 11 月 14 日，孤独的光绪帝在无奈中死去。这位有为的皇帝，虽然没有康熙、乾隆显赫的历史作为，但在晚清最后挣扎的岁月里，极力推动改革，还是令人尊敬的。相隔不到 20 小时后，大清国的实际最高统治者慈禧太后也驾崩而去。

这位叱咤晚清政坛半个世纪的独裁者，在谋权、谋术中耗尽了她的心血。这两位人物的去世，给原本脆弱的政局带来了不确定因素，更为可惜的是，晚清新政因此受到重创，改革步伐随之停止，大清在病危中苟延残喘。

图 3-46 1908 年 11 月 14 日，光绪帝病逝，年仅 38 岁。图为光绪帝的灵柩在朔风中运往清西陵崇陵的苍凉悲惨场面。

光绪、慈禧去世后，醇亲王载沣掌权。载沣是光绪弟的胞弟，掌权时也才 25 岁，难免年轻气盛，虽然他 18 岁时就参与了政治活动。载沣 18 岁那年，代表清廷赴德国道歉（因庚子事件德国公使克林德被杀）。载沣到达柏林后，被要求在觐见德国皇帝时使用跪拜礼。这并非欧洲的常规礼节，显然是德国要有意羞辱大清国。跪拜是典型的中国特色，自乾隆年间以来就成为中外外交纷争的一个焦点。首批来华的英国特使马嘎尔尼坚持认为双膝下跪是一种奇耻大辱，宁可无功而返，也不愿意屈膝。身在柏林的载沣自然不愿意向德皇跪拜，事涉国家形象，北京也坚拒这样的礼仪安排，双方来回拉锯，最后总算免除了这一要求。18 岁的载沣展现了与其年龄不相符的成熟，有理、有利、有节，令本想侮辱中国的德皇对他也称赞有加。德国人认为他“慎重外交，不辱君命”。载沣还主动谢绝了国内各级官员所预备的高规格迎送礼仪，其简朴作风赢得在华西方外交官和国际舆论的一片赞赏。载沣把这次谢罪之行变成了游学考察，所到之处，无论军校、军火企业、博物馆、电机厂、造船厂，“举凡外洋风土人情，随地随时留心考察”。在王公不得轻易离京的清朝体制下，载沣得以大开眼界。归国后，慈禧指婚，娶荣禄之女瓜尔佳氏。1903 年春，他刚满 20 岁，就被任命为随扈大臣。1906 年春，受命管理对守卫京城负有重要责任的健锐营事务。同年秋任正红旗满族都统。廷议立宪时，奉旨参与讨论，反对袁世凯设立责任内阁主张，与袁世凯发生冲突。1907 年 6 月 19 日，受命在军机大臣上学习行走，从此步入最高机关。1908 年，列军机大臣。11 月，光绪与慈禧同时病危。慈禧在福昌殿病榻前，召见了载沣、张之洞、世续等人，商议立嗣。后立溥仪为嗣，由其生父载沣为监国摄政王。从此载沣成了中国实际的最高统治者。

图 3-47　摄政王载沣

载沣执政后的第一件事就是罢黜袁世凯。对于载沣同袁世凯的恩怨，自然要从戊戌政变说起。戊戌政变后，光绪帝对袁世凯怀恨在心，据说光绪帝在死前留下一道遗诏，写了一个“斩”子，“袁”字刚写了半个字就不行了。还有人说，光绪帝死前，用朱笔写了“必杀袁世凯”的手谕，放在砚台盒里，后被隆裕皇后发现。载沣是光绪帝的胞弟，自然对袁世凯也心怀仇恨，大有为兄报仇雪恨之感，这是其一。其二是载沣与袁世凯长期不和，向来不是一个阵营的人。特别是立宪运动开始后，袁世凯主张设责任内阁，载沣、铁良等明确表示反对。一些王公借机发挥说，袁世凯以立宪借机不让王公干预行政，并怂恿载沣公开与袁世凯作对，两人关系紧张。其三是，载沣摄政后，对袁世凯长期手握重权，尤其是军权感到非常担心。当时全国有战斗力的军队的军权几乎都掌握在汉族将领手中，虽然铁良已任陆军部尚书，但这些汉族将领多系袁世凯一手栽培，是袁世凯的嫡系部队，实际上仍然是袁世凯掌管着北洋新军，形成尾大不掉之势。在这多重因素的刺激下，年轻的载沣下了除袁决心。就在两宫驾崩不久，12 月 19 日，袁世凯赏加太子太保衔，赏用紫缰。同时，载沣征求张之洞等人意见，准备严办袁世凯，甚至以军机处名义打密电征求北洋六镇统制的意见。但此时的袁世凯，势力已非同一般，为大局考虑的张之洞不主张杀袁，因为眼下“主幼时危，未可遽戮重臣而动摇社稷，可否罢斥驱逐出京？”而北洋四、六镇统制吴凤岭、赵国贤则会衔回奏：“请将臣等先行革职，以免士卒有变，辜负天恩。”言下之意他们会造反。[①] 无奈，明知留着后患无穷，但却不能鲁莽动手，最后，找了一个袁有“足疾”的理由，令其开缺回籍养疴。

说袁患足疾，也是袁自己提供的依据。袁世凯是个经风雨、历大浪的人。他熟悉官场的规则、游戏，是个明白人。慈禧驾崩后，他知道自己日子不会好过了。虽然此前，在定大宝问题上，慈禧有秘密征询袁世凯的意见，但此时的袁世凯也只能“一力赞成”。袁世凯心里有数，大位传于溥仪，载沣摄政，那自己必将失势。所以当时的袁世凯就将此事秘密征询了英国驻华公使朱尔典。朱尔典表示：“目前似无较此为佳的安排。”接着，袁世凯就把朱尔典的话转告载沣，希望载沣能念其拥戴之功，忘掉宿怨。同时也显示出自己与英帝国的密切关系，让载沣明白，他还是有用的，跟列强的关系不错，将来载沣你摄政了，还是需要列强的支持的，也是需要袁世凯的。但载沣摄政后，参告袁世凯的折子不断。中国的政治人物，多为势利眼，见风使舵，看到人家得势、受宠了，就拼命巴结，一旦失势、失宠了，就落井下石。历朝历代多是如此。当他们敏感的嗅觉闻到袁世凯即将失势而去时，就上奏载沣：“此时若不速作处置，则内外军政方面，皆是袁之党羽；从前袁所畏惧的是慈禧太后，太后一死，在袁心目中已无人可以钳制他了，异日势力养成，削除更为不易，且恐祸在不测。”[②]

失势的袁世凯知道自己凶多吉少了，私交最深的奕劻也劝他躲避一下，以防不测。于是以“患足疾”告假，静观其变。当他知道免官的经过后，还是相当惊恐，担心有后命，甚至想逃亡日本。奕劻、世续等都向他保证安全，这下他才敢回原籍河南。1909年1月6日，袁世凯携眷返回河南。只有学部侍郎杨度和严修等少数人前往送别。世态炎凉，人情冷暖，袁世凯不胜

① 周溯源：《北洋军阀鼻祖袁世凯》，黑龙江人民出版社1997年版，第142—143页。
② 周溯源：《北洋军阀鼻祖袁世凯》，黑龙江人民出版社1997年版，第142页。

悲怆。在这多事之秋，也许下野归乡是最好的出路了。袁世凯本想能保住一命，已是庆幸了；朝廷也想就此让他养老而去，袁世凯个人的政治生涯应该是从此落幕了。但谁人能想到，袁世凯并没有因此而落幕，落幕的却是整个清王朝。真是世事难料呀！

第四章

袁世凯与大清落幕

虽属被逼无奈，但清廷并没有完全被敌手击败，京城也未曾被攻破，甚至在还有能力控制战火的情况下，清朝却谢了幕。不是你死我活的战火，把清朝葬送火海的；而是历史的潮流、民意的力量，要让这个王朝随之东去，要让整个帝国制度随之东去。这是中国历史上第一次不是完全依靠武力解决一个王朝的归宿，而且是至今为止唯一的一次。袁世凯对这个帝国制度的谢幕起到了相当大的作用。

清王朝统治中国二百余年，对于这段历史，不少后来的历史学家多有指责，说这是一个多余的时代、多余的王朝。明朝时资本主义已经萌芽了。如果从明朝直接过渡到资本主义阶段，中国就不会落后挨打了。这是理想主义者的梦话，也是一厢情愿的。有清一代，也是相当有作为的。康熙、乾隆时代就不用说了，中国现在的版图，几乎在那个时代就定型了，疆域是历朝最大的，人口也是最多的。军事力量也是相当强大的，即使在列强一再侵略下，依然平定新疆，收复伊犁，镇压太平天国，国力还是朝前发展的。轻易否定有清一代，是不科学的，也不是正确的历史唯物主义史观。就统治者来说，有清一代的统治者，也多勤勉有加，从努尔哈赤、皇太极、康熙、雍正、乾隆，到嘉庆、道光、咸丰、光绪，他们都不是荒淫昏庚之君，而且相当勤政，即使是摄政者，诸如多尔衮、慈禧、载沣等，也是勤政的。王公大臣，能者也不少，无宦官之乱，也无外戚专权，相比前明，甚至更远的唐、宋，无论是从制度建设，统治者素质、作为上，还是从民生、民族、经济上，有清一代都绝不逊色。明朝，就前几位皇帝有所作为，后来的多昏庸无能，有的还十几年不上朝，宦官当道，民不聊生。宋时，统治者的政策多野蛮、血腥，民族矛盾激烈。唐朝看似繁盛，但也经常挨打。大清，即使是在被侵略的近代，也不完全是被动的反应，而是应对内外挑战的主动奋斗，并且在这悲壮的过程中，力图更新并改造国家，使之从一个落后的封建帝国，转变为一个在国际大家庭中拥有正当席位的近代民族国家。清王朝原本可以长治久安的，只可惜历史不能假设！

宣统三年（1911 年）10 月，随着武昌革命的枪声，清王朝在内外夹击中，终于走向了灭亡，而且这次是将整个封建制度连根拔起，封建帝国从此告别舞台。大清王朝，作为中国最后的一个封建王朝，处于中国社会变革最为剧烈、最为复杂的年代，它虽然看似碌碌无为，时常被动挨打，但在这激荡的历史中，它努力承受着一切，所受的压力超乎任何一个朝代。它开启了中国近代化的大门，从思想、政治、文化、教育、军事、经济等诸多领域，给后来的中国留下了宝贵的财富，甚至完成了比五四更为重要的“转型时代”。在整个清朝的历史中，袁世凯不是唯一进入“列传”的人，但无疑是“列传”中的关键者、显赫者。晚清的最后三十年，几乎与袁世凯密切相联，特别是大清的落幕，袁世凯几乎成了“罪人”。

清闲垂钓，关注局势

旧中国是个奴性的社会，也是需要权威的社会。1908 年，光绪、慈禧的去世，对于危机四伏的清王朝来说，简直是个致命的打击——失去权威的打击。光绪帝，虽然一直以来都没有实际掌权，但他历来以改革的姿态出现，赢得海内外，包括列强的同情与支持。作为皇帝，他的象征意义是无人能取代的。如果在他的名义下进行改革，或许能顺利进行。慈禧，作为当时中国实际的掌权者，其威信、地位、影响，都是无人能企及、比拟的。慈禧，虽然也玩弄权术，思想腐朽，但她的存在本身就是一种政治权威，她保证了包括中央与地方关系在内的整个政局的相对稳定。光绪、慈禧的驾崩，使当时的中国政局失去了权威。“失去了维系这个解体的国家的强手”[①]。如果这在稳定年代，就如先帝驾崩、

① 李约翰语，转引自李刚：《大清帝国最后十年：清末新政始末》，当代中国出版社 2008 年版，第 174 页。

太子继位一样，非常正常，但在晚清政局不稳、革命四起、立宪呼声高涨、列强干预的情况下，政局的走向就非常危险了。袁世凯虽被开缺回籍，但他依然心系政局。多一份关注，多一份心思，多一份努力，也就多一份回报了。

光绪、慈禧驾崩后，年轻的载沣摄政，虽然此前载沣入了军机，但载沣毕竟年轻气盛，在官场历练不够，还不知政坛的深浅。有时血气方刚，有时又优柔寡断，比如在处理袁世凯问题上，他也知道袁世凯势力强大，载泽等人密奏杀袁世凯，但他不敢，怕北洋因此谋反。他缺乏那种排除异己的杀伐决断与胆识，所以找了个“足疾”的理由令袁开缺养疴。如果当时，他不优柔寡断，而是格杀了袁世凯，清朝会不会因此早早落幕，也不得而知。当时的袁世凯，还是不少革命者“革命”的对象，曾被列为革命暗杀对象，如果袁世凯死了，革命者以什么作为“革命”的理由呢？如果袁世凯当时就死了，武昌起义后，革命之火会不会遭到铁腕镇压呢？因为袁世凯后来在镇压革命起义上，还是“手下留情”了。

历史是没有假设的。在个人集权上，载沣似乎又有点心急，他解除袁世凯一切官职后，开始紧锣密鼓地采取一系列军事措施，加强皇室对全国军事力量的控制。他以为只要控制了军事，一切都好办。这年十二月，载沣下令编练禁卫军，作为直隶摄政王的亲军；裁撤近畿各省的新军督练公所，命近畿各省新军均归陆军部统辖（陆军部尚书铁良是载沣的连襟）；成立军谘府以执掌军事行政；成立海军部以建设海军；设立贵胄学堂，专收满人，培养高级军事人才。1909 年，他代皇帝任全国陆海军大元帅，宣布统一全国军政大权；任用满人载泽、毓朗、善耆等掌握建立新军事务；任命桂良、风山为江宁、广州将军，荫昌为陆军大臣。他又委派胞弟载洵、载涛分赴欧美各国考察陆海军。两人回国后，载洵为海军部大臣，载涛为军谘府大臣，并代载沣统率禁卫军。载沣想巩固皇权，想个人集权，但也过于急躁，要知道，此时的大清，满汉已经没必要那么严格区别对待了，而且还颁布了预备立宪，

图 4-1　1909 年，载洵考察美国海军

怎么可以就只靠这群清朝亲贵、无能庸才之辈呢？

载沣偶尔还有点书生气，他喜好读书，喜欢看戏，甚至还会绘画。是历史把载沣推到了风口浪尖，原本他只是个高雅的亲王。他不是个具备雄才大略的领袖人物，在这历史关键时刻，注定他不能担当得起重担。纵观中世纪社会向近代社会转型时，能顺利通过内部改革而实现的，条件之一必须有雄才大略的领导者，德国的俾斯麦与威廉二世、俄国的彼得大帝等都在历史的关键时刻扮演了重要的角色。载沣，虽然后来也勤政有加，但毕竟不具备这样的素质，加上威信不足，因此改革危机四伏，举步维艰。

被排挤出政局的袁世凯，暂时告别了政坛，他先是到了河南汲县，后是辉县，半年多后到了彰德。袁世凯的别墅就在彰德北关外洹上村。此别墅原为袁克端的岳父何仲瑾所有，有二百多亩地，二百余间房屋，周围修有高大的围墙，围墙上筑有炮楼，非常气派。袁世凯刚回河南时，何氏听说袁家尚无像样的固定居所，就说愿意将此宅赠送袁世凯。袁世凯遂将此别墅买了下来，并把此地取名为洹上村。袁世凯在别墅中，栽花种草，筑石引泉，挖渠凿池，建亭造林，并把别墅中的园林命名为“养寿园”，一副归野颐养天年的样子。后来有的史学家说，袁世凯归隐彰德，是为了预谋东山再起，“他由辉县迁居彰德，也有政治上的考虑。彰德位于京汉线上，交通便利，可加强同外界的联系”[①]。这话有些牵强附会，“实乃毫无根据的臆断”[②]。此时的袁

① 周溯源：《北洋军阀鼻祖袁世凯》，黑龙江人民出版社 1997 年版，第 151 页。

② 袁世凯原著，骆宝善评点：《骆宝善评点袁世凯函牍》，岳麓书社 2005 年版，第 196 页。

世凯，刚刚经历一场劫难，险些丢了性命的他，有一安身之处，就相当不错了，与花草为伴，与山水为伴，怡然自得，或许就是最好的出路了。

图 4-2　1909 年 1 月，袁世凯被清廷“开缺回籍养疴”。这是他在河南安阳洹上村“隐居”时的留影。

当然，由于袁世凯位高权重，虽然被开缺，有不少人落井下石，忌讳者、远离者众多，但也有不少人心怀同情，甚至反倒更加追随其后，特别是河南当地的官绅阶层。就在袁世凯刚刚到达汲县的时候，当地两位绅士就来拜访袁世凯了。一位是王锡彤，一位是李敏修。这两位都是当时河南汲县“经正书舍”的核心人物，他们的活动范围非常广，他们以文学社为媒介，形成了一个精英网络，在河南地方有相当的影响力。他们跟袁世凯见面后，就向袁世凯提出了发展地区经济的规划。袁世凯对他们的规划甚感兴趣，于是安排王锡彤负责这些经济计划，后来还有王祖同等参与其中，袁世凯还把他们介绍给实业家周学熙。王锡彤等人，在袁世凯的庇护下，势力不断膨胀，以至后来这些人都成为袁世凯重要关系网的一部分，“该社由此变成了一个比原来预想的在全国范围内拥有更大政治影响力的关系网”[①]。

袁世凯归隐时，毕竟才 50 岁出头，作为一品大员，政治前途就此断了，确实不是很甘心。后来的史学家们，说袁世凯在洹上垂钓，貌似隐逸，野心不死，这似乎有点苛刻了。此时被朝廷撵回老家的袁世凯，能做什么呢？他只能与山水做伴，只能去钓钓鱼，以消磨时光了。但一向心系政局，以政治为生命的袁世凯能从此不问政事吗？答案是否定的。袁世凯虽归隐洹上，但

① ［美］张信：《二十世纪初期中国社会之演变——国家与河南地方精英，1900—1937》，岳谦厚、张玮译，中华书局 2004 年版，第 117 页。

图 4-3　摄政王载沣

他的政治资本还在，当时被撵回老家，也只是因为需要“养病”，哪天病好了，是不是还有起用的时候呢？而且他的部下遍及各地各行，社会关系都还在。袁世凯想通过部下，了解些政事，知道时局的走向，也是再正常不过的。他在洹上安装了电报房，接收每天从各方面发来的信件和电报，与各方面保持着密切的联系；他订阅报刊，关注时局；他继续联络奕劻、徐世昌，让奕劻、徐世昌不止一次奏请起用他；他与英国驻华公使朱尔典保持密切往来；他与幕僚一直探讨时局动向。他知道立宪呼声高涨，起义不断，载沣举步维艰。他在等待着，等待着朝廷让他出山收拾这个残局。

思想传播，暗中支持

每个王朝都有自己的宿命，从封建帝国制度创建以来，王朝的更替相当频繁。从秦到清，历秦、汉、三国、南北朝、隋、唐、五代、宋、元、明、清，过百年的朝代并不多。秦只历 15 年，就被刘邦给灭了。三国时期的魏，只有 45 年的时间；蜀汉也只有 42 年的时间；吴熬了一甲子多（68 年）也亡朝了。南北朝时期的王朝除了北魏顺利度过百年外（在位 148 年），其他的王朝，没一个能度过百年的。宋只有 59 年的时间；齐更短，只有 23 年；梁 55 年；陈 32 年；东魏只历元善见一帝就亡朝了，前后只 16 年；北齐虽历六帝，但也只熬了 27 年；西魏 21 年；北周 24 年。隋就更可惜了，好不容易结束了大动荡，迎来了大统一，而且杨坚文帝有一番作为，开创了开皇之治，可他的儿子杨广炀帝却让盛世早早夭折了。隋只历三帝，共37年；唐最长，289年。五代就不用说了，整个五代的历史就只有53年。后梁16年；后唐13年；后晋11年；后周9年；后汉最短，只有3年。元朝也只有97年的时间；被清灭了的明朝，有276年。相比这些，以少数民族（满族）入主中原，统治整个中国，267年的清朝算是最长命了，放宽到整个封建帝国历史来说，清王朝也不算短命，也绝不是一个无为的朝代，前有康乾盛世，后有近代化。原本它的统治可以更长些，只可惜生不逢时。

清王朝的统治即使到了末年，基础还是相当牢固的。从入关以来，针对清王朝的起义、反抗从来就没有停止过，前有南明郑成功的抗清运动，接着有天地会、哥老会、白莲教等起义，再接下来有声势浩大的太平天国运动。对于这些，清王朝还是有足够的力量、精力对付的。一般来说，一个王朝的灭亡，无非是内乱与外患，尤其是内乱，民不聊生，百姓揭竿而起。内乱对于清王朝来说，有，但没有动摇统治的根本。外患，晚清以来尤为严重。但外患或许也只是表面现象，因为当时的外患，也不足以灭国。洋人，无论何时都不可能征服中国人的，即使后来的日本大举侵略，也不足以毁灭中国。所以，“的确，清原本是不该亡的”①。但清最终还是走向了灭亡。

那么清王朝怎么会走向灭亡呢？

清王朝的灭亡，以其说是革命所致，倒不如说是思想所发，与其说是必然，倒不如说是偶然。因为，在近代，在民权思想的催生下，帝国制度是必然走向崩溃的，但“清”这个国号就不一定了。也就是说封建制度已经走到了历史的死胡同，大清国是这个制度的载体，如果它自身变化了制度，那就不一定会灭亡，但如果它自身没有变化制度，也就必然与整个制度一起被埋葬。

在对待制度和国家的关系上，孙中山把整个帝国制度与大清等同起来，他希望通过彻底毁灭大清，结束专制，走向共和。对于近代共和思想的追

---

① 易中天：《帝国的终结》，复旦大学出版社2007年版，第253页。

求，孙中山可能是比较早注意到的。在中法战争后，孙就萌生了推翻这个王朝的理念。当时孙才 20 岁左右，与会党就有广泛接触，经常探讨革命的必要性。早年的孙中山，成长于广东香山县，后留学于美国檀香山，再接着在香港学医。香山与夏威夷对他的人生观产生了较大的影响，他目睹了夏威夷怎样从一个独立的岛国变成法制健全的社会，萌生了追求共和法治的思想。他认为中国封建社会延续两千多年，而政府的本质没变，原因就是君主专制。而要实现民主社会，就必须推翻帝制和满族王朝。当然，孙中山早期共和思想的情绪中，排满情绪还是比较严重的，这或许是明朝以来无休止的民族或种族反抗趋势的一种继承。随后，在孙中山的影响、发动下，反清，追求民权的起义不断，民权、共和的思想也在这过程中大大传播开来，特别是 1905 年同盟会成立后，革命的步伐加快，起义此起彼伏，思想活跃。

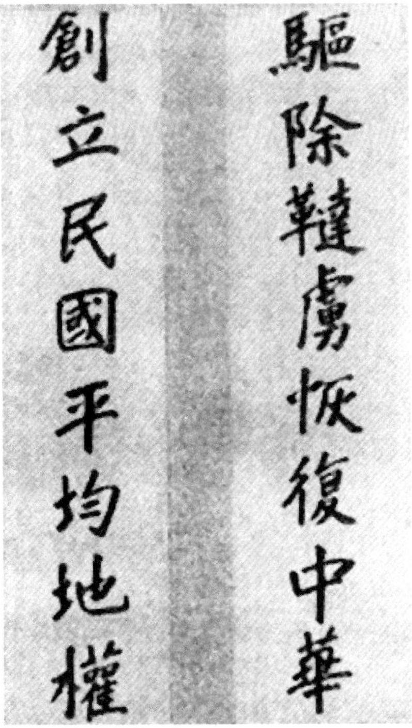

图 4-4 孙中山手书的同盟会十六字纲领

对于近代民权、共和思想，对于帝国制度和大清二者的关系，袁世凯都自有他的认识。袁世凯不是一个腐朽的官僚，他善于接受新事物、新思想。这点可以从晚清新政以来他一系列大刀阔斧的改革中看出。袁世凯认为的民权思想是自上而下的改革，是“君赋民权”，并通过君主立宪政体实现。袁世凯知道专制的帝国制度必须改革，但他又不想因此断送大清王朝，而且要通过立宪改革，巩固大清万世一表。在他那里，封建制度与大清是不相等同的概念。孙中山是体制外的人，他主张暴力革命，彻底推翻清王朝，也就是“驱除鞑虏，恢复中华，创立民国，平均地权”。孙要创建新的国家，不要清这个“鞑虏”的王朝了。但袁世凯是体制内的人，显然温和得多，他主张继续维持大清一统天下的局面，只是让大清把权力交给人民，“君赋民权”，推行宪政，走近代化道路。其实，孙、袁这两者都是追求近代化的，只是手段不同罢了。是革命的手段好呢？还是非暴力好呢？这谁又能说得清楚呢？从近代历史来看，西方国家从帝国制度迈向民主制度，这两种手段都有，谁好谁坏，不一而定。在这一思想的主导下，袁世凯一直积极倡导大清自身的政治体制改革，希望通过君主立宪，通过自上而下的方式，使中国走上宪政国家的道路。所以后来民国成立了，袁世凯还想称帝，或许可以从中找到根源。

在立宪推进的过程中，袁世凯是反对暴力革命的，甚至对革命行为极端仇视，这可以从他对革命起义的态度中看出。辛亥革命前的几次起义，虽不是袁世凯直接镇压的，但袁世凯都支持镇压，称闹革命者乃暴徒，要严惩不贷。他推行立宪运动的一个重要目的也是想消弭革命。与其让革命者闹事，不如自己先行一步改革，这就是袁世凯当时的想法。即使后来被开缺罢官后，他心情低落，渴望政局有变，以便自己能重新出山，但他对于暴力革命还是不赞成的。他知道如果朝局不到十分糜烂的地步，载沣是不会起用他的，但如果真的到了革命云起时，他再出山也不好收拾。

袁世凯反对暴力革命，但他对于近代民主思想的传播还是相当支持的。袁世凯推行新政后，派遣大批学生前往日本留学。戊戌变法后，康有为等人逃亡日本，加上孙中山在国内几次策划起义失败后，也逃亡日本，日本实际上形成了反清的革命中心，特别是同盟会的成立，日本的革命力量大大增强。对于这些，袁世凯是相当清楚的。同盟会成立时，袁世凯就奏请清政府，要严加防范革命党人。但事实上，袁世凯与留学日本的知识阶层一直保持密切的联系，甚至暗中多有支持，即使后来开缺罢官后也没有中断。袁世凯支持他们学习日本宪政思想，并以此改造中国政治。袁世凯对留日学生的支持甚殷，有的甚至以为袁世凯已支持“革命”了。许指严在《瘦马阴谋》一文中回忆说，当时，袁世凯退居彰德，“顾此中岁月，实非闲暇，乃正制造革命党之良好机会也。”“时留东学生之归国者，必绕道谒袁，袁分别其才之高下以为待遇。其私邸中谈燕游观，无不座客常满，而尤亲密者，则有金某、陈某等，设有盟誓，谊若父子。旋由金等受袁之囊金，四出收买野马（瘦马自引其类），或助党中爆发之资。故宣统纪元后二年间，无月不有革党揭竿之举，皆袁之金钱蒸发力也。某党人尝述其经过事迹曰：初，予等以袁为党敌，列其名于暗杀之单中。会将往滇南谈党务，而资斧无着，告贷于密友。密友屏人谓予曰：'尔以吾为富有资财乎？予之挥霍，实有人供予取求，非予所固有也。'予问其所主，则附耳告以袁之别号。予骇诧见于色。友曰：'子勿尔，袁实唯一赞成革命之人。且将来实行家必袁也。子倘有所需，渠固无不应者。屈子玉趾，吾当以介绍自也。'予姑应之。"随后，许指严与友人一同去拜访袁世凯。袁世凯以礼相待，真是"百闻不如一见"，"将来革命事业，未始不出此伟人之手"。许指严与袁世凯面谈时局变化及政治改革，袁似首肯。"末因引友语言谓予，闻君南行，已备赆仪，戋戋之敬，幸勿峻却。倘此后缓急有需，尽可相告，勿见外也。"许指严和密友旋即辞出，"袁复与密友语，友唯唯。予即随友出室，袁送之帘外。寻与友循路出园，抵一处，知为会计室。有人出酬应，言语甚和。少顷，一伙持纸出谓友曰，此某银号七百金支券也，以五百金奉贵友为赆；其二百金则某项使费，请公代发者。……友谓予曰：昨袁面嘱，渠已汇金万五千至滇边法国某银行，有支取证券在此。……及抵河口，则党务方以穷窘阻滞，予立宣布袁助金事，欢声雷动……"[①] 袁世凯为"革命"暗中出钱相助，可能是个例，可能多是归隐彰德时所为。但他希望改革专制制度，推动近代民主制度建设，却是坚决的行为。不管怎样，在袁世凯的默许甚至支持下，近代民主思想像春之花蕾，正等待着美丽的绽放。

时局危急，重新出山

历史总是惊人地相似，历朝历代，在政权即将崩溃的时候，总是各

① 许指严：《新华秘记》，中华书局 2007 年版，第 11—14 页。

种矛盾掺和在一起。晚清的最后三年，慈禧、光绪驾崩，载沣摄政，威信不足，江山不稳。革命力量迅速增长，起义不断，特别是民权思想的传播，从思想领域打开了瓦解旧政权的一道缺口。当时宣传共和推翻帝制、倡导平等的报刊迅速出现，革命志士开始公开呐喊，向帝国要政权，虽然朝廷杀了几个“秋瑾”，但是“后来人”不断涌现，这极大打击了原本十分脆弱的大清政权。与此同时，立宪派们则希望立宪早点完成，请愿不断，搞得载沣等少壮派疲惫不堪，无力对付。自然灾害等也随之接踵而来，仿佛都在诉说这个政权的腐朽。越是思想混乱、起事不断、政权不稳、天灾人祸，越需要有非同一般的领袖人物。是镇压，还是对话？确实不是一件简单的事。特别是思想，领导者都想掌控在自己的手中，以被政权所用，为自己所用，但思想是永远控制不住的。你越是压制，可能爆发得越是猛烈。晚清最后的时局，或许就是这样被挤压出来的。当然，都说时局造就了有准备的人，袁世凯的重新出山或许就是这样的。

袁世凯被开缺回籍的三年时间，是清王朝日子最难熬的三年。这期间，国内各种矛盾日益激化，政权越发糜烂。年轻的载沣缺少经验，人脉关系也还没完全搭建起来。中国封建政治，是人治的政治，人治就得靠人脉，靠朋党。不说结党营私，就算是做事没人脉是万万做不了的。不是自己人，会不会听话？能不能卖力去做呢？这都是问题。从最高领导者来说，不是自己的朋党，不放心；从臣子来说，不是自己的“天线”，做了也白做，做事情还不如去拉“天线”。所以朋党在中国政治中并不是什么稀奇的事物，如果没有，反倒做不下去了。载沣上台后，也极力拉拢自己的朋党，他封赏胞弟载涛“君王衔”，让皇室亲贵子弟出任要职。这些皇室亲贵子弟，多年轻气盛，在政治纷争中，并不像老臣那样盘根错节，毕竟还是小树。小树有阳光、雨露也能渐渐长大，但若是狂风暴雨，小树很可能就会折断的。树大不容易动摇就是这道理。

图 4-5　载沣出德国考察

载沣摄政后，也做了不少事情，他绝不是后来的史学家们所认为的那样——载沣压制革命，立宪停滞不前，最终导致了辛亥革命的爆发。其实，载沣摄政后，加快了立宪的步伐，他先是声明先朝预备立宪，当谨继述，分年预备，切实实行，他自己更是每天必临朝听政，并频繁召见臣工，谆谆以宪政为嘱。起初，载沣的这些姿态，还是得到了一定的社会拥护的。但随后，在进行深入的改革后，他还是放不下权力欲望的包袱，他想拉拢亲贵以巩固自己的权力。这与当时日趋渴望开明政治，渴望民主、民权思想的潮流相背离。所以反对声随之高涨。革命派就说，不要相信满族政权了，他们立宪是假，专制才是真，号召大家起来闹革命，只有革命才有民主，只有革命中国才有出路。立宪派也担心皇族权力加强，立宪剩下一张假皮。特别是皇族内阁组成后，矛盾更是激化，怨声载道，人心大变。

该来的还是来了，宣统三年八月十九日（1911 年 10 月 10 日）革命党在武昌起义，并占领了武昌和汉口，成立了军政府，推举新军第二十一混成协统领黎元洪为都督，正在进攻汉阳。袁世凯知道后，心情十分复杂。他期待的糜烂时局终于来了，他出山或许只是时间问题了；但革命战火迅猛发展，时局恐难控制。

就在袁世凯知道情况后，武汉三镇已被革命党人占领，而且邻近省份也有动摇之趋势。摄政王接到湖广总督瑞澄武昌失守的电奏，惶然失色。这是他上任以来面临的最大考验。他先是立即召回在滦州秋操的军谘大臣载涛，与陆军大臣荫昌一起商议对策，决定速派两镇陆军，赴鄂剿办；海军兵舰和长江水师即日赴援；荫昌督兵迅速前往，节制所有湖北各军和赴援军队。随后，载沣传内阁总理大臣奕劻和协理那桐、徐世昌进殿垂询。

这三人，与袁世凯关系都非同一般。奕劻是袁世凯长期的皇室靠山，同个党系之人。徐世昌更是与袁世凯结为金兰，对袁世凯有知遇之恩。至于那桐也与袁关系密切。当年袁世凯被开缺回籍的时候，只有那桐的弟弟那晋和杨度、严修去送行。奕劻、那桐、徐世昌三人一到载沣面前，就指武昌起义，事态严重，荫昌未经战阵，带兵无力，当请袁世凯出山，方能平定大局。载沣当然不愿袁世凯出山，但时局危矣，只能请袁世凯主持危局。真是时局给了袁世凯机会，也是朝中实在都是无能之辈了，只好起用对载沣自己来说都不怎么放心的袁世凯了。当年载沣开缺袁世凯，留袁以性命，真是“放虎归山”；如今又起用袁世凯，可谓“引狼入室”。载沣、隆裕太后明知道袁世凯将来可能如三国时的魏延一样，脑后有反骨，将是大清的掘墓人，但面对气势凶猛的起义，面对战火的蔓延，载沣和整个清王朝，都只能选择做这样“最危险”的事情了。当时的日本武官青木宣纯就说，这场革命是清王朝的结束。如果这场革命不是清王朝的结束的话，它肯定是中国长期为之受苦的无道的暴政的结束。而袁世凯的权力时时刻刻在增长。他会拥有独裁权力。他能得到他所要求的任何条件。他是皇室唯一的希望，他在中国有信誉，在外国有好名声，是唯一可望从目前的动乱中恢复秩序的一个人。[①]

图 4-6　摄政王载沣和溥仪（右）、溥杰

① 参见［澳］骆惠敏编：《清末民初政情内幕——〈泰晤士报〉驻北京记者袁世凯政治顾问乔·厄·莫理循书信集》（1895—1912）上卷，刘桂梁等译，知识出版社 1986 年版，第 767 页。

图 4-7 辛亥革命后，革命军占领鄂军都督府。

就在武昌起义的第四天（10 月 14 日），朝廷下旨，称：湖广总督着袁世凯补授，督办剿抚事宜。迅速赴任，毋庸来京陛见。所有该省军队暨各路援军，均归该督节制调遣。荫昌、萨镇冰所带水陆各军，并着袁世凯会同调遣。

袁世凯接命后，心情也极其复杂，其实大家都心知肚明，朝廷是万不得已才起用他的。当年被无端罢官，还憋了一肚子窝囊气；如今无能人平定乱局，又命他出山。剿匪能成，也有一天，照样要被革职回家（载沣与善耆等臣已有密谋，待平乱大局后，照样格杀袁世凯）；不成，就直接是牺牲品了。政治的把戏就是这样，为臣者只能是这样的下场。所以当袁世凯接命后，并没有马上赴任，还在河南彰德谋划下一步棋。袁世凯知道，朝廷已下命令，不接，万万不可，有违圣意，而且毕竟这也是难得的出山时机，错过就不可能再有了。接了，下步棋该怎样走呢？自己也绝不能再像过去那样，任由载沣等人摆布，任由朝廷摆布。游刃于政治权术的袁世凯，也与载沣展开了拉锯战。10 月 14 日的旨意，袁只任湖广总督，境内各军归总督调遣，而荫昌才是前线督师，袁是会办，是副手的角色。袁世凯这个人从来就不是副手的料，也不愿担当副手。所以旨意下达后，他有点矛盾，甚至有意在拖延时间。他先是给朝廷发了电报，要求在直隶、山东、河南招募一万二千五百人，作为湖北巡防军，速拨白银四百万两，以备应用。随后，他以无兵无饷，赤手空拳，何能办事，向朝廷提出了出山的八项要求。这八项要求大致是：第一，调集直隶后备、续备军万余人，编练一支供他指挥的军队；第二，筹拨军饷三四百万两；第三，“军咨询府、陆军部门不可绳以文法，遥为牵制"。除这三项外，还有征调将领三条，宽容被裹胁者，赈灾安民等五条。袁世凯提出这八项要求，是可以理解的，作为逐臣，重新出山，就叫他剿灭叛乱，他哪里来的资本呢？前线归荫昌节制，自己只是会办，是副手，如何能指挥得了呢？稳当的袁世凯当然希望出师得力，而要出师得力，就必须有兵有饷，自己能说了算。因此，"平心而论，这是命将出师之必须，更遑论为难之时，起复逐臣，要格外表示起码的信任"①。

袁世凯的复出，被后来的史学家们称为"讨价还价"，而且多列"明年即开国会；组织责任内阁；宽容参与此事件诸人；解除党禁；须委以指挥水陆各军及关于军队编制的全权；须给予十分充足的军费"等六条件。② 其实，在当时的情况下，袁世凯不大可能主动提出开国会、组织内阁、解除党禁等主张。因为当时时局的重点是怎样平定叛乱，朝廷起用袁世凯，也是为了剿灭革命党。而开国会、组织内阁原本是袁世凯的一贯主张，并不是复出的条件。后人可能因袁世凯后来的表现，就说袁世凯此六条中的一、三、四条意在"向革命党人递送秋波，灌迷魂汤，诱使他们向袁世凯妥协"③。据骆宝善先生推理，此六条件"纯是臆测虚构""纯属向壁造虚"，不可当真。从常理上说，此时的袁世凯补授总督之位，着令速去剿杀革命，确实不该向朝廷提出平乱之外过多的事

图 4-8　武昌起义革命军

① 袁世凯原著，骆宝善评点：《骆宝善评点袁世凯函牍》，岳麓书社 2005 年版，第 317—318 页。

② 参见周溯源：《北洋军阀鼻祖袁世凯》，黑龙江人民出版社 1997 年版，第 166 页。

③ 周溯源：《北洋军阀鼻祖袁世凯》，黑龙江人民出版社 1997 年版，第 166 页。

情。袁世凯是个老臣，这点常识是应该知道的。至于六条件，当然也不是无中生有，当时天津《大公报》，就有报道称："项城曾私向人云，此次之乱，若但向皮毛上求治，未尝不能奏效，但为国之道，其根本所在，贵能实行立宪。实行立宪，即当建设责任内阁，化除满汉畛域。……"[①] 因袁世凯一贯主张实行立宪，组建责任内阁，化除满汉之争。善于揣摩者，就将二者并列，以为此乃复出之条件，并意在说明袁世凯要挟朝廷，想在朝廷与革命党之间双向取利。这似乎是夸大了袁世凯当时的举动，袁世凯向来对"革命"没有好感，"我不能为革命党！我的子孙亦不愿为革命党！"[②] 这是袁世凯当时真实的心境。所以武昌起义后，袁世凯首先想到的也是与朝廷合作，把革命镇压下去，在合作中，怎样获取更大的权力，以便他能重返政坛，恢复他昔日的辉煌。所以袁世凯的出山，并不是后人想象的那样，是袁世凯有意要挟朝廷、背叛朝廷，以便坐收渔翁之利。

图 4-9 《大公报》是一份有相当影响力的报纸，对袁世凯多有报道。《大公报》1902 年由满族贵族后裔英敛之（英敛之也是辅仁大学的创始人）创办于天津，倡导变法维新、君主立宪。从 1906 年至 1957 年，《大公报》在天津度过了她最辉煌的半个世纪。1957 年迁往北京，1966 年停刊。至今，只有香港的《大公报》仍在正常出版。图为 1906 年建成投入使用的位于天津市最繁华的和平路四面钟的《大公报》旧址。

当袁世凯与载沣来回拉锯后，10 月 27 日，载沣再次下旨，命袁世凯为钦差大臣，督办湖北剿抚事宜，节制水陆各军和冯国璋的第一

① 转引自袁世凯原著，骆宝善评点：《骆宝善评点袁世凯函牍》，岳麓书社 2005 年版，第 319 页。
② 季宇：《共和，1911——辛亥革命百年祭》，江苏文艺出版社 2001 年版，第 225 页。

军、段祺瑞的第二军。密令北洋军进攻汉口。至此，袁世凯重新手握兵权，决定随即南下视师，正式满意地出山了。

内阁总理，重掌大权

历史的节拍，是看不见、摸不着的东西。在关键的时候没合上节拍，可能就越来越离谱。近代以来，西方国家为什么多能平稳实现国家转型呢？这大概与它们多能合上历史发展的节拍有关。日本的明治维新就是典型一例。相比而言，大清似乎总是跟不上历史的节拍。当被迫开放门户后，才尝试洋务；当庚子被迫流亡后，才决心行新政；当统治危机四伏后，才预备立宪……也许有太多的不情愿，总是在被迫中求转机，在无奈中做选择。当慈禧、光绪还在世的时候，袁世凯就疾声呼吁立宪，组织责任内阁。当时的朝廷有太多的顾虑，终究割舍不下手中的权力欲，错过了历史的节拍。慈禧、光绪后，载沣也一样膨胀了权力欲，搞了皇族内阁，更是引起民愤，又落在了历史节拍后。错过，一再的错过，当真正醒悟过来的时候，似乎大局已逝，手忙脚乱地弥补，也无济于事，也就无回天之力了。

武昌战事云起后，载沣等当权少壮派一下子傻眼了，无奈之际，授命袁世凯。袁世凯在等待了两年八个月后，终于得以复出。真是时局造人呀！10月10日武昌起义，10月14日袁世凯被任命为湖广总督，10月27日，又命为钦差大臣，10月30日，南下视师，11月1日，就被授为内阁总理大臣，11月8日，被资政院公选为内阁总理大臣。就在这短短的不到一个月的时间里，原本靠边站、政治上被宣判死刑的袁世凯一下子位居一人之下、万人之上了。是时局给了袁世凯这样的际遇，或许也是命中注定的。说到命，袁世凯是相当信这玩意儿的。袁世凯还没出道的时候，有风水先生宽五就说袁世凯祖坟两龙走势，一凤后翔，钟昆前峙，形似太极之圈，状如莲花开放，茔城收山川大地灵气，贵不可言。后来袁世凯一直很信这个，在每遇人生转折的关口，他都星相卜筮、堪舆地理，甚至提亲结婚等，也都少不了请风水先生帮忙。在袁世凯下野归隐后，也请来风水先生堪舆居所，他当时不回祖籍项城，而定居彰德洹上，原因诸多，而彰德洹上风水之吉，也是原因之一。袁世凯的出山，与其说是命中有此鸿运，倒不如说是归隐以来的“养名”所至。

袁世凯被罢官归隐后，虽然一副不关心朝政的样子，但这倒大大养足了他的名声。首先，新政以来，袁世凯一直以改革的先锋角色出现，特别是立宪运动云起后，袁世凯被视为立宪的精神领袖。袁被开缺回籍，许多人抱以同情。载沣刚摄政的时候，下诏重申预备立宪，令各省“切实筹办宪政”，这多少缓解了人们对袁世凯的期望，但宣统三年（1911 年）四月，载沣命庆亲王奕劻为内阁总理大臣，组织责任内阁，随后又出笼了新内阁名单人选，皇族和旗人占了大半，这个内阁因此也被人们指斥为“皇族内阁”，遭致国人反对。这个时候，人们特别是立宪派，就更加渴望袁世凯能复出，以主持大局。劝袁世凯出山的信件不断发往彰德，而袁世凯稳坐彰德，对来信者多回复说：“甫逾五十，精力已衰，遗大投限，断难胜任。”[①] 袁世凯越是归隐，社会呼之出山的舆情就越高。袁世凯在归隐期间，仅据天津《大公报》与奉天《盛京时报》两家报纸报道的统计，关于袁氏活动的消息报道就有 106 则，其中涉及“出山”问题者有 64 则之多。在消息中，保荐或敦劝袁世凯出山的人有皇族载涛、载洵，皇族内阁总理、协理奕劻、那桐、徐世昌，大学士、军机大臣、皇族内阁大臣鹿传霖、陆润庠、载泽、唐绍仪、梁敦彦、邹嘉来、盛宣怀、端方等，地方封疆大吏赵尔巽、锡良、李经羲、陈夔龙、张人骏、袁树勋、孙宝琦、宝棻、朱家宝、冯汝骙、增韫、陈昭常、何彦昇等，立宪派首领张謇等，北洋将领姜桂题、王士珍、段祺瑞、冯国璋等。还有未指名的“某枢臣”“某阁老”“诸大老”“某有力者”。举凡能有资格说上话的头面人物，无不

① 袁世凯原著，骆宝善评点：《骆宝善评点袁世凯函牍》，岳麓书社 2005 年版，第 244 页。

积极进言。为袁世凯设计的职任，内有内阁协理（副总理大臣）、资政院院长、协理、弼德院顾问大臣、外务部尚书、军事顾问，外有直隶总督、四川总督、东三省总督、川汉粤铁路大臣、查勘滇缅边界事务，等等，包括了举凡中央、地方主要官位以及应急的职务。[①] 这些劝袁世凯“出山”的举动，似乎是皇帝不急太监急。但不管怎样，袁世凯的归隐倒真是因祸得福，养足了名声。这也为他后来的出山创造了舆论，铺平了道路，也加重了筹码。

在列强中，袁世凯也因此养足了声望。当年袁世凯被开缺回籍时，就有列强为他打抱不平，1909 年 1 月 4 日的英国《泰晤士报》发表了一个很长的社论，称赞袁世凯有不寻常的才华、进步的观点以及对朝廷忠诚，但“就是这样一官吏，居然被满洲政府用侮蔑的方式放逐了”。[②] 辛亥革命爆发后，列强更是指名道姓，说非袁世凯出山不可。武昌起义的第二天，四国银行的美方代表司戴德就扬言：“如果清朝请一个强有力的人（像袁世凯）出来协助它，并同意一些宪法改革，则革命将失去矛头而不久被粉碎。”[③] 四国银行要求能有一个像袁世凯那样的人来保证政府的稳定。英国驻华公使朱尔典也不断向朝廷提请，希望袁世凯出来“拯救帝国”。

袁世凯的归隐，确实没白费，在国内外都养足了名声，这一出山就一鸣惊人，把什么协理、院长、顾问、尚书、总督都甩到了后头，就在他南下视师的第二天就被授予内阁总理大臣的职位。袁世凯还声称这内阁总理大臣要由国会公举，不敢奉诏。袁世凯一直主张组建由国会产生的责任内阁，推行立宪政体。清廷无奈，只好召开资政院，公选袁世凯为内阁总理。这下可好，袁世凯这内阁总理大臣就是民选总理，是立宪政体中实际的当权者了。他与清廷的关系也因此发生了微妙的变化。

按照立宪政体，作为内阁总理，就是行政的最高长官，可以大胆地行使

---

① 袁世凯原著，骆宝善评点：《骆宝善评点袁世凯函牍》，岳麓书社 2005 年版，第 246—247 页。

② 转引自周溯源：《北洋军阀鼻祖袁世凯》，黑龙江人民出版社 1997 年版，第 144 页。

③ ［美］李约翰：《清帝逊位与列强（1908—1912）——第一次世界大战前的一段外交插曲》，孙瑞芹、陈泽宪译，江苏教育出版社 2006 年版，第 331 页。

图 4-10 1910 年 10 月，资政院召开第一届议员大会。

行政一切权力。但在当时，清廷依然把持着重权，袁世凯的总理之权，依然受制于载沣的摄政。于是有了下面这段近乎演义的故事：

一天，朱尔典在袁世凯的陪同下求见隆裕皇太后，摄政王、肃亲王也在场。皇太后问朱尔典英国何时能派兵助剿。朱尔典说，只要清实行君主立宪，助剿义不容辞。皇太后说，大清现在已经是君主立宪了，政体与英国并无两样。朱尔典就说，在大英帝国可没什么监国摄政王。大英帝国有女王陛下，中国有隆裕皇太后，大英有储君亲王，中国有皇帝，大英有首相，中国有总理大臣——就是不知道，中国为什么要设一个监国摄政王呢？究竟是摄政王大，还是总理大？摄政王听言，看一眼朱尔典身边面无表情的袁世凯，不由火了，说，本王监国摄政，自然比袁世凯大！朱尔典接着意味深长说，那么说中国的内阁，还是形同虚设，这个君主立宪，不过是做个样子了？摄政王自然是张口结舌，说不出话来，倒是在旁的袁世凯开口了，说，公使阁下，大清立宪，方才开始，总要有些时日才能步入正轨。皇帝尚在冲龄，成年大婚之后，摄政王必然归政，届时大清将只有总理大臣，没有摄政王，真正和贵国一样，成为君主立宪制。朱尔典拈着胡须继续说，原来你们的新政府要等皇帝陛下成年才会成立，那么，我就告诉我女王陛下，等贵国的皇帝长大了，再派军队来帮你们平定南方。座上三人都急了。站在朱尔典旁边的袁世凯接着说，南方形势紧急，不能等啊！这立宪政体……摄政王是摄政王，总理大臣是总理大臣，一个辅佐皇帝，一个组织内阁，并无矛盾。朱尔典继续说，辅佐皇帝陛下，不是有皇太后吗？贵国孝钦皇太后辅政有四十多年，也没见用摄政王啊！皇太后听得出来，是袁世凯和朱尔典在唱戏，一个红脸一个白脸，意思是要把摄政王逼走，于是就说，我怎么能和孝钦太后比，我年纪轻，没什么见识。朱尔典就笑道，皇太后太谦虚了，我们女王陛下也是少女时代就继承王位的，再说贵国的总理大臣阁下，我女王陛下对他非常欣赏，贵国有这样的政治家，贵国政府一定能成为一个强有力的政府。肃亲王说，英国人我们得罪不起，看来得委屈摄政王了。摄政王自然是不答应。肃亲王开导摄政王说，袁世凯觊觎的不过是禁卫军，王爷先下野，等端方一回来，军权交给他，王爷等于还是把重兵握在手中。皇太后一听，也觉得有道理，就说，洋人实在害怕，端方也总该有消息了，先敷衍了洋人，再看。摄政王无奈，恨恨地转身，对朱尔典说，本王下野，贵国是否立刻就派兵剿匪？朱尔典笑了笑，没答，仿佛是默认。摄政王就掏出宝印来，往案上重重一放，说，为了大清，本王就下野，有何不可。说罢，摄政王向皇太后跪安，大步朝门外走。袁世凯见状，忙上前拦住，说，摄政王，您这是何苦呢？您下野，这禁卫军……摄政王瞪了袁一眼，说，招端方回京来统领。袁世凯露出诧异的眼神，说，王爷还没接到电报吗？端方和端锦率军入川，在资州遇了兵变，兄弟二人都殉职了。摄政王就这样被稀里糊涂地剥夺了权力。袁世凯满意地获得实际上的最高权力。政治有时候难免要耍些伎俩、手段，袁世凯善于权术，一点都不假，重新出山，就能获得如此权位，也是造化。

观望时局，艰难谈判

是立宪好，还是共和好呢？这不是一个简单的问题。客观地说，君主立宪似乎还比较适合于当时的中国，一者可以让整个国家秩序得以延续，不至于群龙无首，处于无政府状态（后来袁世凯死后，因群龙无首，曾一度军阀割据）。二者，当时的大多数中国人习惯有君主，有君主在，就觉得心里踏实。三者，虽然当时的君主——宣统还小，隆裕皇太后名望也不高，有的只是名分，但这名分对于稳定朝政还是起了相当大的作用的，就像现在一些君主立宪的国家，国王（君主）虽然不干预政事，但在关键的时候，他们的出现本身就起了稳定大局的作用。中国的皇帝，长期就扮演着这样的角色。武昌起义后，革命党人以崇高的理想信念，决心与旧王朝做最后的诀别，不再念及其生存和尊严，要的就是共和的新生，而且，以迅雷不及掩耳之势，席卷全国。共和的呼声、浪潮，成了时代的强音符。与此同时，立宪派希望借助袁世凯的责任内阁，推动政治改革，以实现真正意义上的君主立宪。两派势力互不妥协。此时的袁世凯，为了国家的统一大局，虽仍然坚持自己的立宪主张，但他显然也在观望时局，甚至耍了些政治手段。

袁世凯总揽朝廷大权后，组织内阁，亲信、立宪派、皇族都尽量兼顾，配得称心如意。接下来，就是怎样对待革命党的问题了。毕竟自己是因革命党起义而出山的，现在出了山，任了总理，对革命党总该有些“措施”了。但此时的革命力量，绝不可小看了，不仅战火不断蔓延，更为可怕的是，革命共和的呼声骤起，并且渐渐深入民心。当权者任何时候都不要小看了民心。民心是试金石，民心是脊梁。此时的袁世凯，虽然希望能在自己“责任”内解决与革命党人之间的争端。但革命党人黎元洪却声称要共和，也就是要推翻清王朝，而且不是革命党与袁世凯的个人纷争，是革命党与整个清王朝的搏斗，袁世凯只要顺应共和了，还可以给袁世凯共和总统的位子坐，当推为“第一任之中华共和总统”。随后，革命党人不断向袁世凯发出信号，希望袁世凯能掉转枪口，推翻清朝，成就大业。

此时的袁世凯，心情可谓复杂，只能耐心观望。一方面，他对共和制度依然不信任，虽然袁世凯也认为民主共和派为“进步党”，但他坚持其立宪主张，主张在君主立宪的框架内解决问题。所以，他派蔡廷干、刘承恩为代表，到武昌直接与黎元洪面谈议和。随后又派刘承恩、张春霆到汉口与黎元洪的代表孙发绪、曾广大会谈。希望革命党人能接受其君主立宪的主张。另一方面，他不可能在这个时候抛弃大清王朝，做出大逆不道的事情来，他必须继续打着维护大清的旗号，毕竟有面子问题。因此正像他的儿子所说的那样，他父亲现在正处于不知所措的莫大困惑之中。“目前扮演一个忠君的脚色去挽救满清王朝似乎完全不可能，尽管那是他本意所在”。[①] 再者，在革命共和的呼声中，袁世凯有些动摇了，他一面想忠君，一面又想在革命派中博得掌声，毕竟革命党人给了诱人的职位——总统就是皇帝呀！谁人能不动心呢（后来人因此批评袁世凯窃取果实，实在有些说不过去。是时局主动要袁世凯担当如此重任的，是革命党人主动邀请袁世凯加盟，并许诺高位重权的，当然，革命党人也是意在利用袁世凯的威望、军事能力，以推翻清王朝）。所以此时的袁世凯对革命既是攻打又是纵容。他想利用清廷和革命派的矛盾和弱点，抬升自己的身价，来个一箭双雕。他想以清政府为名义去压迫革命力量，迫使其就范妥协；借助革命力量威胁清廷，迫使它交出全部的权力，真正实现责任内阁。

在袁世凯强攻汉阳之后，本来可以一鼓作气再攻下武昌。其实当时的北洋军实力远胜于革命军实力，要镇压革命起义，也不是件很难的事情。袁世凯是完全可以把革命镇压下去的，但袁世凯没有这样做。当时有境外记者就看出了其中的门道：“当萨统制在刘家庙打了几个胜仗后，他并没有乘胜追击革命军，而是沿江退兵，他难道是在按照袁世凯的指示行事吗？后来拿下汉口，萨统制准备炮击武昌最后又结束战争，是谁在阻止他采取有效的措施呢？是袁吗？还有，11 月 27 日汉阳被攻克，帝国士兵使武昌岌岌可危时，是谁阻止了部队的前进而使黎元洪都督有喘息之机，又重新制订了作战计划？是袁把网紧紧地撒在清朝政敌身上吗？同样是他把军队撤出武昌而让革命军没费一枪一弹，就重新占领了好不容易才拿下的武昌城吗？”[②] 显然这

① 李丹阳译：《英国外交档案摘译：武昌起义后袁世凯父子与英国公使的密谈》，《档案与史学》2004 年第 3 期。

② ［英］埃德温·丁格尔：《辛亥革命目击记：〈大陆报〉特派员的现场报道》，刘丰祥等译，中国青年出版社 2002 年版，第 160—161 页。

图 4-11 清军使用的德国克虏伯大炮，它的威力较之革命军使用的过山炮要强得多。

是袁世凯在给革命军喘气的机会，随后袁世凯又提出了停战谈判。此举也就不令人费解了。袁世凯知道，一旦北洋军攻下武昌，就失去了与革命党妥协的可能性。革命军被彻底镇压，那清皇室不就照样趾高气扬了吗？而当时因武昌起义后独立的省份就已占十之七八，人心已去，维持清廷的虚君似乎已无可能。当然，这时候他自己也不能登上皇帝的位子，他不想再次背负骂名，遂希望能在清廷和革命军之间求得平衡，让两者对峙，而自己从中得利，从中掌控，加重自己的筹码。这样，调解、谈判就成了手段，也就有了后来袁世凯委派唐绍仪与南方革命派委派伍廷芳的上海谈判。

在政治策略上，袁世凯的确有自己的谋术，非常人所及，他对现状了如指掌，而且常常稳操胜券，所以当时就有外电称："袁世凯是所有中国人中最聪明的，也许会料到这些，袖手旁观、以逸待劳也许正是他的英明之处。"①在他莫大的困惑中，对于总统之位的窥视，不能说没一点动心，虽然他还是希望能维护大清的"万世一系"，不到万不得已，他是不会轻易推倒大清王朝的。从某种意义上说，这也是为了整个国家的统一而为，"他急切地希望统一国家，他也有能力那么做，同时也是为了向朝廷中腐败的人报复"②。"人们都认为袁世凯在玩权术游戏。人们说他意欲把他实行的人们不能充分理解

① [英]埃德温·丁格尔:《辛亥革命目击记:〈大陆报〉特派员的现场报道》，刘丰祥等译，中国青年出版社 2002 年版，第 57 页。

② [英]埃德温·丁格尔:《辛亥革命目击记:〈大陆报〉特派员的现场报道》，刘丰祥等译，中国青年出版社 2002 年版，第 161 页。

的内阁总理制当作登上总统宝座这个终曲的梯子。这些日子，总理毫无疑问在曾经把他看得很伟大的外国人中间失去了很大的威信，人们随便指责他玩弄权术。这些对他也许是不公平的。”[①] 停战谈判的策略也为袁世凯赢得了掌声，使他在“南方得人心”。

1911 年 12 月 18 日，袁世凯派出了唐绍仪、杨士琦、严复、王孝绳、欧赓祥、许鼎霖、赵椿年、冯懿同与革命派伍廷芳博士于上海展开了和谈。唐绍仪和伍廷芳都是当时很有名望的人。这次和谈主要围绕“君主制”和“共和制”展开。唐绍仪开出议和二十二条，其中涉及改国号为“中华联邦共和国”，清帝为国王，“万世一系”，但不得干预政事；公选大总统作行政机关，国会为立法机关，司法机关独立，等等。显然，唐绍仪奉了命袁世凯的命令，主张君主制。而伍廷芳则主张共和制。在和谈后，也受过西方教育的唐绍仪，自己称：“共和立宪，我个人极表赞成。因为它是解决目前危机的唯一办法。但在今日之和平会议上，我等必欲为满洲、蒙古、西藏与其他地区完全无缺之君主立宪，方为妥善。”并且说：“关于共和问题，我须致电袁世凯请示。”[②] 唐绍仪致电袁世凯后，袁世凯显然不

图 4-12　唐绍仪、伍廷芳都是近代著名的外交家，两人交往密切，观点有许多相似之处。辛亥革命后，因服务的派别不同，他们又坐到了一张桌子上谈判。图为唐、伍两人 1908 年在华盛顿和中国留学生合影。前排着长衫者，左伍、右唐。

① ［英］埃德温·丁格尔：《辛亥革命目击记：〈大陆报〉特派员的现场报道》，刘丰祥等译，中国青年出版社 2002 年版，第 160 页。

② ［英］埃德温·丁格尔：《辛亥革命目击记：〈大陆报〉特派员的现场报道》，刘丰祥等译，中国青年出版社 2002 年版，第 127 页。

为所动，坚持自己的君主立宪主张，并且削弱了唐绍仪的权力，声明唐在任何问题上都无权定夺。从这点上再次说明，袁世凯从骨子里是希望君主立宪的。也许他只想做中国的拿破仑而不是乔治·华盛顿，也许这正是袁世凯的性格、成长经历、教育背景所决定的，他是一个典型的封建官僚，还是习惯热衷于皇权那一套，有些东西注定是割舍不下的，包括面子、权力，等等。

就在袁世凯坚持自己的主张、谈判陷入僵局的时候，孙中山的到来改变了整个形势。孙中山虽然没有直接领导辛亥革命，但早在几年前，孙中山就已经成为中国最有成效的革命家，他一直是海外华人起义的领袖人物，在国内也有很高的声望。孙中山的回国，自然就被拥戴为新的政权的领导者。谁叫你袁世凯还在坚持君主立宪，给你总统做你不做。孙中山可不是这样磨磨蹭蹭的人物。

1911 年 12 月 25 日，孙中山由海外回到上海。第三天，就在南京举行 17 省代表会议，接着就被选为临时大总统，短短五六天时间里，孙中山就宣布中华民国正式成立，自己也就任了临时大总统。这多少有点突然，也给袁世凯来了个措手不及。不过，孙中山也算明白人，他知道当时也“非袁莫属”，只有利用袁世凯，民主共和的政权才能有保障。所以，就在他就任临时大总统的当天，就致电袁世凯：“公方以旋转乾坤自任，即知亿兆属望，而目前之地位尚不能不引嫌自避；故文虽暂时承乏，而虚位以待之心，终可大白于将来。望早定大计，以慰四万万人之渴望。”[①] 孙中山也一再表态，自己无意这总统大

图 4-13　南京临时政府成立

① 《孙中山全集》第 1 卷，中华书局 1982 年版，第 576 页。

位，只要袁世凯赞同共和，这总统的位子就是你的了（后来，袁世凯当了大总统后，孙中山依然称，袁世凯“头脑亦甚清楚，见天下事均能明彻，而思想亦甚新；不过做事手腕，稍涉于旧。但办事本不能尽采新法……故欲治民国，非具新思想、旧经验、旧手段等不可”，“而袁总统适足当之”①）。

但此时局势的突变，多少让袁世凯有些不放心了。南北议和也随之中断，南北政权对峙随之形成。

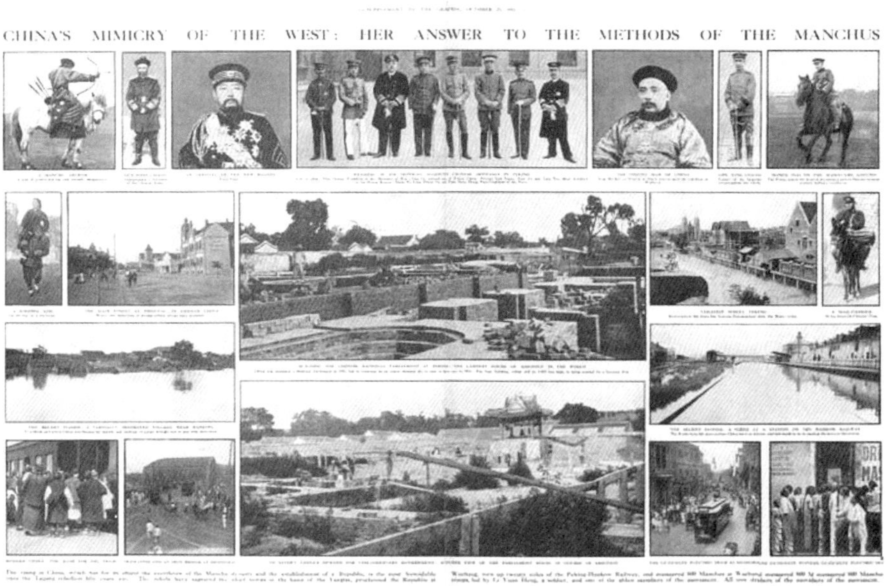
CHINA'S MIMICRY OF THE WEST: HER ANSWER TO THE METHODS OF THE MANCHUS

图 4-14　1911 年 10 月 21 日，英国 The Graphic 增刊关于清末清政府立宪的图文报道，标题为：《中国对西方的模仿，满清政府的响应方式》。其中评论为在立宪压力下满清政府的反应。1905 年日俄战争之后，迫于国内外的压力，清政府决定实施立宪，尽管派出五大臣考察欧洲宪政，但最终实际建立的还是维护皇权的宗社党和皇族内阁，本质并没有太大变化。图片有 19 张，从左至右，从上至下分别是射箭的满清骑兵；新军第一镇统帅凤山将军；端方；宗社党成员；袁世凯；荫昌；正在阅兵的载涛；前往茶馆路上的卖唱姑娘；青岛德国租界的主要街道；北京营建中的国会大厦；北京的使馆街；大清邮差；南京附近被洪水淹没的乡村；中国拥挤的火车；上海正通过铁桥的有轨电车；北京营建中国会大厦的另一个角度；上海的有轨电车；一间女性经营的按摩院。

① 《孙中山全集》第 1 卷，中华书局 1982 年版，第 684—685 页。

审时度势，附和共和

共和，是诱人的字眼，是理想的药方。当清王朝陷入困境时，理想主义者总是以共和的名义号召大家，暴动起来推翻旧势力，以实现共和之理想。共和，贵在和，但理想主义者声称，只有暴力，才能彻底解决问题，只有革命才能粉碎旧政权，建设新政权。20世纪以来，这种思想一直主导着中国的历史进程。但暴力和革命，绝不是可以炫耀的东西，它们意味着军事主导一切，军事主导，就是你死我活的博弈，最终伤及的是百姓苍生。但历史在前进的过程中，暴力革命也是难免的。从秦以来，历朝历代，似乎都在暴力中前进。要推翻清朝统治，似乎也只能暴力革命了。加上当时的皇族是满族，多少让革命党人（以汉人为主）很不舒服（如果还是朱明王朝，也许君主立宪就实现了）。当暴力革命席卷大江南北，当孙中山宣布共和政权成立，君主立宪渐渐失去市场后，原本对共和没多少好感的袁世凯，审时度势，应声附和了共和。这也为后来的真假共和埋下了伏笔。

应该说，袁世凯曾一度是坚决主张君主立宪的，“他将与共和政体不共戴天，因为他深信共和只会导致国家的分裂和毁灭……他认为一个有限君主制是唯一能够确保国家完整的政体”[①]，“南北协约，以君主立宪为前提”[②]。袁世凯对于君主立宪的偏爱是针对当时中国的实际情况出发的。袁世凯云：“中国进步党中有两种人，一种主民主共和，一种主君主立宪。余不知中国人民欲为共和国民？是否真能成熟？抑现在所标之共和主义，真为人民所主持者也？中国情形纷扰，不过起于一二党魁之议论，外人有不能知其详者……若任其处处各为一小团体，则意见不能融洽，或且发生瓜分之祸！清政府现在

---

① 李丹阳译：《英国外交档案摘译：武昌起义后袁世凯父子与英国公使的密谈》，《档案与史学》2004年第3期。

② 转引自周溯源：《北洋军阀鼻祖袁世凯》，黑龙江人民出版社1997年版，第181页。

图 4-15　袁世凯和他的军人班底

虽无收服人心之策，而已颁行宪法信条十九条，大权将在人民之手。故以限制君权之君主立宪政体与国民欲取以尝试不论是否合宜之他种正体比较，则君主立宪实为经常之计！余爱中国之民，较之共和党人主持急进者，有过之而无不及。故我所兢兢者，在改革之实行。明知所担责任宏大，顾余非为名誉权利起见，但欲为中国恢复秩序，意在有益于中国，使无波折耳。故余仍望和议有成。凡民人意在保全中国者，务使其各党满意，恢复和平，建设一坚固之政府。余名国民意见明通，当不愿目睹其本国之破坏，故欲进共和党人与之筹议方略，使终战局，破除各种情意暌隔，而将从前种种不便于民者，一概除去……余之主意在留存本朝皇帝，即为君主立宪政体，从前满、汉歧视之处，自当一扫而空之。尤有重大之问题，则在保存中国，此不能不仰仗于各党爱国者牺牲其政策，扶助我之目的，以免中国之分裂，及以后种种之恶果。故为中国计，须立刻设立坚固政府，迟延一天，即生一天危险。余愿进步党人思邦国应至若何地步，与余通力合作，使各要事皆处置妥当也。"[①] 袁世凯语气可谓诚恳，呼吁各方力量能以大局为重，完全保护中国免于分裂，誓言自己将为之努力。当时，确实有非汉族区"脱离"中国版图的危险，"西藏、新疆、

① 参见 1911 年 12 月 2 日《时报》，转引自白蕉：《袁世凯与中华民国》，中华书局 2007 年版，第 11—13 页。

蒙古和满洲很可能同南京的共和政权脱离关系"[①]。这对整个中国来说都不是件好事。袁世凯力主以君主立宪维持国家统一的局面，同时强调了君主立宪的目的、前景，目的就在于防止国家分裂，恢复秩序；前景也是光明的，大权在人民，政府也将是坚固的。在当时的中国，君主立宪为"经常之计"，并不无道理，梁启超也曾云："君主立宪者，政体之最良者也。民主立宪政体，其施政之方略，变易太数，选举总统时，竞争太烈，于国家幸福，未尝不间有阻力。"[②] 事实上，后来的民主共和政体既无民主，也称不上共和。袁世凯死后，军阀割据，国家几乎到了分裂的地步。蒋介石北伐后，国家看似统一了旗帜，但也长期一党独裁、专政，民主共和几乎成了幌子。如果当时能按照袁世凯君主立宪的主张，也许历史将是另一番情景。

图 4-17　孙中山以临时大总统的名义主持召开内阁会议

但当中华民国宣布成立，出现南北政权对峙，而且民主共和呼声渐成主流，"三分天下有其二"，孙中山内阁也汇集了当时的社会精英，立宪逐渐失势，"袁世凯的内阁无法与这个内阁（指孙中山内阁）相比。袁世凯的内阁是袁世凯强制组成的，根本无法工作，大部分阁员请病假，避不就职"[③]，袁世凯自己也开始松动了。顺历史者

① ［美］李约翰：《清帝逊位与列强（1908—1912）——第一次世界大战前的一段外交插曲》，孙瑞芹、陈泽宪译，江苏教育出版社 2006 年版，第 377 页。

② 梁启超：《立宪法议》，转引自方学尧译注：《清末立宪运动文选译》，巴蜀书社 1997 年版，第 2 页。

③ 莫理循语，参见［澳］骆惠敏编：《清末民初政情内幕—〈泰晤士报〉驻北京记者袁世凯政治顾问乔·厄·莫理循书信集》（1895—1912）上卷，刘桂梁等译，知识出版社 1986 年版，第 824 页。

昌，逆历史者亡，这是基本常识。袁世凯也不愿成为历史的小丑，只能顺应潮流了。当然，这也就为袁世凯后来的真假共和埋下了伏笔。其实，民主共和也不能过度信奉。因为民主共和必须在宪政约制之下才能真正施行，没有宪政不可能有民主共和。中华民国后，所谓的民主共和几乎成了摆设。军阀之间、政党之间寻求社会一切矛盾发动群众，甚至没有矛盾制造矛盾发动群众，加剧了社会的分裂和斗争。这是有历史教训的。当然，这也是后来的历史才呈现出来的。所以后来有人说，当时革命党完全没有考虑一种发展趋势：一旦把皇帝推掉之后，剩下的就是袁世凯。袁世凯本来就有军事实力，如果把皇帝推翻掉之后，名分也到了袁世凯这里。他又有名，又有实，如何才能控制？如果不推翻皇帝，皇帝有名，袁世凯有实。到一定程度上甚至可以说，革命党和皇帝配合起来压制拥有实力的袁世凯，这样中国民主宪政的机会就非常乐观了。或许也就不会发生后来袁世凯寻求当一个世袭大总统或者世袭的皇帝这种事情了。

袁世凯对于君主立宪的松动，是时局催化的结果，也是人之欲望的结果。在革命党人的一再诱惑下，在清皇室已名存实亡的情况下，他似乎只能附和共和了。当然，袁世凯附和共和，与列强的态度，与袁世凯外籍幕僚的建议也不无关系。袁世凯一贯很重视列强的态度，也与外籍幕僚保持着密切的联系。当时英国驻华公使朱尔典，英国《泰晤士报》记者莫理循都是袁世凯的座上宾。朱尔典、莫理循原先与袁世凯一样，都主张中国实行君主立宪（当然，这与英国本身是君主立宪制国家有关）。但当共和制度宣布确立后，英国的态度出现了暧昧，先是表示中立，主张“等着瞧”，但后来却放出声来，表示愿意承认共和国。“因为英国意欲内争停止，并且由于商业关系，是反对清朝而同情共和的”[①]。朱尔典一边在抵制共和，劝说英国政府不承认共和，甚至联手一些国家公使，拒绝承认南京政府；一边又为袁世凯秘密谋划，怎样才能确保稳坐共和总统的大位。朱尔典也告诉袁世凯，迫使清室退位，并在清室退位后马上接受南方革命派的建议才是明智之举，因为“看来

① ［美］李约翰：《清帝逊位与列强（1908—1912）——第一次世界大战前的一段外交插曲》，孙瑞芹、陈泽宪译，江苏教育出版社 2006 年版，第 342 页。

很明显，内阁总理大臣最后担任总统职位，是使中国能够恢复和平和秩序的唯一可能的办法”[①]。莫理循，这位1893年就来到中国，与袁世凯交往密切的外籍幕僚，虽然也一度主张君主立宪，但辛亥战火风起云涌后，他曾作为袁世凯的说客，于12月13日前往汉口，与革命军斡旋。他在汉口考察后写道：“民众死亡不多，但财产损失惨重；革命军秋毫无犯，清军却恣意淫掠。”他不相信如此的王朝还能保留下来，“对中国来说，袁世凯是做大总统还是做皇帝似乎并不重要，重要的是清王朝必须退出历史舞台，这似乎是民心所向”[②]。南京政府成立后，特别是孙中山顺利组织了内阁后，莫理循更是认为这个内阁是出色的。包括“最为出色”的王宠惠（外交总长）、“真正的工业先驱”张謇（实业总长）、“当代最优秀的省长官之一”程德金（内务总长）、“现代中国人中最有财政知识的人”陈锦涛、“对中国刑法法典进行修改并使之人道主义化的人”伍廷芳（司法总长）……[③]随后，莫理循就劝说袁世凯，让清室主动支持袁世凯担任总统，以确保清室的待遇，因为“如果是由公开宣传反满的人物出任总统，例如孙中山，则清廷势必处于岌岌可危的地位”[④]。

图4-17　袁世凯的外籍幕僚莫理循。袁任大总统后，其成了袁的政治顾问。

① 《英国蓝皮书有关辛亥革命资料选译》（下），胡滨译，中华书局1984年版，第445页。

② ［澳］西里尔·珀尔：《北京的莫理循》，檀东锃、窦坤译，福建教育出版社2003年版，第339页。

③ 参见［澳］骆惠敏编：《清末民初政情内幕——〈泰晤士报〉驻北京记者袁世凯政治顾问乔·厄·莫理循书信集》（1895—1912）上卷，刘桂梁等译，知识出版社1986年版第823—824页。

④ 参见［澳］骆惠敏编：《清末民初政情内幕——〈泰晤士报〉驻北京记者袁世凯政治顾问乔·厄·莫理循书信集》（1895—1912）上卷，刘桂梁等译，知识出版社1986年版，第825页。

美国的态度，也是渐渐明朗起来。辛亥革命后，美国主张列强当上下通气，不可单独承认南京政府。但后来随着国内呼声的高涨，特别是包括传教士、教会团体、报社、商业团体，以及许多俱乐部组织的呼吁，美国政府也倾向同情革命，同情共和制度。日本也一样，先是拒绝承认南京政府，主张君主立宪，但"日报报纸和公众大部分同情于革命党方面"，而且"事实上个别日本人在这里那里积极援助他们（指革命党），并且据说也在南满鼓动生事"[①]。这些都影响了日本后来的态度。可以说，让清室退位，袁世凯接受共和，出任总统之职，统一南北，已经成了当时的主流意愿。清廷无奈地表示，"国民意志必将获胜"，袁世凯也声明，"他办事始终是严格服从国民愿望的"[②]。于是一切就顺理成章地解决了——清室退位只剩一步之遥了。

优待皇室，大清落幕

图 4-18　逊帝宣统爱新觉罗·溥仪

1912 年 2 月 12 日，宣统皇帝溥仪下诏退位，历时 267 年的清王朝，落下了自己的帷幕。这不仅是一个王朝的谢幕，也是整个帝国制度的谢幕。从秦始皇以来，历两千余年的帝国制度到这里画上了句号，从此以后中国不再是某个姓氏的天下。刘汉、李唐、赵宋、朱明，现在加上爱新觉罗清，俱往矣。从秦以来，王朝的落幕，都是在战火中完成的，清朝也不例外。但清朝的落幕，

① ［美］李约翰：《清帝逊位与列强（1908—1912）——第一次世界大战前的一段外交插曲》，孙瑞芹、陈泽宪译，江苏教育出版社 2006 年版，第 341 页。

② 《英国蓝皮书有关辛亥革命资料选译》（上），胡滨译，中华书局 1984 年版，第 287 页。

却是别样的悲壮。刘汉、李唐、赵宋、朱明，等等，他们的落幕，都是在被敌手击败，京城被攻克，走投无路的情况下，与自己的王朝一同葬送的。清朝的落幕，虽也被迫无奈，但它并没有完全被敌手击败，京城也未曾被攻破，甚至在还有能力控制战火的情况下，谢了幕。不是你死我活的战火把清朝葬送的，而是历史的潮流、民意的力量，要让这个王朝随之而去，要让整个帝国制度随之而去。这是中国历史上的第一次不是完全依靠武力解决一个王朝的归宿，而且也是至今为止唯一的一次。历史的潮流滚滚东流去，民意的力量终究要战胜个别狭隘的利益集团。

武昌起义后，清王朝被推到了历史的浪尖，革命党虽然没有武力威胁京都，但清廷可谓四面楚歌，特别是起用袁世凯后，资政院仓皇起草宪法信条十九条，投票剥夺了清皇室的一切实际权利，使它成为一个名义首脑。随后摄政王辞职，留下孤儿寡母，等待最后的裁决。但就是这样，革命党人还是不满意的，革命党的目标就是要推翻清王朝，驱逐满族的统治，哪怕是名义上的，也不行。这种民族观多少有点狭隘。大清以来，满人一直处于绝对的优越地位，汉人被排挤，直到慈禧手上（1901 年）才宣布废除“满汉不通婚”的祖制。军机大臣，也多是满族亲贵。汉人当然咽不下这口气，现在正是报复的时候了。

图 4-19　曾经多少庄严事，如今都付笑谈中。正大光明匾下，有意气风发，有胸怀四海，也有无奈、滑稽、悲痛，一切都是过眼烟云。图为故宫正大光明殿。

袁世凯不是皇室的血脉，是汉人，但却是从这个政权里登上高位的官僚，是清王朝给了他一切，权力、地位、面子，都是皇恩赐予的。在封建社会里，谈个人奋斗、谈个人才华、谈个人功绩几乎是虚无的，朝廷想给你，你才有施展的机会，不想给你，即便你有才华，也无处施展，甚至随便咳嗽一声，都可以让你的头颅高挂到午门城楼上。只有到了晚清末年，臣子胆子才大点，才敢跟朝廷玩玩把戏。慈禧在位的时候，袁世凯从来也是唯唯诺诺的，咳嗽都不敢大声。武昌起义后，是朝廷需要他，这下他才敢大声说话了。即使这样，他的胆识还是有限的——是臣子的永远是臣子。

袁世凯确实想臣服于爱新觉罗氏，自己只做臣子，当然这臣子也是名义的。但革命派的坚持，加上时局的变化，使他陷入了尴尬。就在清室准备退位的前夕，隆裕太后给袁世凯授予了非常罕见的一等侯爵的封号。袁世凯也只能长跪谢恩，因为他是清王朝的臣子。这就是为什么革命党人不断诱惑袁世凯，希望袁世凯掉转枪口，甚至给他总统大位，而他却一直坚持君主立宪的原因吧。因为他撕不下这面子，因为他不想成为“逆臣”。所以孙中山就任后，电促袁世凯，只要袁赞成共和，就让位于他。袁世凯怎么可能抛下清室呢？他不能从清政府方面继承任何权力，也就是不能由袁世凯来倒戈，甚至劝说逊位都不能，“他决不唱粉脸戏，只能武戏文唱”[1]。袁世凯对于总统

朕欽奉
隆裕皇太后懿旨前因民軍起事各省響應九夏沸騰
生靈塗炭特命袁世凱遣員與民軍代表討論大局
議開國會公決政體兩月以來尚無確當辦法南北
暌隔彼此相持商輟於途士露於野徒以國體一日
不決故民生一日不安今全國人民心理多傾向共
和南中各省既倡議於前北方諸將亦主張於後人
心所嚮天命可知予亦何忍因一姓之尊榮拂兆民
之好惡是用外觀大勢內審輿情特率皇帝將統治
權公諸全國定為共和立憲國體近慰海內厭亂望
治之心遠協古聖天下為公之義袁世凱前經資政
院選舉為總理大臣當茲新舊代謝之際宜有南北
統一之方即由袁世凱以全權組織臨時共和政府
與民軍協商統一辦法總期人民安堵海宇乂安仍
合滿漢蒙回藏五族完全領土為一大中華民國予
與皇帝得以退處寬閒優游歲月長受國民之優禮
親見郅治之告成豈不懿歟欽此
宣統三年十二月二十五日
內閣總理大臣 臣 袁世凱
外務大臣 臣 胡惟德
民政大臣 臣 趙秉鈞
度支大臣 臣 紹英 假
學務大臣 臣 唐景崇 假
陸軍大臣 臣 王士珍 假
署海軍大臣 臣 譚學衡
司法大臣 臣 沈家本 假
署農工商大臣 臣 熙彥
署郵傳大臣 臣 梁士詒
理藩大臣 臣 達壽

图 4-20　退位诏书

① 陶菊隐：《袁世凯真相》，线装书局 2008 年版，第 150 页。

大位，何尝不想呢？但他希望这总统大位，不是从清王朝继承的，而是由民国任命的。也就是说，先应该有清帝的自愿退位，而后才有袁世凯以个人的自由身份入逐总统大选。这样，从逻辑上、从礼节上、从情感上，他对得起清王朝。也就是说，这个王朝是自己走入了死结，这个王朝结束了。它的臣子，为保存它，也曾战斗过、奋斗过，但它自己气数已尽，无回天之力了。它的臣子为了生存，现在到新生的政权中谋个职位，这不能算背信弃义，面子问题也就解决了。

袁世凯手握重兵，没有把革命之火镇压下去，而且把清廷弄到如此狼狈不堪的地步，满人自然是对袁世凯怀恨在心的。那些清室亲王们，恨不得把袁世凯拉出去砍了，说袁“蔑视纲常，损辱国体”“其居心更不可问”，甚至组织义务勤王敢死队。[①] 当他们听到日本希望不推翻清朝的提议后，他们就试图请求日本帮忙，阻碍袁世凯准备接受共和的计划。但这简直是痴人说梦，日本是不会帮忙的，而且也帮不了忙。袁世凯感到处处有危险，他只能与革命党人继续交涉，希望能用时间来消磨清室对自己的嫉恨，对共和主动接受，至少面子上是清室自己主动接受的，而不是我袁世凯威迫的。当然，在这过程中，袁世凯也使用了些政治手段，他不断向朝廷提出辞职，朝廷不肯，只好一次又一次地让步。袁世凯的同党——徐世昌、梁士诒、赵秉钧等借机不断向清室进言，制造舆论，游说逊位。驻俄大使陆征祥等一批海外的清朝外交官也电请清帝逊位，顺应潮流。袁世凯在前线的手下将领，似乎也看到了共和的趋势，向朝廷奏呈清帝逊位，甚至宣布如果不逊位，他们将拒绝作战。这是不是袁世凯授意他们而为的呢？应该有这种可能。1 月 26 日，坚决反对清帝退位的军谘使良弼被革命党人炸死，随后满人权贵的抵抗就崩溃了，知大势已去，便纷纷逃离北京，尤其是北洋将领们的奏呈，决定了皇朝的命运，这“将使皇帝除退位外别无选择”[②]。清王朝就是这样一步一步地

---

① 周溯源：《北洋军阀鼻祖袁世凯》，黑龙江人民出版社 1997 年版，第 192 页。

② ［美］李约翰：《清帝逊位与列强（1908—1912）——第一次世界大战前的一段外交插曲》，孙瑞芹、陈泽宪译，江苏教育出版社 2006 年版，第 413 页。

走进死胡同的。一切都无法挽回了，现在只剩下保住人头和待遇问题了。想想，中国历代王朝落幕时的情景，不由让清皇室捏了把汗。清皇室可不想落得如此之下场，于是就只好再请袁世凯全权“接洽条件”，以争取点实在的待遇问题。

这下，袁世凯名正言顺了。在袁世凯的努力下，优待清室的条件出来了：

第一款：清帝逊位之后，其尊号仍存不废，中华民国以待外国君主之礼相待；

第二款：清帝逊位之后，岁用四百万两，俟改铸新币后，改为四百万元，此款由中华民国拨付；

第三款：清帝逊位后，暂居宫禁，日后移居颐和园，侍卫人员照常留用；

第四款：清帝逊位之后，其宗庙陵寝，永远奉祀，由中华民国酌设卫兵，妥慎保护；

第五款：清德宗崇陵未完工程，如制妥修，其奉安典礼仍如旧制，所有实用经费，均由中华民国支出；

第六款：以前宫内所用各项执事人员，得照常留用，惟以后不得再招阉人；

第七款：清亲逊位之后，其原有私产，由中华民国特别保护；

第八款：原有禁卫军归中华民国陆军部编制，其额数俸饷仍如其旧。

此外还有《关于满蒙回藏各族待遇之条件》七款：

（一）与汉人平等；

（二）保护其原有私产；

（三）王公世爵概仍其旧；

（四）王公中有生计过艰者，民国得设法代筹生计；

（五）先筹八旗生计，于未筹定之前，八旗兵弁俸饷仍旧支放；

（六）从前营业居住等限制，一律蠲除，各州县听其自由入籍；

（七）满蒙回藏原有之宗教，听其自由信仰。

《清皇族待遇之条件》四款：

（一）清王公世爵概仍其旧；

（二）清皇族对于中华民国国家之公权及私权，与国民平等；

（三）清皇族私产一律保护；

（四）清皇族免兵役之义务。

京師公報

图 4-21　刊登有清帝退位诏书的《京师公报》

以上各条列于正式公文，由中华民国政府照会各国驻北京公使。这多少还算有点体面，也许是“袁想在优待条件上卖卖力气，给清廷争得一些体面，以证明他袁某是大清的忠臣”[①]。但不管怎样，这也许就是最好的结局了。

当一切都谈妥就绪，就等着下诏了。1912 年 2 月 12 日，隆裕太后以宣统皇帝的名义颁发清帝退位诏：

前因民军起事，各省响应，九夏沸腾，生灵涂炭，特命袁世凯遣员与民军

① 周溯源：《北洋军阀鼻祖袁世凯》，黑龙江人民出版社 1997 年版，第 198 页。

代表讨论大局，议开国会，公决政体。两月以来，尚无确当办法，南北睽隔，彼此相指，商辍于途，士露于野，徒以国体一日不决，故民生一日不安。

今全国人民心理多倾向共和，南中各省既倡议于前；北方诸将亦主张于后，人心所向，天命可知，予亦何忍因一姓之尊荣，拂兆民之好恶。用是外观大势，内审舆情，特率皇帝将统治权公之全国，定为共和立宪国体。近慰海内厌乱望治之心，远协古圣天下为公之义。袁世凯前经资政院选举为总理大臣，当兹新旧代谢之际，宣布南北统一之方，即由袁世凯以全权组织共和政府，与民军协商统一办法。总期人民安堵，海宇又安，仍合汉满蒙回藏五族完全领土为一大中华民国，予与皇帝得以退处宽闲，优游岁月，长受国民之优礼，亲见郅治之告成，岂不懿欤！

钦此。

诏书由内阁总理大臣袁世凯、外务大臣胡惟德、民政大臣赵秉钧、度支大臣绍英、陆军大臣王士珍、海军大臣谭学衡、学务大臣唐景崇、司法大臣沈家本、邮传大臣梁士诒、农工商大臣熙彦、理藩大臣达寿副署。至此尘埃落定，大清悲壮地落下了帷幕！

功过是非，任人评说

历史是人民创造的，这是宏观的历史观，也是历史的本质。而个人在历史的长河中扮演的角色，才使历史有血有肉。后人才得以个人为窗口深入历史的细节，探究历史的错综复杂。几千年的历史记录，总是离不开作为个体人物、具体事件的叙述。由这些个体人物、具体事件连接而成整个历史的轮廓，如果离开了个体人物，离开了具体事件，那历史就是苍白的直描。人物、事件是历史的血肉，因他们历史才变得如此生动，耐人寻味。个人的智慧、素养、胸怀、胆识，甚至某个突然的决定，从某种意义上说，决定了某一阶段历史发展的格局，影响了历史进程。嬴政的专权，奠定了中国而后两年多年的政治制度；康熙的雄韬大略推动了多民族国家的发展，确立了中国的政治版图；乔治·华盛顿的胸怀、素养，开创了美国民主的典范，影响深远……袁世凯，在近代中国历史中，终究是个“人物”，无论后来的史学家多么不乐意提起他，但都绕不过。这或许就是历史吧——不是情愿不情愿的问题，而是历史本来就是这样。当然，历史从来都是胜利者书写的，客观与不客观，本来不本来，全在于书写者的胸怀与利益视角。

1916 年 6 月 6 日，袁世凯抛下了皇冠和总统，带着一丝眷恋和悔恨，结束了他风云叱咤的一生。也许一切都是冥冥之中自有定数，他终究是跨不过 58 岁这道门槛的。与其说是命中注定，倒不如说是被气死。

1912 年 2 月，清帝退位后，袁世凯电告孙中山，赞同共和，随后，他入

图 4–22 1912 年 3 月 3 日，法国 Le Petit Journal 关于袁世凯就任中华民国大总统的报道，标题为：《袁世凯剪下他的辫子》。1912 年 2 月 12 日，清帝正式退位，同一天袁世凯宣誓拥护共和，“永不使君主政体再行于中国”。次日孙中山宣布辞去中华民国大总统一职。3 月 10 日，袁世凯在北京宣布就任中华民国临时大总统。画家以袁世凯剪去辫子这一场景对整个事件进行了概括，昭示一个旧时代的终结。

图 4-23 “洹水安阳名不虚传，三千年前是帝都。”袁世凯对这块风水宝地格外偏爱，死后，相信风水的袁世凯也安葬于此。图为袁世凯的陵园（袁林）。

主总统大位，成了中华民国的首任正式大总统。“民国建设造端，百凡待治，世凯深愿竭其能力，发扬共和之精神，涤荡专制之瑕秽，谨守宪法，依国民之愿望，达国家于安全完固之域，俾五大民族同臻乐利。凡此志愿，率履勿渝。……”[①]袁世凯入主大位，在当时几乎是掌声一片，“功在社稷，名在天壤”[②]。袁世凯接手的是一个百废待兴的中国，凭借他的势力，原本可以有一番作为，名垂青史的。但后来，袁世凯不断加强集权，解散国会，解散政党（这政党可是孙中山领导的政党），甚至还弄了个洪宪帝。这就逆历史潮流了。也就是在这时候，袁世凯开始被抨击、谩骂，袁世凯彻底成为历史小丑、反动历史人物的角色。袁世凯成了窃国大盗、卖国贼、独裁者、屠夫，并且由此“溯源”，从小就是纨绔子弟，游手好闲，放荡不羁；在朝鲜期间，专横无理，狂妄跋扈，巴结李鸿章，看人使色，还引来甲午战争，临阵脱逃；小站练兵，夤缘钻营，结党营私，出卖维新，血染顶戴；山东巡抚，剿灭团民，耍两面派；直隶总督，镇压起义，丧心病狂，窥视风向，左右摇摆，新政也只是为了攫取个人权力；开缺回籍，是善恶有报，而且野心不死；重新出山，只为权势，剿杀革命，窥视总统，无情逼宫，窃取果实……反正，没有哪样是值得肯定的。好在历史让时间淘沙拣金，渐渐显示出它本来的面目。可以肯定的是，袁世凯不是一个好的领袖，他是从封建的土堆中爬出来的，他是个典型的封建官僚，不可能有华盛

① 袁世凯就任中华民国临时大总统誓词。

② 梁启超：《致袁世凯书》。

图 4-24 袁世凯首任中华民国正式大总统时发行的明信片

顿的气质、胸怀和素养，虽然袁世凯曾一度也被誉为“中华民国之第一华盛顿”[①]。但袁世凯也绝不是无能之辈，贴在他身上的标签，有不少不实之处。

袁世凯最大的败笔，莫过于逆历史潮流称帝了。这有当时的历史背景，以及他对君主制度的偏好。真是聪明一世，糊涂一时呀，最后弄得身败名裂，到死之前，他才知道是“他害了我！”此“他”既是那些不断给他制造称帝趋势的人，如袁克定，也指称帝本身，甚至是指他思想深处的帝制观念。

袁世凯的印象，在不断“塑造”后，留下的只有上述几种标签了，干瘪、简单，其实，袁世凯是个复杂的人物，能坐上大总统位子，绝不是后人想象得那么简单，也不是一两句话能概括的。

袁世凯在同僚中总能胜人一筹，这是他个人的造化。但因此也推动了历史的前进，特别是晚清新政以来，袁世凯作为新政的实际推行者，大刀阔斧地推动了中国从传统国家向近代化的转型，许多近代化制

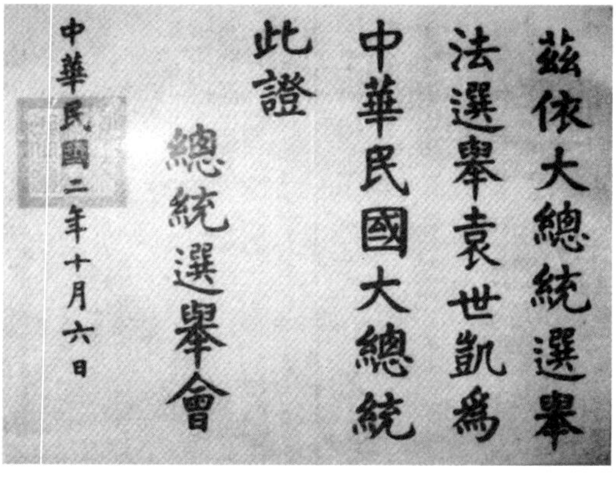

图 4-25 总统选举证书

① 周溯源：《北洋军阀鼻祖袁世凯》，黑龙江人民出版社 1997 年版，第 200 页。

图 4-26　一切都远去了，留下的只是一段不堪回首的岁月。袁世凯这位曾经风云一时的人物，如今已经静静地安息于此了。他的功过自有人评说，但他却永远也不予理睬了。

度在袁世凯手上首创，并延续或影响至今，奠定了中国近代化的基础。晚清新政成了五四新文化运动的前奏，成了中国迈向近代国家的实践舞台。更为可喜的是，思想文化领域随之活跃起来，各种“图强主义”相互碰撞，把国家带入自觉觉醒中。这些，都不应该为后来的史学家们所忽略、漠视。只有不漠视历史，还历史本来面目，客观看待，才能更好地吸取历史教训，并为今人所借鉴。

袁世凯远去了，早已盖棺，教科书上也已定论了。从戊戌变法以来，针对袁世凯的评说就未曾停止过，今后还将继续。死者不能申辩什么，只能任由后人评说。功过是非历史自有判断，只是可能需要更多些时间罢了。

附录1　谈谈袁世凯与辛亥革命

辛亥革命一百周年时，各种纪念文章陆续见于报端，多称颂孙中山领导的辛亥革命，结束了封建帝制，开创了民主共和的政体——这是辛亥革命的直接成果。其实，这一成果的实现，除了革命的力量外，袁世凯也是一个绕不过去的重要人物，他对辛亥革命的结果有着重要的影响。对于这一点也应该历史地看待。

袁世凯如何对待革命力量

辛亥革命爆发后，袁世凯被清廷重新起用，成了内阁总理，总揽朝廷大权。他负责剿灭革命党，督师前线。当时的北洋军实力可以说是远胜于革命军实力的，要镇压革命起义，也不是件很难的事情。袁世凯是完全可以把革命镇压下去的，强攻汉阳后，袁世凯完全可以一鼓作气拿下武昌，但袁世凯没有那样做。因为，袁世凯也意识到，此时的革命力量，绝不可小看，不能一味镇压。不仅因为战火不断蔓延，更为可怕的是，革命共和的呼声迭起，并且已渐渐深入民心。当权者任何时候都不要小看了民心。民心是试金石，民心是脊梁。此时的袁世凯，虽然希望能在自己“责任”内解决与革命党人之间的争端，但革命党人黎元洪却声称要共和，也就是要推翻清王朝，而且这不是革命党与你袁世凯的个人纷争，而是革命党与整个清王朝的搏斗，你袁世凯只要顺应共和了，还可以给你共和总统的位子坐，当推为“第一任之中华共和总统”。随后，革命党人不断向袁世凯发出信号，希望袁世凯能掉转枪口，推翻清朝，成就大业。

在这种状况下，不管是因为总统权位的诱惑，还是由于对国家、对历史负责的态度，袁世凯显然在给革命军喘息的机会，他派蔡廷干、刘承恩为代表，到武昌直接与黎元洪面谈议和。随后又派刘承恩、张春霆到汉口与黎元洪的代表孙发绪、曾广大会谈，希望革命党人能接受其君主立宪的主张。1911 年 12 月 18 日，他更是派出唐绍仪、杨士琦、严复、王孝绳、欧赓祥、许鼎霖、赵椿年、冯懿同等声势浩大的队伍，与革命派伍廷芳博士于上海展开了和谈。袁世凯对于上海谈判的底线，就是君主立宪，保留清廷的名誉。虽然当时革命浪潮已席卷大地，但他对共和制度依然不信任，虽然袁世凯也认为民主共和派为“进步党”，但他坚持其立宪主张，主张在君主立宪的框架内解决问题。袁世凯是从清朝那里得到权力的，他不可能抛弃清王朝，做出大逆不道的事情来，他必须继续打着维护大清的旗号。虽然他也知道，这其中有难度，正像他的儿子所说的那样，他父亲现在正处于不知所措的莫大困惑之中。目前扮演一个忠君的角色去挽救清王朝似乎完全不可能，尽管那是他本意所在[①]。当然，在革命共和的呼声中，袁世凯也有些动摇了，他一面想忠君，一面又想在革命派中博得掌声，毕竟革命党人给了他诱人的职位——总统，就是皇帝呀！谁能不动心呢？（后来人因此批评袁世凯窃取果实，实在有些说不过去。是时局主动要袁世凯担当如此重任的，是革命党人主动邀请袁世凯加盟，并许诺高位重权的，当然，革命党人也是在利用袁世凯的威望、军事能力，以推翻清王朝）所以此时的袁世凯对革命既攻打又

① 英国驻华公使朱尔典致英国外交大臣葛雷电，1911 年 11 月 14 日，《英国外交档案摘译：武昌起义后袁世凯父子与英国公使的密谈》，《档案与史学》2004 年第 3 期。

纵容。他想利用清廷和革命派的矛盾和弱点，抬升自己的身价，来个一箭双雕。他想以清政府的名义去压迫革命力量，迫使其就范妥协；同时借助革命力量威胁清廷，迫使它交出全部的权力，真正实现责任内阁——君主立宪。

袁世凯为何主张“君主立宪”

就在袁世凯坚持自己的主张、上海谈判陷入僵局的时候，孙中山的到来改变了整个形势。孙中山虽然没有直接领导武昌起义，但早在几年前，孙中山就已经成为中国享有很高威望的革命家，他一直是海外华人起义的领袖人物，在国内也有很高的声望。孙中山回国，自然就被拥戴为新政权的领导者。谁叫你袁世凯还在坚持君主立宪，给你总统做你不做？！孙中山可不是这样磨磨蹭蹭的人物。1911 年 12 月 25 日，孙中山由海外回到上海。第三天，就在南京举行 17 省代表会议，接着就被选为临时大总统，短短五六天时间里，孙中山就宣布中华民国正式成立，自己也就任了临时大总统。这多少有点突然，也给袁世凯来了个措手不急。不过，孙中山也算明白人，他知道当时也“非袁莫属”，只有利用袁世凯，民主共和的政权才能有保障。所以，就在他就任临时大总统的当天，就致电袁世凯：“公方以旋转乾坤自任，即知亿兆属望，而目前之地位尚不能不引嫌自避；故文虽暂时承乏，而虚位以待之心，终可大白于将来。望早定大计，以慰四万万人之渴望。”[①] 孙中山一再表态，自己无意这总统大位，只要袁世凯赞同共和，这总统的位子就是你的了（后来，袁世凯当了大总统后，孙中山依然称，袁世凯“其头脑亦甚清楚，见天下事均能明彻，而思想亦甚新；不过做事手腕，稍涉于旧。但办事本不能尽采新法……故欲治民国，非具新思想、旧经验、旧手段等不可”，“而袁总统适足当之”[②]）。但此时局势的突变，让袁世凯也很着急，南北议和

① 孙中山：《致袁世凯电》，《孙中山全集》第 1 卷，中华书局 1981 年版，第 576 页。

② 孙中山：《在上海国民党欢迎会的演说》，《孙中山全集》第 2 卷，中华书局 1982 年版，第 484—485 页。

随之中断，暂时的南北政权对峙随之形成。

袁世凯为何主张“君主立宪”？其中的一个重要原因可以说是为了“保存中国”。他认为，一个有限君主制是唯一能够确保国家完整的政体。

> 他曾说：“中国进步党中有两种人，一种主民主共和，一种主君主立宪。余不知中国人民欲为共和国民？是否真能成熟？抑现在所标之共和主义，真为民人所主持者也？中国情形纷扰，不过起于一二党魁之议论，外人有不能知其详者。……若任其处处各为一小团体，则意见不能融洽，或且发生瓜分之祸！清政府现在虽无收服人心之策，而已颁行宪法信条十九条，大权将在人民之手。故以限制君权之君主立宪政体与国民欲取以尝试不论是否合宜之他种政体比较，则君主立宪实为经常之计！
>
> 余爱中国之民，较之共和党人主持急进者，有过之无不及。故我所兢兢者，在改革之实行。明知所担责任宏大，顾余非为名誉权利起见，但欲为中国恢复秩序，意在有益于中国，使无波折耳。故余仍望和议有成。凡民人意在保全中国者，务使其各党满意，恢复和平，建设一坚固之政府。余知国民意见明通，当不愿目睹其本国之破坏，故欲进共和党人与之筹议方略，使终战局，破除各种情意睽隔，而将从前种种不便于民者，一概除去。
>
> ……余之主意在留存本朝皇帝，即为君主立宪政体，从前满、汉歧视之处，自当一扫而空之。尤有重大之问题，则在保存中国，此不能不仰仗于各党爱国者牺牲其政策，扶助我之目的，以免中国之分裂，及以后种种之恶果。故为中国计，须立刻设立坚固政府，迟延一天，即生一天危险。余愿进步党人思邦国应至若何地步，与余通力合作，使各要事皆处置妥当也。”[①]

① 据1911年12月2日《时报》校。参见白蕉：《袁世凯与中华民国》，中华书局2007年版，第11—13页。

袁世凯语气可谓诚恳，呼吁各方力量能以大局为重，保护中国免于分裂，誓言自己将为之努力。当时，确有非汉族区“脱离”中国版图的危险，西藏、新疆、蒙古和满洲很可能同南京的共和政权脱离关系。这对整个中国来说都不是件好事。袁世凯力主以君主立宪维持国家统一的局面，同时强调了君主立宪的目的、前景：目的就在于防止国家分裂，恢复秩序；前景也是光明的，大权在人民，政府也将是坚固的。在当时的中国，君主立宪为“经常之计”，不无道理，梁启超也曾云：“君主立宪者，政体之最良者也。民主立宪政体，其施政之方略，变易太数，选举总统时，竞争太烈，于国家幸福，未尝不间有阻力。”[①] 事实上，后来的民主共和政体既无民主，也称不上共和。袁世凯死后，军阀割据，国家几乎到了分裂的地步。蒋介石北伐后，国家看似统一了，但国民党也长期一党独裁、专政，民主共和几乎成了幌子。如果当时能按照袁世凯君主立宪的主张，也许历史将是另一番情景。当然，历史是不能假设的。

袁世凯如何接过辛亥革命的果实

但当中华民国宣布成立、出现南北政权对峙，而且民主共和呼声渐成主流，“三分天下有其二”，孙中山内阁也汇集了当时的社会精英，立宪派逐渐失势时，袁世凯似乎也只能顺应历史的潮流，自己也开始松动了。

在孙中山的一再恳求下，在清皇室已名存实亡的情况下，他似乎不是很积极地附和了共和。当然，袁世凯附和共和，与列强的态度，与袁世凯外籍幕僚的建议也不无关系。袁世凯一惯很重视列强的态度，也与外籍幕僚保持着密切联系。当时英国驻华公使朱尔典，英国《泰晤士报》记者莫理循都是袁世凯的座上宾。朱尔典、莫理循原先与袁世凯一样，都主张中国实行君主立宪（当然，这与英国本身是君主立宪国家有关）。但当共和制度宣布确立

① 梁启超:《立宪法议》,《饮冰室合集》之五，中华书局 1988 年版，第 1 页。

后，英国的态度表现暧昧，先是表示中立，主张“等着瞧”，但后来放出声来，表示愿意承认共和国。莫理循曾说：“袁世凯是做大总统还是做皇帝似乎并不重要，重要的是清王朝必须退出历史舞台，这似乎是民心所向。”[①] 随后，美国的态度，也渐渐明朗起来。辛亥革命后，美国主张列强当上下通气，不可单独承认南京政府。但后来随着美国国内呼声的高涨，特别是包括传教士、教会团体、报社、商业团体，以及许多俱乐部组织的呼吁，美国政府也倾向同情革命，同情共和制度。日本也一样，先是拒绝承认南京政府，主张君主立宪，但随后也赞同共和。可以说，让清室退位，袁世凯接受共和，出任总统之职，统一南北，已经成了当时的主流意愿。

清廷内部也似乎看到了这一点，只能无奈地表示，国民的意志必将获胜。当然，在此过程中，袁世凯也使用了些政治手段，他以退为进不断向朝廷提出辞职，朝廷不准，只好一次又一次地让步。袁世凯的同党，徐世昌、梁士诒、赵秉钧等借机不断向清室进言，制造舆论，游说清帝逊位。驻俄大使陆征祥等一批海外的清朝外交官也电请清帝退位，以顺应潮流。袁世凯在前线的手下将领，也向朝廷奏呈清帝逊位，甚至声言如果清帝不逊位，他们将拒绝作战。1912 年 1 月 26 日，坚决反对清帝退位的军咨使良弼被革命党人炸死，随后满人亲贵的抵抗也就崩溃了。清朝走到这一步，除了退位，似乎没别的选择了。于是袁世凯全权接洽逊位条件，清帝于 1912 年 2 月 12 日正式下诏退位，结束了 267 年的统治，也结束了整个封建帝制。从此以后中国不再是某个姓氏的天下。清朝的落幕，不是你死我活的战火把王朝葬送的，而是历史的潮流、民意的力量，要让这个王朝随之东去，要让整个帝国制度随之东去。这是中国历史上第一次不是完全依靠武力解决一个王朝的归宿，也是至今为止唯一的一次。袁世凯在这一过程中，无疑起了至关重要的作用。

清帝退位后，袁世凯顺利地接过了辛亥革命的果实，成了中华民国临时大

---

① ［澳］西里尔·珀尔：《北京的莫理循》，檀东锃、窦坤译，福建教育出版社 2003 年版，第 339 页。

总统，接着成了首任正式大总统，辛亥革命作为推翻清王朝、推翻帝制的一种手段，完成了它的历史使命。当然，辛亥革命作为一种理想，民主共和作为一种追求，它的历史作用还有局限，这也是袁世凯等人的时代局限所在。

（原载《北京日报》2011 年 8 月 1 日，收入本书时有修订）

附录 2　袁世凯的图强思想与改革实践

袁世凯在近代中国是个富有争议性的人物。我们都知道，辛亥革命的爆发，有一定的偶然性，当时，革命精神领袖孙中山还远在海外。但辛亥革命爆发后，为什么有那么多的省份响应，并纷纷宣布独立呢？这主要是因为变革图强的民主观念已经有了基础。而这些近代的图强民主观念，之所以在能在晚清这样封闭的环境中产生，这不能不说是甲午战败留给国人唯一的有益的附加品，也不能不说这是清王朝打开一道门缝射进的一缕阳光。而其中，也不能不说到袁世凯。

袁世凯因壬午之变去朝鲜，因维护清朝在朝鲜的宗主国利益，遂与日本在朝鲜角逐、较量，最后引来了甲午之战。甲午之战是近代中国最为耻辱的战争之一。此时的清王朝，虽然经过洋务和自强运动的发展，表现上看似还有些强大，但制度远落后于已经迈入现代化的日本。甲午之战是日本窥视中国已久的集中爆发。甲午战败后，举国伤痛、愤怒，一个小小的日本，居然把中国给打败了，而且还割地赔款。于是有了从学技术到学思想的根本转变。虽然，此前也有郑观应、王韬等人的思想探索，但真正让变革图强思想活跃起来，则是甲午战败刺激的产物。其中以康有为为集中代表。在《马关条约》即将要签订时，康有为就联合各省举人一千三百多人，起草了一份一万四千多字的上皇帝书。在上书中，康有为强烈主张“拒和、迁都、变法”，建议皇帝“下诏鼓天下之气，迁都定天下之本，练兵强天下之势，变法成天下之治”（虽然康有为的上书并未送到都察院，更未送达光绪帝手中，而此时倒有湖北、浙江、江西、四川等地举人和官员上书皇帝十五起，恳求变法富强，以报血仇）。此后，康有为连续给皇帝上了几次书。在这些上书中，康有为较为系统地发挥了自己的变法思想，从政治、经济、文化教育几个方面提出了自己的见解。政治方面，康有为提出了变君主专制为君主立宪的要求。经济方面，康有为提出了发展工业，振兴商业，保护民族资产阶级利益的主张。文化教育方面，康有为提出了“开民智”“兴学校”的主张。这几个方面的主张构成了康有为变法维新的基本纲领。随后的1895年8月，康有为在北京又组织了强学会。强学会成立之后，每三天举行一次例会，相互讨论“中国自强之学”，批判顽固势力。

对于这些，袁世凯是怀有几分敬重的，他在徐世昌的引见下，也参与了维新的讨论。康有为等人原本无权，只是一下子被光绪看中，所以就想急切地通过大刀阔斧的改革，谋取权力，进而继续他们的改革主张。他们想一夜之间改变整个帝国的面貌，这在当时显然是不现实的。与日本较量了十几年的袁世凯，参与了甲午战争的整个过程，目睹了朝廷的种种弊端，痛定思痛，也力主变法图强。袁世凯深感列强“蚕食生心，逼处日近”“侵骚图我，决无餍心”，如果这个时候，我们不能发愤图强，大力变法维新，那中国将无法生存，必被列强继续侵辱。因此应该公正地说，袁世凯这个时候的图强思想，是发自内心深处的。但同时，袁世凯来自于朝廷内部，他深知变法只能循序渐进，知道改革的艰难险境，知道解决问题的要害，因此他的图强主张更切合实际，更成熟，更具操作性，这可以从他的《新政万言书》看出。在这份万言书中，袁世凯以新鲜的气息和见解，让人耳目一新。他从分析甲午战败的原因入手，一改当时内外臣工那些传统的腔调，提出了变法图强的紧迫性。他以高瞻远瞩而又符合实际的见解，提出了变法的系列主张，建议清王朝讲求西法，彻底更张；培育新型人才，选拔新型人才；改革经济，发展经济；推行新法，改革军事。袁世凯的新政万言书，是袁世凯早期图强思想的集中体现。从中看来，其思想并不比康梁逊色，即使今天读来，也同样有可取之处，何况是一百多年前呢。袁世凯条陈之事，涉及朝廷的用人、理财、经济、军事、外交等各个方面。所提建议，大胆而富有前瞻性，重实践而具操作性，可谓一针见血，切中要害。只要翻阅一下那个时期的内外臣工的建议，就会发现几乎没有一个人能达到这样的水平。袁世凯对西法的认识并不在康有为之下，应该说比康有为等人更为成熟、更为系统。

那么，袁世凯对局势的观察分析为什么能如此深刻呢？为什么他能有这么开阔的变革图强思想和视野呢？这与袁世凯善于学习，在朝鲜的历练有关。袁世凯在朝鲜十二年，广泛接触外界，比晚清的一般外交官，更具开拓视野，更具国际视野。虽然当时的朝鲜也是闭塞之地，但各方力量在朝鲜相互角逐，朝鲜身处西方列强的浪尖之上。袁世凯在朝期间，耳濡目染，知道别国的先进之处以及我们的差距。甲午战败，让他更是警醒。条呈《新政万言书》后，袁世凯被举荐小站编练新军。中国近代军事由此发端。袁世凯督练新军，可谓尽心尽力，他以此来作为自己的试验田，希望能以强兵之举，达强国之梦。这也是袁世凯小站练兵之所以能有那么大的成效，能为后来整个国家军事的近代化奠定基础的原因之所在。从这点上也可以说，袁世凯是改革图强的实干家、实践者。

小站练兵奠定了军事图强的基础，而后来的外抚山东，则是他变革图强的具体实践。袁世凯在山东期间，被后人记住的就是他剿灭义和团的残忍。作为山东的一把手，袁世凯在镇压义和团的同时，还真把山东作为自己施政的试验田来耕耘，当整个清王朝，因为维新运动失败而转向保守的时候，袁世凯却在变革中，谋求新的作为。在山东期间，有几件事情不能不提及，一是创办山东大学，二是创办商会，三是整顿吏治，四是修筑胶济铁路，涉及教育、经济、吏制、交通等，而且相当有成效。在不到两年的时间里，袁世凯不仅让原本动荡不安的局面稳定下来，而且在推行新政上做了大胆的尝试，为后来的晚清新政做了基础实践。

袁世凯的图强变革思想，最后得以更大深度更大广度地实践，则是他就任直隶总督后。《辛丑条约》后，慈禧决定推行新政，这给了袁世凯更大的舞台，特别是就任直隶总督后，袁世凯一下子如鱼得水起来，从整饬吏治、革除痼弊，扩充北洋、强盛军力，到创办警察制度，改革司法、狱政，再到废除科举、兴办教育，注重人才、鼓励留学，再到发展经济、倡导实业，改革财政金融、创办银行，振兴农务、发展交通，等等。在晚清新政十年的时间里，袁世凯成了改革的急先锋，他把原先的变革图强思想，化为一件件具体的实践。许多近代制度在他手上得以创办，有开一代先河的意义，特别是袁世凯力主的废除科举，鼓励留学和倡导立宪，开明政治，这为近代民主思想的传播奠定了基础。

袁世凯主张留学，以学他人之计，达变革图强之效。在袁世凯的鼓动下，一时间出现了海外留学热潮，留学之风盛行。袁世凯对学成回国者或有留学之背景者委以重任。他对留美十年的唐绍仪加以重用、把留学德国的段祺瑞收为心腹、让留英归来的伍廷芳修订法律、让留美归来的詹天佑修铁路、让留日学生金邦平处理文案……袁世凯大胆提携留学者，使这些留学归来者迅速登上了政治舞台，加速了他们建功立业的进程。这对近代中国发展的意义是不可言喻的。更为深层次的是，留学引发的思想激荡，直接推动了近代民主思想的传播。袁世凯鼓励留学，本想为朝廷效力，但随着事态的发展，在国内学堂的反满运动遭遇镇压后，留学生的反满运动不断发展，尤其是留日学生。袁世凯虽不赞同倒戈皇室，但与留学生多有密切往来，这在一定程度上，给了民主思想生根发芽的土壤。晚清学人许指严在《新华秘记》中说，凡新自留学东西洋归国之学生，袁世凯多能“竭意延揽，而于东洋归国之昌言革命自由者，尤嘉纳无忤，且私有所馈遗甚厚”。当袁退居彰德时，出洋留学者，更是“必绕道谒袁”“袁分别其才之高下以为待遇”。留学兴，思想兴。袁世凯力主的留学实践，大大促成了晚清新旧思想的碰撞，留学者最后成了王朝的掘墓人。

袁世凯的立宪主张，虽然比起暴力革命来说，要“落后”得多，但事实上立宪并非思想落后的代名词。当时的日本就是通过君主立宪走上强国之路的，再远的来看，英国、德国也都是这样，立宪没什么不好，时到今日，还有不少国家是君主立宪政体。袁世凯的君主立宪主张，也是他变革图强的具体实践，而且是相当核心的实践。晚清新政以来，清王朝在试图完成一个国家的转型，在文教、经济、法制、军事等方面都大刀阔斧地进行了改革，比早些年的维新变法还走得更远。但对于朝章国政这些关系到国家根本的东西，还是没那么容易进行的。而倡言改革的官员中，袁世凯最为积极，甚至有点一意孤行。光绪二十九年（1903 年），当政体改革还无人问津的情况下，袁世凯就初步提出了立宪的建议，要求清廷在宪政、官制、地方自治三方面，实行改革，其核心内容是宪政改革。这在当时，无疑是大胆、富有远见的。但袁世凯的建议遭到反对，引起了一场轩然大波，最后只好搁浅。日俄战争爆发后，特别是君主立宪制的小日本战败了庞大的君主专制的俄国，使人们更加清醒地意识到政治体制的优劣，朝野上下立宪呼声日起，随后袁世凯联合两江总督周馥、湖广总督张之洞，奏请立宪。“简派亲贵，分赴各国，考察政治，以为改政张本。”在袁世凯的推动下，慈禧同意委派载泽、戴鸿慈、徐世昌、端方、绍英，分赴各国考察政治，以期择善而行，袁世凯也慷慨“拨银十万两，解京应用”，以示支持。五大臣考察归国后，立宪虽再遭受激烈反对，但立宪的种子已经播下，呼声渐起，并形成风气。袁世凯也在自己的地盘天津，搞起了实践。他拟定《直隶天津县地方自治公决草案》110 条，推行地方议会选举，进行民主自治实践。天津因此成为地方自治的样板。时人云：“……天津之自治既先成立……天津既可为直隶全省之模范，亦各省所急欲仿办者，是亦即全国自治之模范也。全国之自治成而立宪之基础成矣，此所以为中国前途贺也。”[①] 天津自治在袁世凯的推动下，卓有成效，直接推动了宪政思想、制度在中华大地的传播，加速了晚清立宪

① 参见《天津议事会成立之日卢学使代督宪袁演说文》,《北洋公牍类纂》卷一，自治一，全国图书馆文献微缩复制中心（2004 年），第 24 页。

运动的推进步伐。

袁世凯看起来老化腐朽，但实际上思想开明，锐气锋芒，敢于尝试，而且着眼全局，着眼将来。虽然他力主立宪，以达国强政顺的目的，但他也知道，君主立宪是个系统工程，绝非一蹴而就，所以他主张循序渐进地改革，以局部到整体，以专项带动全局。袁世凯不是激进派，不是盲目主义者，他凡事都主张因时、因国情循序渐进，有如后来胡适的改革主张。中国的事情确实牵一发动全身，各种利益错综复杂，只有循序渐进，最后才能有所成效。如果过于激进，往往以夭折告终。在袁世凯看来，立宪改革首当其冲的就是要推行官制改革。袁世凯主张取消军机处，设责任内阁，开议院。袁世凯的这一主张，在当时可以说是很前卫的，也抓住了宪政的根本。当然，袁世凯的这些主张，可能也有自己的小算盘，因为推行责任内阁，权力集中在内阁总理手上，而这内阁总理的位子，当时非奕劻不可。奕劻任总理，他也准能谋个总理协理，也就是副总理的角色。但同时，他也绝不是一个纯粹的投机者，推行君主立宪，的确是他变革图强的核心实践。甲午战败以及自己多年跟日本打交道的经验，都让他更加明白，立宪政体对于当时中国的意义。强烈的民族主义意识驱使袁世凯暗暗下了决心，一定要搞出点立宪的名堂来。所以即使后来立宪主张四面楚歌时，袁世凯也没有放弃，始终坚持。光绪三十三年（1907 年），袁世凯调任外务部尚书、军机大臣，削减了掌管内阁权力，是个失宠的信号，但他依然没有放弃立宪的主张，而且似乎更为积极了，袁世凯成了众多立宪人士的精神领袖。袁世凯借助自己军机大臣的便利，希望能出台些举措，为立宪铺平道路，“枢桓各政，多系世凯主之”。这本是良性的开端，如果能给袁世凯稳固的权力，如果能按照袁世凯的改革设想，立宪政体或许在当时可以平稳实现。可惜正当立宪沿着快速步伐前行的时候，1908 年 11 月，光绪帝与慈禧相继去世，因为长期不和、立宪主张不一、差点一枪崩了袁世凯的醇亲王载沣摄政，袁世凯的立宪实践就此算是夭折了。中国与立宪政体最终也因此擦肩而过了。

袁世凯从甲午战败中警醒，萌生了变革图强的思想，并且随着时间的推移，随着职位的上升，日见成熟、系统。袁世凯将之化成了一桩桩近代化的实践，为整个国家的近代化“转身”贡献了智慧。也这也是为什么，当辛亥革命爆发后，民主思想能在中华大地上迅速蔓延开来的原因，因为近代的符号元素已经在晚清的改革中悄悄形成，已经在袁世凯的实践中积聚了力量。

（原载《粤海风》2017 年第 1 期，收入本书时有修订）

原版后记

这是我出版的第三本专著，也是我探究袁世凯问题的第二本书。上次在写《外国人眼中的袁世凯》的过程中，觉得袁世凯的问题还可以继续探究，也值得探究。我把袁世凯的经历分为七个阶段：第一阶段是驻军朝鲜前，也就是青少年时期。这一阶段，历史学家多称袁世凯不学无术，是个典型的纨绔子弟。第二阶段是驻军朝鲜期间。也就是本书的第一章的内容。这一阶段，在后来的历史学家笔端也几乎消失了，不愿多提，留下的只有袁世凯专横跋扈的记录。第三阶段是从朝鲜回国至“开缺养疴”前。这一阶段是袁世凯权力不断攀升的阶段，也是袁世凯不断进行改革、苦撑晚清危局的阶段。这就是本书第二、三章的内容。在这一阶段中，被后来的史学家提及的大体是小站练兵、出卖维新、剿杀义和团，最多就是参与新政，废除科举。第四阶段是“开缺养疴”期间。这一期间，后来的史学家们也不无讽刺地说他野心不死。第五阶段是辛亥革命爆发至袁世凯当上总统期间。也就是本书的第四章内容。这一阶段，大体说是袁世凯镇压革命，在清廷和革命派之间耍伎俩，最后逼迫清廷逊位，窃取革命果实。第六阶段是袁世凯当总统后至称帝前。这个阶段，袁世凯成了独裁者、屠夫、卖国贼。说他对内杀宋教仁、解散国会，加强独裁统治；对外接受日本二十一条，卖国求荣。第七阶段是袁世凯称帝运动开始至死。袁世凯显赫一生，但最后被国人普遍痛骂，大概就是这一阶段的行动了。这七个阶段，简要呈现了袁世凯的一生。

对于袁世凯的研究，我还是门外汉，有些想法、思考还不成熟，加上史料欠缺，有些认识还很肤浅。但在这个过程中，我认为传统的教科书也有些问题。我们的教科书对于袁世凯这样一位复杂的人物采取了简单否定的态度。这不利于后人看清历史的本来面目。比如说，晚清新政，在我们的教科书中几乎是没有提及的。高中的历史教科书《历史上重大改革回眸》列的近代改革是戊戌变法。事实上，戊戌变法远不及后来的晚清新政，无论从改革的深度、广度上，还是从改革的成效上，都逊色甚远。但就是这样努力促使中国向近代国家转型的改革，意没有出现在我们的教科书中。这不能不说是我们历史书写者的悲哀。我想做的不是为袁世凯“翻案”，只是希望能借助史料，回到历史现场，使我们更接近历史的本来面目。

本书力图把个人和历史，个人和时代背景联系起来，通过个人的活动、经历，呈现历史的脉络，踏寻历史的足迹；通过历史的脉络，探究个人的活动细节，凸显历史事件。在形式上做到面点结合，在每个小节的前面，写一段大的历史背景，从宏观上感触历史的脉搏，正文则侧重写袁世凯个人的活动。努力做到既是写袁世凯个人的历史，又是写晚清的历史。当然，有没有达到这效果，只好请读者评判了。

非常感谢著名历史学家、袁世凯研究专家骆宝善先生给我写序勉励。我跟骆先生至今未曾谋面。我的上一本书，是他做序的，当时我寄了点稿费给他，他回电跟我说，万不可收，最后退给了我。他说，我做序，是希望能形成一个做学问的氛围，大家都能加入到这氛围中来，不是在乎钱的。这让我非常感动。这次我又打电话给他，请他帮忙做序，他依然欣然同意。电话中和蔼可亲，让我很受鼓舞。我还要特别感谢袁世凯的孙子袁家诚先生，他在百忙之中审阅了全部书稿，给予我肯定和鼓励。

当代中国出版社作为中央级综合性出版社，有机会和它结缘，真是庆幸。之前我买过当代中国出版社出版的《帝国的回忆》《大清帝国最后十年》等。我对着《大清帝国最后十年》的版权页，拨通了电话，冒昧联系上了乔平编审，就这样，在茫茫人海中结缘了。自己也在出版社工作，有时候不免对陌生作者来稿不是太在意，乔平编审和当代中国出版社能给我这样的结缘机会，除了感谢外，我也视之为一种鞭策与反思。

最后我把这本书献给我正在上幼儿园大班的女儿，是她给我力量，给我快乐，让我思考。

2011 年 1 月 8 日于福州

再版后记

袁世凯作为近代中国重要的人物，在探索近代中国道路上无疑做了一些值得历史书写的事，这其中有许多细节随着历史的远去渐渐模糊，又渐渐清晰起来，历史就是这般生动有趣。我想说的，在文中已经做了许多陈述。只是偶有感慨：谁都逃脱不了时间的洗礼，许多过往，终究只是瞬间。但历史毕竟记录下每个生动的瞬间，这大概也是我们孜孜以求的。另外，我也感慨时间过得真快。从首版到再版，已经十年过去了。十年间一事无成，惭愧。

2021 年 4 月 1 日于福州